以史为鉴之

五字鉴

牛亚君 张安琪 郑海香 张海彤/主编

漓江出版社

大私塾教养阶进丛书编辑委员会

总顾问： 康　宁　朱宝清

总主编： 陈　致　过常宝　张高评

总策划 / 执行主编： 张海彤

本丛书分六系列，共计 18 册：

《汉字之美》：　　　（分三册，共 1012 个常用字）

《书法三十六课》：（分三册，递进式学习书法）

《这厢有礼》：　　　（三字经、弟子规、朱子家训）

《诸子百家》：　　　（成语故事、寓言故事、智慧故事）

《诗情画意》：　　　（分三册，古诗配古画，递进式诵读欣赏古诗词曲）

《以史为鉴》：　　　（百家姓、五字鉴、史记故事）

各分册主编：

《汉字之美》：　　　张海彤　姚志红　吴京鸣

《书法三十六课》：项　宇　吴京鸣　杨　军

《这厢有礼》：　　　杨中介　张海彤

《诸子百家》：　　　杨中介　任文博　杨　宁　张海彤

《诗情画意》：　　　陈冰梅　康晏如　杨海健　张克宏

《以史为鉴》：　　　牛亚君　王宇红　吴　晓　张安琪　郑海香　张海彤

　　参加编写的还有彭明俊（《汉字之美》）、周杰（《这厢有礼》）、赵宜婉（《这厢有礼》），一并感谢。

　　感谢孙左满先生为这厢有礼之《弟子规》提供插画。

"阐扬国故、复兴国学"才刚起步

　　《大私塾教养阶进丛书》的编辑及出版计划，始于 2009 年。当时，张海彤女士跟我谈到想编一套适用于少年儿童学习的国学教材。我当时也泛览过一些市面上的各种国学读本，总觉得一上来就是整套的《三字经》《千家诗》《增广贤文》等等，其实对于小孩子学习来说，未必有效。我想除了极少数特别聪明，而且对中国传统文化特别有兴趣的小孩子以外，大多数小孩子照这样子学所谓国学，很可能从一开始就要"逃之夭夭"了。今人每妄言无忌：古文字学者说自己从四五岁时就随父师习《说文解字》；文学家则说自己是自幼过目成诵、下笔千言不能自已；经学家会说自己不但能背四书五经，而且能背注疏；讲学家则说自己从小入私塾，熟读经史百家等等，这些当然都是一些市场营销的手段，与事实相去甚远。

　　其实古人学文史，也不是这样整本整套的死记硬背，而是各随自己的兴趣，并且是循序渐进地一点一点开始的。远的不说，看清人自撰的年谱就会发现，很多大学者也都是五、六岁开始识字，一点儿不比我们早；七八岁开始读一些唐诗宋词，开始学习四书，那是要应付将来的科举考试，挣个文凭出身；再大一些学些古文名篇，十四五岁时才真正开始读《诗经》、《易经》、三礼、《春秋》三传等。其实这些读书的步骤与少儿的心智发展都是相对应的。再往近里说，饶宗颐、钱锺书先生堪称大师级的了，他们也的确早慧而有过人之能：饶先生 18 岁时已经接续其父完成了《潮州艺文志》；钱锺书先生也在不到 20 岁的时候，替自己的父亲钱基博教授捉刀，为钱穆的《国学概论》作序。这些当代的国学大师级的学者固然聪明过人，但也都是绩学所致，也都没有当今热衷于营销的名家们那样"早慧"和"颖异"。

所以，当海彤说起编一套少儿国学教材时，我倒是想到可以试着按照前人的读书次序编一套分门别类、循序渐进的国学教材。小孩子们可以根据自己的兴趣所在，由浅到深、从易到难地修习国学的精华。

现在好像整个社会都有一种国学复兴的架势，盛况空前。但其盛只是盛在人数众多、声势唬人上，真正要如章太炎先生说的"阐扬国故，复兴国学"，以及胡适先生所提倡的用科学的方法"整理国故之学"，还有相当的路要走。

即以国学的基本教育而言，目前海内外国学院之成立如雨后春笋，却鲜有一套自小学至高中的国学教材，供老师教学、父母教子女之用。容或有这种教材，也是不做公开发行的内部参阅本，得益者甚寡。这套丛书的出版或可弥补这一缺憾。

陈致

香港浸会大学文学院院长
饶宗颐国学院院长

让经典入住心灵，从容面对未来

　　《易传》云："蒙以养正，圣功也。"启蒙教育是造就个人纯正品质的关键，关系到个人能否顺利成长，长成什么样，所以，它是最为神圣的事。高度重视蒙学，是中国文化的精髓之一。

　　启蒙教育是很专业的事，不能要求每一位家长和幼教老师都是专家，所以，蒙学教材就变得非常重要。明代哲学家王守仁指出，对儿童的教育不应只限于知识，还应引导其行为；既要适应儿童的天性，也要用"善"和"礼"来约束他。也就是说，好的蒙学教材，一要知行并重，二要生动活泼。这是个简单的道理，却是个极高的标准，能真正做到、做得好，并不容易。

　　经过历史汰择而流传至今的古典蒙学读物，是传统文化馈赠给我们的瑰宝。让孩子学习《弟子规》之类的蒙学教材，可以接受正宗的儒家教育，养成方正的人格。而蕴含于诸子、史书中的思想和智慧，能体现古典修养的诗书画，都是民族文化的精华。学习这些古典知识和艺术，除了完善自己的素质之外，还能感受古人之情怀，在骨子里留下一缕典雅醇正的古典气质。对孩子来说，从古典文化启蒙，必将终身受益。

　　《三字经》《弟子规》《百家姓》等是公认的优秀蒙学读物，但时过境迁，一则语言难懂，二则内容不尽合于时宜，三则需要启发示例，这就都需要对这些传统蒙书进行再加工，使之体现现代意义上的知行并重和生动活泼；其他历史故事或文学艺术启蒙教材，也要按照这两个标准编写，使之能够同时切合于古典的内容和现代教育。这些都是很难的事。

大私塾知行学馆的专家们，有强烈的文化使命感和爱心，也有很好的专业素质和蒙学经验，在他们和出版社的共同努力下，这套教材无论在内容，还是在形式上，都有上佳的呈现，非常实用。值得一提的是，这套教材的设计，还体现了大私塾亲子教育的理念。亲子教育，适应孩子的心智和情感，同时也能使父母有所感悟，并通过自己对古典文化和行为准则的思考，帮助孩子提升。父母和子女在启蒙教育中共同成长，这对两代人来说，都是弥足珍贵的人生体验。

学校传授的现代知识，可以帮助孩子很好地应对现代社会。但在漫长的人生旅程中，大部分时间要面对的是自己、家人，要面对的是习俗、传统等各种文化情境，所以，传统文化和古典修养，对于每一个中国人来说，是不可或缺的。相信通过这套丛书，能让孩子们在传统文化中受到启迪，获得裨益，让古典精神和知识在自己的心灵中成长为一股力量，从容地面向无限可能的未来。

北京师范大学文学院院长

人文素养与积学储宝

人文素养，是沟通交际的软实力。创意表达，是突破困境的万灵丹。两者的交集，就在阅读生发的能量。素养，靠日复一日的积累；表达，赖精确有效的运用。表达需要创意，才见精彩；创意仰赖文化，才能茁壮。好比储蓄与提款，想如愿地投资理财，必先储存可观的资金；又像数据库的建构与使用，如果存量不够丰富而多元，那就不能左右逢源，心想而事成。人文素养的积累和表达能力的创新，道理是一样的。其中，文化因素是之间的触媒。

"博观而约取，厚积而薄发"，是大文学家苏东坡温馨而具有智慧的提示。在苏东坡生长的北宋时代，除传统写本外，又多了印本图书。面对知识爆炸，阅读将如何抉择？东坡于是有如上述的建言。如今我们面对的知识传播，其复杂与快速，自非古人所能想象。不过，现代人每天看的报章、杂志、计算机、网络，有很多属于信息、消息，不等于知识或学问。再博观、再厚积，值得储存的知识能量毕竟有限。如何善用琳琅满目的信息，转化为所向无敌的创意，积淀为可大可久的人文素养，那肯定是另一个话题。

中华传统文化，源远流长。经过时间长河的淘洗，淬炼为优质可贵的文化遗产，体现为传世不朽的经典图书。这些图书，大部分提供给大人阅读；有一些书，适合少年儿童朗读。其中价值无限，值得永久典藏者不少。古人说"开卷有益"，又说"转益多师"，强调阅读的行动和质量，可作为座右铭。有鉴于苏东坡"博观厚积"的指引，《易经》蒙卦"匪我求童蒙，童蒙求我"之启示，一群志同道合的朋友，同心协力，成就《大私塾教养阶进丛书》用专家的材料，写出通俗的文字，作为亲子间的知识飨宴。学童经由年年岁岁的积累，春风化雨般的熏陶，对于文化精华的蕴藏自然丰厚，将来长大成人，无论约取或薄发，多可以如鱼得水，无入而不自得。所谓"书到用时方恨少"，未雨绸缪，及早储备，方是良策。

　　这部亲子读物，古人叫作童蒙书。就属性来说，大抵经、史、子、集都有。分享圣贤之智慧，传承人生之经验，是各书的共同特色。至于提供历史教训、处世哲学，展现人文关怀、应对诀窍，更所在多有。本丛书尤其注重实作演练，有关艺术陶冶与创意发想，于家教启蒙中，已逐渐奠定利基。这部童蒙经典，大抵皆为优质文化遗产的结晶，《易经》大畜卦称"君子以多识前言往行，以畜其德"，是指多接触古书，了解历史文化，所谓积学可以储宝。台湾师大鲁实先教授曾言："人天生的智慧很难改变，但聪明可以学习。熟读历史，可以使人聪明！"传统文化，就是过去历史的精华，先贤用心良苦，编成《三字经》《弟子规》《五字鉴》《朱子家训》等童蒙书，认为教育应从幼童开始。用心诵读积累，当有助于将来的约取薄发。人文素养沉潜认知既深，更有助于应付世变，驾驭世变，促使创意发想成为无限可能。

阅读之于思想和素养，好比音乐之于心灵，甘霖之于沙漠，河海之于舟船。给人滋润，给人能量，给人激励，给人启发，给人反思；同时又能令人陶醉，令人感动，令人鼓舞，令人充实。至于开发潜能，升华认知，促成创意发想，更是阅读活动的必然结局和成效。心理学家说：从接收到反应，阅读很容易生发感染的气氛，形成同群效应。阅读，号称文明之声。知识飨宴的场景，是温馨美好的亲子活动图。期待这种风景，能够天天在家庭完美上演。

朱熹是位知名的理学家、大学者，读了很多书，也写了很多书。他曾作一首诗，推崇知识的惊人能量：

昨夜江边春水生，艨艟巨舰一毛轻。

向来枉费推移力，此日中流自在行。

阅读可以获取知识，知识等同能量；拥有无限的能量，人生就可以"自在行"。

愿共勉之，是为序。

張高評

台湾成功大学中文系教授

2015 年 8 月 15 日

重读历史，唤醒民族记忆

我们为什么要读历史？学历史到底有什么用？

近些年来，伴随着外语学习热潮的是对于本民族母语学习的轻视，很多的年轻人外语比母语学得好，对外国的历史比对自己祖国的历史了解得更多。不得不说，作为一个中国人，只知ABC，不知之乎者也，不仅是一种讽刺，也是一种悲哀。

所幸，随着中国国力的不断强大，中国文化的传承也越来越受到尊崇和重视。现在，孩子们该读什么样的书，不仅是每个家庭关心的问题，也事关国家、民族的长远发展。当下，无论是国家、学校、社会，还是家庭，父母老师都开始想方设法让孩子们亲近母语，阅读经典，熟知祖国的历史。青少年从小阅读本国历史，就能够更加理解本民族文化，认同自己的身份。

千古一帝唐太宗李世民说：以史为鉴，可以知兴替。在近代以前，学习历史是培养各种领袖与人才的必备教育，因为它能够使人对过去"稽其兴坏成败之理"（《史记·太史公自序》）。

当然，读历史，不仅仅是为了记住历史事件和人物，也不是为了炫耀自己学识渊博；读历史，是为了从"当时"和"演变"中经过思辨，提取智慧，为我所用。

大私塾教养阶进丛书"以史为鉴"系列，由《百家姓》《五字鉴》《史记故事》三册书组成，本系列丛书作为学习历史的入门书，用讲故事的方式，让孩子们了解历史事件和历史人物，并发现学习历史的乐趣；同时通过学习历史启发孩子们的思维，认识到学习历史的价值。所以，这几本书里没有必须背诵的历史节点，所提出的问题也没有标准答案，我们只是希望每位家长和孩子，通过阅读、通过思辨，能够得出自己的、具有现实意义的答案。

《五字鉴》

　　《五字鉴》原名为《鉴略妥注》，是明朝李廷机根据我国古史资料所写的一部历史蒙学读物，此书以五言韵文的形式，按年代顺序将我国上自远古传说，下至元明的社会历史，进行了简单扼要的总述和概括。全书仅万余字，行文言简意赅，叙事条理分明。

　　《五字鉴》可谓一部二十一史，是一本浓缩了的记传体历史读本，于正史之外，还广泛吸纳了神话、传说和一些轶闻趣事，极大地激发了儿童的阅读兴趣。

　　与原典有所不同的是，我们编撰的这本《五字鉴》，加入了清朝历史，郑海香老师仿照原典五言韵文的形式，将清朝历史补齐，让孩子们能够更加完整地学习中国古代历史。

原典部分有注音、注释，你可以在空白处写出译文。

泡泡部分，是对原典中提到的典故的解释。

讲故事懂道理
用讲故事的方式解读历史，让读者从中体会。

年代轴
将中国历史置于世界之中，让读者在了解中国历史的同时，很直观地看到，此时此刻的世界。

同时，我们还将世界历史的概况以年代轴的形式体现出来，让读者在学习中国历史的同时，能够对同时期所对应的世界历史有所了解。希望我们的读者能够从世界格局的角度，阅读中国历史，指引现实世界。

学习历史，最大的意义在于"鉴"，是对历史的思考以及历史给予我们的思辨和现实意义。所以，我们在一段历史的学习后，加上供读者思考的"历史的思辨"，请家长与孩子们一起思考、一起辩论、一起提问。"历史的思辨"只有提问和思考，没有标准答案。

你可以写下你对这个问题的思考和回答。

你可以就此提出你的反问，你也可以就此提出别的问题。

任何一处留白，都可以充满你的疑问和思考。

《史记故事》

《史记》是我国第一部纪传体史书，我们平常耳熟能详的故事，如赵氏孤儿、负荆请罪等都是出自《史记》，诸多成语，如破釜沉舟、鸡鸣狗盗等也都出自史记故事，可以说《史记》是中华民族传统文化的源泉。鲁迅先生评价《史记》是"史家之绝唱，无韵之《离骚》"，作者司马迁文笔犀利中肯，在他笔下那些尘封在历史中的人物跃然纸上。青少年读者阅读这段历史，不仅是能增长自己的知识，陶冶文化情操，更重要的是唤醒千年的民族记忆，增强民族认同感。

我们精选了《史记》中的部分经典，以白话文的方式讲解这些故事，并配以插图。在编写过程中编者常常被历史上的故事所打动，笑中带泪，泪中带笑，那一个个历史人物仿佛就在眼前。希望这本《史记故事》能带领读者走进几千年前的峥嵘岁月，在阅读历史、感受历史中反思历史，指引当下。

每一篇故事后面都有思考和反问，再说一遍：这里没有也不需要标准答案。你只需要展开想象，展开思辨。

《百家姓》

中国人历来有寻根问祖的传统，以家族为中心、以血缘区别远近亲疏，是中国传统文化的核心之一。姓氏也是一种文化，通过姓氏，我们可以知道自己生命的由来，可以了解自己的宗族血脉与历史，从而明白"参天之木，必有其根；怀山之水，必有其源"，是谓"寻根"；"草木祖根，山祖昆仑，江河祖海"，是谓"问祖"（张澍《姓氏寻源》）的真正含义。《百家姓》的产生与流传，正体现了中国人对宗脉的强烈认同感。

根据史料记载，《百家姓》最早成书于北宋初年，最初收集的姓氏有 411 个，后来增补到 568 个，其中单姓 444 个，复姓 124 个。《百家姓》采用四言体例，句句押韵，读来琅琅上口，与《三字经》、《千字文》并称"三百千"，是中国古代幼儿启蒙读物的固定教材。

我们编写的以史为鉴之《百家姓》，在参考《百家姓》相关书籍及网络查询的基础上，选取《百家姓》前100个姓氏及一些复姓，按照来源分类，从起源、得姓方式、郡望、堂号、姓氏始祖、姓氏名人等方面详尽解说，其余姓氏因篇幅所限，只做分类，不详尽解说。虽然书中介绍的只是极微小的一部分，但我们希望读者能够由此走向百家姓探源之路，感受姓氏文化的魅力，体会《百家姓》的价值。

当然很多姓氏都有多种得姓方式，我们且按主要得姓方式划分。

每个姓氏都有系统介绍。你也可以基于此对自己的家族进行一番探源。

再次阐明：阅读历史，多读、多想、多辩，方为读史之正道。我们希望能够通过上述三本书，带领读者回到历史的原点，藉由历史事件和人物的具体事例，经过思辨，让那些尘封的历史重新在当下发挥功用。

巨变的时代，每个人都应思考如何在历史的大潮中掌好舵。其实历史自身已为我们提供了参考，虽时过境迁，但人性不变；细细咀嚼那些成败得失，或许能让我们避免"后人复哀后人"的悲剧。当今中国，全民族都在为实现伟大中国梦而努力奋斗，让青少年重读历史，既增强其主人翁精神，也可为国人建立文化自信作出贡献。

目录

三皇纪（约前 3300 ～约前 2300 年）………………………018

五帝纪（约前 30 世纪～约前 21 世纪初）………………020

陶唐纪（前 2377 ～前 2259 年）…………………………026

有虞氏纪（前 2128 ～前 2086 年）………………………029

夏后氏纪（前 2070 ～前 1600 年）………………………032

商纪（前 1600 ～前 1046 年）……………………………036

周纪（前 1046 ～前 256 年）………………………………042

春秋纪（前 770 ～前 476 年）……………………………046

战国纪（前 475 ～前 221 年）……………………………048

秦纪（前 221 ～前 206 年）………………………………056

西汉纪（前 206 ～公元 25 年）……………………………064

东汉纪（25 ～ 220 年）……………………………………075

三国纪（220 ～ 280 年）……………………………………088

西晋纪（265 ～ 317 年）……………………………………090

东晋纪（317 ～ 420 年）……………………………………093

南朝宋纪（420 ～ 479 年）…………………………………098

南朝齐纪（479 ～ 502 年）……………………100

南朝梁纪（502 ～ 557 年）……………………102

南朝陈纪（557 ～ 589 年）……………………104

隋纪（581 ～ 618 年）……………………108

唐纪（618 ～ 907 年）……………………112

下唐纪（762 ～ 904 年）……………………124

五代梁纪（907 ～ 923 年）……………………130

五代唐纪（923 ～ 936 年）……………………131

五代晋纪（936 ～ 947 年）……………………133

五代汉纪（947 ～ 950 年）……………………134

五代周纪（951 ～ 960 年）……………………135

宋纪（960 ～ 1127 年）……………………138

南宋纪（1127 ～ 1279 年）……………………150

元纪（1206 ～ 1368 年）……………………156

明纪（1369 ～ 1644 年）……………………162

清纪（1616 ～ 1911 年）……………………192

三皇纪

乾坤初开张，天地人三皇。
<small>qián kūn</small>

天形如卵白，地形如卵黄。
<small>luǎn 鸡蛋</small>

五行生万物，六合运三光。
<small>xíng</small>
<small>金、木、水、火、土五种元素</small> <small>上下和四方，泛指天下</small> <small>太阳、月亮和星星</small>

天皇十二子，地皇十一郎。
<small>天皇氏兄弟十二人，以木德王</small> <small>地皇氏兄弟十一人，以火德王</small>

无为而自化，岁起摄提纲。
<small>安定</small> <small>shè</small>
<small>岁星，即木星</small> <small>摄提格，即寅</small>

人皇九兄弟，寿命最延长。

各万八千岁，一人兴一邦。
<small>国家</small>

分长九州地，发育无边疆。
<small>统治</small>

摄提：
上古时候，我们的先祖根据岁星（木星）在天体中运行的规律用来纪年，这就是"岁星纪年法"，每十二年循环一次。到汉朝时，这种纪年法演变为干支纪年法。

九州：
古人把中华大地划分为冀、兖、青、徐、扬、荆、豫、梁、雍九个区域，统称为九州。

讲故事懂道理

龙生九子，是指龙的九个儿子都不成龙，各有不同。所谓"龙生九子"，并非龙恰好生九子。中国传统文化中，以九来表示极多，有至高无上的地位，九是个虚数，也是贵数，所以用来描述龙子。

囚牛，是龙生九子中的老大，平生爱好音乐，它常常蹲在琴头上欣赏弹拨弦拉的音乐，因此琴头上便刻上了它的遗像。睚眦，是老二，平生好斗喜杀，刀环、刀柄、龙吞口便是它的遗像。这些武器装饰了龙的形象后，更增添了慑人的力量。嘲风，形似兽，是老三，平生好险又好望，不仅象征着吉祥、美观和威严，而且还具有威慑妖魔、清除灾祸的含义。蒲牢，形似盘曲的龙，排行第四，平生好鸣好吼，洪钟上的龙形兽钮是它的遗像。狻猊，形似狮子，排行第五，平生喜静不喜动，好坐，又喜欢烟火，因此佛座上和香炉上的脚部装饰就是它的遗像。霸下，又名赑屃，形似龟，是老六，平生好负重，力大无穷，碑座下的龟趺是其遗像。狴犴，又名宪章，形似虎，是老七。它平生好讼，却又有威力，狱门上部那虎头形的装饰便是其遗像。负屃，似龙形，排行老八，平生好文，石碑两旁的文龙是其遗像。螭吻，又名鸱尾、鸱吻，龙形的吞脊兽，是老九，口阔噪粗，平生好吞，殿脊两端的卷尾龙头是其遗像。

---

500 万～800 万年前，南方古猿出现，人科动物的历史从此开始。

距今 200 万年，非洲埃塞俄比亚，"露西女士"。

约 150 万年前，旧石器时代，非洲能人出现，奥杜威文化。

250 万年前，猿人和智人形成。

180 万年前，旧石器时代，非洲东岸出现最早使用工具的能人（早期猿人），奥杜威文化。

约 20 万到 200 万年前，阿舍利文化。

三皇纪

有<ruby>巢<rt>cháo</rt></ruby>氏以出，食果始为粮。
建造房屋的人，古部落首领

构木为巢室，袭叶为衣裳。
　　　　　　穿

<ruby>燧<rt>suì</rt></ruby>人氏以出，世事相迷茫。
传说最早学会用火的人，古部落首领

钻木始取火，衣食无所妨。
　　　　　　　　　　担心

结绳记其事，年代难考详。

钻木取火：
　　人们把坚硬而尖锐的木头，在另一块硬木头上使劲地钻，钻出火星来；也有的把燧石敲敲打打，敲出火来。传说是"燧人氏"最早懂得人工取火。

燧人氏为禽兽命名：
　　以前，人们把所有的动物都叫作"虫"，燧人氏经过细心观察，把动物划分为四类：天上飞的称作"禽"，地上跑的称作"兽"，有脚的爬行动物称作"虫"，没脚的爬行动物称作"豸"zhì。

结绳记事：
　　结绳记事是文字发明前，人们所使用的一种记事方法。上古时期的中国及秘鲁印第安人皆有此习惯。
　　古人为了要记住一件事，就在绳子上打一个结。以后看到这个结，他就会想起那件事。

　　有巢氏是中国古代神话传说中的人物，汉族人民想象中的始祖，原始巢居的发明者，也称"大巢氏"。在北京平谷的"中华百帝宫"，"有巢氏"作为率领原始人走出洞穴，构木为巢的"中华第一人文圣祖"，被列为百帝之首。

　　相传远古昊英之世，人少但禽兽多，为防御野兽侵害，有巢氏教人构木为巢，白天采摘橡栗，夜晚栖宿树上，从此人类才由穴居到巢居。人们非常感激这位发明巢居的人，便推选他为当地的部落酋长，尊称他为有巢氏。有巢氏被推选为部落酋长后，为大家办了许多好事，名声很快遍及中华大地。各部落的人都认为他德高望重，有圣王的才能，一致推选他为总首领，尊称他为"巢皇"。

　　传说有巢氏执政后，迁都于北方圣地石楼山。石楼山就在今山西吕梁市兴县东北，当时有巢命人在山上挖了一个洞，他就居住在山洞里处理政务。所以后世人便把石楼山称作有巢氏的皇都。其实有巢氏时期连一座像样的房子都没有，哪里会有都城呢？

100万年前，直立人时代（印尼爪哇人、德国海德堡人、中国元谋人和北京人）。

约60万年前，欧洲海德堡人。

约20万年前，欧亚非的直立人逐渐消失，被来自非洲的新品种人类智人取代。

约80万年前，直立人来到现西班牙地区，成为最早的欧洲人。

约30万年前，德国尼安德特人，莫斯特文化。与中国丁村人同属早期智人。

五帝纪

伏羲氏以立，人^{xī}质自异常。
<small>这里指相貌</small>

蛇身而牛首，继世无文章。

制字造书契，画卦名阴阳。

男女教嫁娶，俪^{lí}皮为礼将。
<small>偶数的，成双成对的　聘礼</small>

养牲供庖^{páo}食，畜马猪牛羊。
<small>烹调</small>

> **俪皮为礼：**
> 《淮南子》有过记载："由是嫁娶取俪之俗。"那时人们开始有嫁娶习俗，用两块鹿皮作为聘礼的习俗开始流行。当时处于奴隶社会，人们主要以狩猎为生，生产力水平很低，鹿皮是非常昂贵的物资。

> **伏羲：**
> 伏羲居三皇之首，首德于木，为"百王之先"。相传其人首蛇身，与其妹女娲成婚，生儿有女，是中华民族的人文始祖。

讲故事懂道理

远古时代，人对大自然一无所知。每天提心吊胆地过日子。伏羲经常环顾四方，揣摩着日月经天，斗转星移，猜想着大地寒暑、花开花落的变化规律。他看到中原一带蓍草茂密，开始用蓍草为人们卜筮。

有一天，伏羲捉到一只白龟，他把白龟养了起来。伏羲正在往白龟池里放食物，有人跑来说蔡河里出了怪物。他来到蔡河边一看，只见那怪物说龙不像龙，说马不像马，在水面上走来走去，如履平地。伏羲走近水边，那怪物竟然来到伏羲面前，老老实实地站在那儿一动不动。伏羲仔细审视，见那怪物背上长有花纹：一六居下，二七居上，三八居左，四九居右，五十居中。伏羲薅一节蓍草梗，在一片大树叶上照着龙马背上的花纹画下来。他刚画完，龙马大叫一声腾空而起，转眼不见了。伏羲拿着那片树叶，琢磨上面的花纹，怎么也解不开其中的奥妙。

这天他坐在白龟池边思考，忽听池水哗哗作响，定睛一看，白龟从水底游到他面前，两眼亮晶晶的看着他，接着向他点了三下头，脑袋往肚里一缩，卧在水边不动了。他发现白龟盖上的花纹中间五块，周围八块，外圈儿十二块，最外圈儿二十四块，顿时心里亮堂了，悟出了天地万物的变化规律唯一阴一阳而已。伏羲画出了八卦图。人奉之为神，尊其为八卦祖师。

约10万年前，非洲智人入侵西欧，演化成克罗马农人，奥瑞纳文化。在拉斯考克斯岩洞和肖威岩洞里留下著名绘画。

距今170万年到20万年前，直立人扩散到欧亚大陆：印尼爪哇人，德国海德堡人，中国元谋人、蓝田人。

非洲智人5万年前至6万年前到达澳大利亚，3万年前到达亚洲，中国山顶洞人同是晚期智人。早期智人基本灭绝。

约200万到20万年前，直立人（晚期猿人）开始使用符号与基本的语言，阿舍利文化。

五帝纪

祝融共工氏，交兵相战争。

共工不**胜**怒，头触**周山**崩。
　　　　非常，十分　　不周山。传说在我国西北的祁连山中

上惊天柱折，下震**地维**穿。
　　　　　　　　　　维系大地的绳子，亦指大地的四角

女娲氏以立，炼石以补天。
　wā

断鳌足立极，地势得其坚。
砍下 传说中的大海龟

聚灰止**滔水**，天地复依然。
　　　　洪水

传代十五世，不可考根源。

女娲造人：
　　女娲为创世神，创造的既包括自然界的，也包括人类的，因而女娲又是造人之神。根据传说，某一天，她经过黄河的河畔，想起开天辟地以来，创造了山川湖海、飞禽走兽，改变原本一遍寂静的世界。但是，女娲总觉得这世界还是缺了点什么，但又一时想不起是些什么。当她低头沉思，看到黄河河水里自己的倒影时，顿时恍然大悟。原来世界上还缺少了像自己这样的"人"。于是，女娲就参照自己的外貌用黄河的泥土捏制了泥人，再施加神力，泥人便变成了人类。

　　传说当人类繁衍起来后，水神共工和火神祝融打起仗来，闹得到处不宁，结果祝融打胜了，但失败的共工不服，一怒之下，把头撞向不周山。不周山崩裂了，支撑天地之间的大柱断折了，天倒下了半边，出现了一个大窟窿，地也陷成一道道大裂纹，山林烧起了大火，洪水从地底下喷涌出来，龙蛇猛兽也出来吞食人类。人类面临着空前大灾难。

　　女娲目睹人类遭到如此奇祸，决心补天，以终止这场灾难。她选用各种各样的五色石子，架起火将它们熔化成浆，在天台山上炼了九九八十一天，炼了块厚12丈、宽24丈的五色巨石，并依照此法，又用整整4年的时间，炼了36500块五色石，连同前面的那块共36501块，最后用了36500块。随后又斩下一只在水中作乱的大龟四脚，当作四根柱子把倒塌的半边天支了起来。女娲还擒杀了残害人民的黑龙，刹住了龙蛇的嚣张气焰。最后为了堵住洪水不再漫流，女娲还收集了大量芦草，把它们烧成灰，埋塞向四处铺开的洪流。

　　经过女娲一番辛劳整治，苍天总算补上了，人们又重新过着安乐的生活。但是这场特大的灾祸毕竟留下了痕迹。从此天还是有些向西北倾斜，因此太阳、月亮和众星辰都很自然地归向西方，又因为地向东南塌陷，所以一切江河都往那里汇流。

约80万年至20万年前，直立人来到现西班牙地区，成为最早的欧洲人。同期有中国北京人。

约20万年前，来自非洲的智人出现。

约50万年前，欧洲海德堡人，约30万年前，德国尼安德特人，莫斯特文化。与中国丁村人同属早期智人。

约10万年前，旧石器时代中期，早期智人，奥瑞纳文化。西欧克罗马农人，中国同期有马坝人、长阳人、许家窑人。

五帝纪

神农氏以立，**其** 始教民耕。
    代词，他

斫 木为耒耜，衣食在桑田。
砍

亲自尝**百**草，医药得相传。
    形容多

教人为贸易，货物并**权衡**。
    这里是称重量的意思

传代凡八世，五百二十年。

神农氏：
    被世人尊称为"药王"、"五谷王"、"五谷先帝"、"神农大帝"等。华夏太古三皇之一，传说中的农业和医药的发明者，他遍尝百草，教人医疗与农耕。

讲故事懂道理

上古时候，哪些粮食可以吃，哪些草药可以治病，谁也分不清。黎民百姓靠打猎过日子，天上的飞禽越打越少，地下的走兽越打越稀，人们就只好饿肚子。老百姓的疾苦，神农氏瞧在眼里，疼在心头。怎样给百姓充饥？怎样为百姓治病？神农苦思冥想了三天三夜，终于想出了一个办法。

他带着一批臣民，从家乡出发，整整走了七七四十九天，白天，他领着臣民到山上尝百草，晚上，他就着火光把结果详细记载下来：哪些草是苦的，哪些热，哪些凉，哪些能充饥，哪些能医病，都写得清清楚楚。他一直尝了七七四十九天，尝出了麦、稻、谷子、高粱能充饥，就叫臣民把种子带回去，让黎民百姓种植，这就是后来的五谷。他尝出了三百六十五种草药，写成《神农本草经》，叫臣民带回去，为天下百姓治病。

神农尝完百草，为黎民百姓找到了充饥的五谷，医病的草药，来到回生寨，准备下山回去。他放眼一望，遍山搭的木架不见了。原来，那些搭架的木杆，落地生根，淋雨吐芽，年深月久，竟然长成了一片茫茫林海。神农正在为难，突然天空飞来一群白鹤，把他接上天庭去了。为了纪念神农尝百草、造福人间的功绩，老百姓就把这一片茫茫林海，取名为"神农架"。

距今5万年前，晚期智人，蒙古利亚、尼格罗、欧罗巴三大人种形成。同期中国山顶洞人，父系氏族社会。

前10000～前3500年，新石器时代。东亚西亚是最早的农业发源地，人类发明了农业、畜牧业，学会制陶。

约2、3万年前，旧石器时代中、晚期，人类进入母系氏族社会。艺术出现，能够人工取火；猛犸和剑齿虎灭绝。

约前7000～前6000年，甲骨陶石上出现契刻符号，可能与文字雏形有关。出现七音阶骨笛。

五帝纪

黄帝轩辕氏，人事渐完备。
（xuān yuán）

诸侯始争雄，适习干戈起。
这里指各部落首领　　才 常常 代指战争 爆发

蚩尤尝作乱，作雾迷军旅。
（chī）　曾经

帝造指南车，起兵相战敌。

> **黄帝轩辕氏：**
> 黄帝（前2717年～前2599年），古华夏部落联盟首领，中国远古时代华夏民族的共主，五帝之首，被尊为中华"人文初祖"。据说他是少典与附宝之子，本姓公孙，后改姬姓，故称姬轩辕。居轩辕之丘，号轩辕氏。也有人称之为"帝鸿氏"。

> **蚩尤：**
> 蚩尤是中国神话传说中的部落首领，以在涿鹿之战中与黄帝交战而闻名。蚩尤在战争中显示的威力，使其成为战争的同义词，尊之者以为战神，斥之者以为祸首。
> 蚩尤也是苗族相传的远祖之一。其活动年代大致与华夏族首领炎帝和黄帝同时。黄帝战胜炎帝后，在今河北涿鹿县境内，展开了与蚩尤部落的战争——涿鹿之战，蚩尤战死，东夷、九黎等部族融入了炎黄部族，形成了今天中华民族的最早主体。

讲故事懂道理

数千年前，黄帝是黄河流域最有名的一个部落首领。在长江流域有一个九黎族，他们的首领名叫蚩尤，十分强悍。蚩尤常常带领他强大的部落，侵略骚扰别的部落。

黄帝早就想除去这个部落的祸害，于是联合各部落首领，在涿鹿的田野上和蚩尤展开一场大决战，这就是著名的"涿鹿大战"。蚩尤凭借着良好的武器和勇猛的士兵，连连取胜。后来，黄帝请来龙和其他奇怪的猛兽助战。蚩尤的兵士虽然凶猛，但也抵挡不住，纷纷败逃。

黄帝带领兵士乘胜追杀，忽然天昏地黑，狂风大作，雷电交加，天上下起暴雨，黄帝的兵士无法继续追赶。原来蚩尤请来了"风神"和"雨神"助战。黄帝也不甘示弱，请来天上的"旱神"帮忙，驱散风雨。一刹那之间，风止雨停，晴空万里。蚩尤又用妖术制造了一场大雾，使黄帝的兵士迷失了方向。黄帝利用天上北斗星永远指向北方的现象，造了一辆"指南车"，指引兵士冲出迷雾。

经过多次激烈的战斗，黄帝活捉了蚩尤。黄帝命令给蚩尤带上枷锁，然后处死他，蚩尤死后，黄帝把他的形象画在军旗上，用来鼓励自己的军队勇敢作战，也用来恐吓敢于和他作对的部落。后来，黄帝受到了许多部落的支持，渐渐成为所有部落的首领。

约同期，中国仰韶文化、河姆渡文化萌芽。半坡氏族，老官台文化。

公元前3500年，两河流域苏美尔乌鲁克文化。中国红山文化、良渚文化。

约前3100～2700年，上、下埃及统一，出现象形文字。

前4300年～前3500年，西亚（今伊拉克附近）两河流域苏美尔欧贝德文化。考古发现神庙遗址。西欧巨石文化。

前3100～前2800年，两河流域苏美尔捷姆迭特－那色文化，产生楔形文字。

五帝纪

龙马授河图，得见天文纪。
黄河　　　　　　　　天文现象和
　　　　　　　　　　时令的总称

伐木作舟车，水陆皆通济。
　　　　　　　　　　　渡过

隶首作算数，大挠造甲子。
lì　　　　　nǎo

伶伦制竹简，阴阳调律吕。
líng

遂有管弦声，音乐从此始。

在位一百年，骑龙朝天帝。

大挠造甲子：
　　早在公元前2697年，于中华始祖黄帝建国时，命大挠氏探察天地之气机，探究五行（金木水火土），始作十天干（甲、乙、丙、丁、戊、己、庚、辛、壬、癸），及十二地支（子、丑、寅、卯、辰、巳、午、未、申、酉、戌、亥），相互配合成六十甲子用为纪历之符号。根据《五行大义》中记载，干支是大挠创制的。大挠"采五行之情，占斗机所建，始作甲乙以名日，谓之干，作子丑以名月，谓之枝。有事于天则用日，有事于地则用月。阴阳之别，故有枝干名也"。

讲故事懂道理

　　传说，算盘和算数是黄帝手下一名叫隶首的人发明创造的。

　　黄帝统一部落后，先民们整天打鱼狩猎，制衣冠，造舟车，生产蒸蒸日上。物质越来越多，算账、管账成为每家每户必须做的事。开始，只好用结绳记事，刻木为号的办法，处理日常算账问题。但时间长了，难免会有出错的情况，虚报冒领的事也经常发生。黄帝为此事大为恼火，命隶首管理宫里的一切财物账目。

　　黄帝隶首担任了黄帝宫里总"会计"后，先使用各种野果分类计算所打的猎物，但野果无法长时间保存，存放时间一长，就腐烂变色，分不清各种野果颜色，账目也就混乱了。

　　隶首又到到河滩拣回很多不同颜色的石头片，分别放进陶瓷盘子里。这下记账再也不怕变色腐烂了。可是一个不小心，盘子掉地打碎，石头片全散了。隶首的账目又乱了。最后，隶首在妻子的指点下，给每块不同颜色石片都打上眼，用细绳逐个穿起来。每穿够十个数或100个数，中间穿一个不同颜色的石片。这样清算起来就省事多了。隶首自己也心中有数。从此，宫里宫外，上上下下，再没有发生虚报冒领的事了。后来随着生产的发展，隶首明白了进位道理后，用珍珠代替名片，做成了当时的算盘。

公元前3000年，古希腊爱琴海地区进入早期青铜时代。爱琴文明。

印欧人大迁徙，扩散至整个欧亚，形成不同民族。

前2700年～前2160年，古埃及王国第3到8王朝。兴建金字塔群。崇拜法老和太阳神。

亚洲出现轮制陶器技术。

前2800～前2371年，苏美尔早期王朝，城邦社会。多神信仰，自然崇拜。太阴历。

五帝纪

少昊金天氏，立位凤凰至。

其世官无名，以鸟为官纪。
法度，上下关系

zhuān xū
颛顼高阳氏，按时造黄历。

孟春为岁首，一年分四季。
初春。古代把每一个季度又分成
三段，分别称为孟、仲、季

kù
帝喾高辛氏，在位八十岁。

天下藉太平，史书无所纪。

以鸟为官纪：
　　掌管百鸟——凤凰 / 掌管四季 / 掌管日
常事务 / 掌管农业——九种扈鸟 / 掌管工
种——五种野鸡。

少昊金天氏：
　　五帝之一。少昊是中国古代神话中的
西方天神。他的父亲是太白金星，他的母
亲是天山的仙女皇娥。

颛顼高阳氏：
　　中国上古时期的部落联盟首领之一。本
名乾荒，是黄帝次子昌意的儿子。

帝喾高辛氏：
　　帝喾，姬姓，名俊，号高辛氏，殷人称夒，
华夏上古时期一位著名的部落联盟首领。
为"三皇五帝"中的第三位帝王。

颛顼是传说中的神话人物，他有非凡的经历和超人的力量，有至高无上的权力。

传说中，内黄西南一带有个黄水怪，经常口吐黄水淹没农田、冲毁房屋。颛顼听说后就决心降服它。可黄水怪神通广大，二人激战九九八十一天不分胜败。颛顼便上天求女娲神帮忙。女娲借来天王宝剑交给颛顼并教他使用方法。颛顼最终用天王宝剑打败了黄水怪。为了给人间造福，他用天王剑把大沙岗变成了一座山，取名付禺山，又用剑在山旁划一道河，取名硝河。从此这里有山有水，林茂粮丰，人们过上了好日子。

颛顼在当地人民心中的位置很高，被尊称为"高王爷"。传说颛顼生前惩治黄水怪，死后仍可退水救民。相传有一天，高王爷显灵变成一位白发苍苍的老人，坐在高王庙的台阶上闭目养神。不久，天降大雨，洪水滚滚而来，田毁庄淹。洪水流到白发老人的面前却不再向前流了，从水中钻出了两个非人非兽的怪物。白发老人一挥手，怪物乖乖地沉下水去，随后，洪水慢慢地退走了。高王庙一带避免了一场洪水灾害。

前2500～前1400年，古希腊克里特文明，自然崇拜。宏伟的王宫，彩绘壁画、陶器装饰、线形文字A（尚未破译）。

前2500～前1500年，古印度河流域出现奴隶制小国。出现文字符号，铭文印章。

公元前2500年，古埃及人用沙和苏打制取玻璃。

陶唐纪

帝尧陶唐氏，仁德宏天下。
　　　　　　　法度，上下关系

cí
茅茨不剪伐，土阶为三级。
茅草盖的屋顶，亦指茅屋　夯土为阶，指居室简陋

míng jiá
蓂荚生于庭，观验旬朔日。

洪水泛九年，使禹而敷治。
　　　　　　　　　　进行

居外十三春，未入家门视。

通泽疏九河，引水从东逝。

举益治山泽，猛兽皆逃避。

xī　　　**rǎng**
百姓乐雍熙，击壤而歌戏。
　　　安宁快乐

> 蓂荚：
> 　传说尧阶生蓂荚，每月初一生一叶，至十五日全生。十五之后每日落一叶，三十日全落。

> 击壤：
> 　古代的一种游戏。壤，游戏用具，木制，前宽后尖。

讲故事懂道理

当尧还在世的时候，中原地带洪水泛滥，人民流离失所，尧决心要消灭水患，于是就开始访求能治理洪水的人。群臣和各部落的首领都推举鲧。鲧治水治了九年，大水还是没有消退，后来舜开始操理朝政，舜征求大臣们的意见，看谁能治退这水，大臣们都推荐禹，舜并不因他是鲧的儿子而轻视他，而是很快把治水的大任交给了他。

当时，大禹刚刚结婚才四天，他的妻子涂山氏是一位贤惠的女人，同意丈夫前去，大禹洒泪和自己的恩爱妻子告别，就踏上了征程。

为了治水，大禹曾三过家门而不入。第一次经过家门时，听到他的妻子因分娩而在呻吟。助手劝他进去看看，他怕耽误治水，没有进去；第二次经过家门时，他的儿子正在他妻子的怀中向他招着手，这正是工程紧张的时候，他只是挥手打了下招呼，就走过去了；第三次经过家门时，儿子已长到10多岁了，跑过来使劲把他往家里拉。大禹深情地抚摸着儿子的头，告诉他，水未治平，没空回家，又匆忙离开，没进家门。大禹三过家门而不入，被传为美谈，至今仍为人们所传颂。

后来，人们用三过家门而不入来表示舍小家为大家的精神。

前2378～前2371年，苏美尔拉格什国王乌鲁卡基那在位。

前2371～前2191年，古代西亚两河流域阿卡德帝国，第一个集权制国家，首领萨尔贡（闪米特人），统一两河地区，统一度量衡。阿卡德语言广为流传。

陶唐纪

大舜耕历山，尧闻知聪敏。

二女嫁为妻，九男遣奉侍。

器械并百官，牛羊仓廪奋。
　　　　　　　　　　lǐn
　　　　　　　　贮藏粮食的仓库

事舜畎亩中，取妻归帝里。
选拔　　quǎn　　　　　　　　家乡
　　　农田

> 奋：振作。这里应指兴盛之意。

> 娥皇女英：
> 　　中国古代传说中尧的两个女儿。也称"皇英"。长曰娥皇，次曰女英，姐妹同嫁帝舜为妻。舜父顽，母嚚，弟劣，曾多次欲置舜城死地，终因娥皇女英之助而脱险。舜继尧位，娥皇女英为其妃，后舜至南方巡视，死于苍梧。二妃往寻，泪染青竹，竹上生斑，因称"潇湘竹"或"湘妃竹"。二妃也死于江湘之间。自秦汉时起，湘江之神湘君与湘夫人的爱情神话，被演变成舜与娥皇、女英的传说。后世因附会称二女为"湘夫人"。

　　尧王觉得舜是个可靠的人，就将国君禅让给他，又决定将两个女儿嫁舜为妻。但尧妻总想让自己的亲生女儿女英为正夫人，让养女娥皇为偏房。尧王出了三道考题，以才定先。

　　第一道考题：煮豆子。尧王给两个女儿各十粒豆子，五斤柴火，先煮熟者胜。姐姐娥皇长年做饭，很有经验，一会儿就煮熟了。妹妹女英却相反，柴火烧尽，水还未热。第二道考题：纳鞋底。尧王让老伴取来一双鞋底和两把绳子，分给两个女儿，每人一只鞋底和一把绳子，谁先纳成，谁就为胜。姐姐娥皇常纳鞋底，不到半天工夫，一只鞋底就纳成了，还纳得平平展展，又好看又耐实。女英用长长的一根绳子纳，半天连半只都没纳好，还是歪歪扭扭的。

　　临出嫁动身之前，尧王又出了第三道考题：比谁快。先到历山坡舜帝的住地者为胜。这时尧妻让姐姐娥皇坐马车慢慢前进，妹妹女英骑走骡从小路，事有凑巧，女英走到半路，走骡突然下驹了。这时，娥皇的马车也赶到了。娥皇见妹妹急成这模样，知道出事了，立即下车把女英拉上马车，一同奔向历山坡。

　　舜帝和娥皇女英成亲后，对两个妻子百般疼爱，没有偏正之分。姐妹两人也齐心协力辅佐舜帝治理天下，做了许多有利于人民的事情。

前2350～前1750年，古印度哈拉巴文化时期，与两河流域有商业往来。主要从事农业、畜牧业、手工业、金属加工液、制陶业、纺织业、棉花种植。

陶唐纪

尧老倦于勤，四岳举舜理。
　　　　　　主管四方的诸侯　治理国家

尧立九十年，一百十八岁。

舜见尧升遐，避位南河地。
　　　指帝王去世　推让王位

百姓感舜恩，从者如趋市。

天与人归之，回宫即帝位。

禅让制：
　　中国上古时期的禅让制度，最早记载于《尚书》之中，是中国上古时期推举部落联盟首领或帝王让位给别人的一种方式，即部落各个人表决，以多数决定。相传尧为部落联盟领袖时，四岳推举舜为继承人，尧对舜进行三年考核后，使帮助为事。尧死后，舜继位，用同样推举方式，经过治水考验，以禹为继承人。禹继位后，又举皋陶为继承人，皋陶早卒，又以伯益为继承人，最后族人拥戴禹之子启为王。这是部落联盟推选领袖的制度，史称"禅让"。但另一种说法是，禅让制只是到禹之子启就终止了，他建立了第一个朝代——夏朝。

讲故事懂道理

　　尧帝年纪老了，想找一个继承他职位的人。于是他召集四方部落首领来开会商议。四方部落首领一致推荐舜这个人。

　　尧对舜亲自进行了考察。尧微服私访，来到历山一带，听说舜在田间耕地，便到了田间。看见一个青年，身材魁伟、体阔神敏，聚精会神地耕地，犁前驾着一头黑牛、一头黄牛。奇怪的是，这个青年从不用鞭打牛，而是在犁辕上挂一个簸箕，隔一会儿，敲一下簸箕，吆喝一声。尧等舜犁到地头，便问："耕夫都用鞭打牛，你为何只敲簸箕不打牛？"舜见有老人问，拱手以揖答道："牛为人耕田出力流汗很辛苦，再用鞭打，于心何忍！我打簸箕，黑牛以为我打黄牛，黄牛以为我打黑牛，就都卖力拉犁了。"尧一听，觉得这个青年有智慧，又有善心，对牛尚如此，对百姓定更有爱心。尧与舜在田间扯起话题，谈了一些治理天下的问题，舜的谈论明事理，晓大义，非一般凡人之见。尧又走访了方圆百里，都夸舜是一个贤良之才。

　　尧便决定试一试舜。把两个女儿娥皇、女英嫁给舜，让两个女儿观其德；把九个男儿安排在舜周围，让九个男儿观其行。尧先让舜在朝中作虞官，试舜三年后，让舜在尧的文庙拜了尧的先祖，尧便让舜代其行天子之政。

前2160～前2010年，古埃及第一中间期，第9～10王朝。国家分裂，社会动荡，艺术衰退。

约前2113～前2006年，苏美尔人乌尔纳姆建立乌尔第三王朝。颁布《乌尔纳姆法典》，是世界第一部成文法典。

有虞氏纪

舜既为天子，国号有虞氏。

初命诛四凶，四境叨恩庇。
　　惩罚　　　　　享受

舜昔贫贱时，事亲全孝弟。
　　　　　　　　　　　　友爱

父惑于后妻，嫉舜生妒忌。

独爱少子象，象杀舜为事。
　　　　　　　　　　　想尽办法做

浚井与完廪，不死皆天意。
挖掘、疏通　修理粮仓

中心不格奸，竭力烝烝乂。
公正的心　　至于奸恶　　真诚的　平安　和睦
　　　　　　　　　　　　　　样子

四凶：
　　　混沌、穷奇、梼杌、饕餮。都是凶恶的人。
　　　四凶，汉族神话传说中由上古时代舜帝流放到四方的四个凶神，按《左传·文公十八年》中的记述是：帝鸿氏之不才子"浑沌"、少皞氏之不才子"穷奇"、颛顼氏之不才子"梼杌"，加上缙云氏之不才子"饕餮"，合称"四凶"。

　　舜的亲娘死得早，老爹瞽叟给他娶了一个后妈，生了两个同父异母的孩子。舜的后妈事事容不得舜，而且总想把他害死，好把家产全夺过来给她的亲儿子。有一年，因为舜的政绩突出，尧帝很高兴，便赐给舜一些奖赏。这些看似普通的礼物，竟让后妈动了杀心，更要命的是，舜昏聩的老爹不知被什么糊涂油蒙了心，竟然积极地参与了"家庭阴谋"。娥皇、女英虽是看在眼里，可只能急在心上。因为如果她俩给夫君打"小报告"，吹"枕边风"，便有破坏"和谐家庭"之嫌。因此，她们对于"第一家庭"的内部矛盾，采取了小心谨慎地处理办法，只能暗地里多加防备，以保护她们的丈夫。

　　一次，瞽叟要舜用泥土修补谷仓。在干活之前，舜先"请示"两位夫人，夫人说那就去吧，不过一定要带上两个斗笠。舜很听老婆的话，便乖乖带着两顶斗笠，爬上房顶干活。他刚上去，瞽叟就立马抽走梯子，放火焚烧。这时，两个斗笠就派上了用场，舜一手拿着一个，像长了翅膀一样从房上跳下来，毫发未损。又有一次，瞽叟叫舜去挖井，等舜刚下到深处时，他的老爹和兄弟就急急忙忙地取土填井，想把他给活埋了。幸运的是，舜的两位夫人早被修炼出极高的警惕性，提前让舜在水井的侧壁凿出了一条暗道，这才捡了一条命。

前2016~前1786年，古埃及中王国第11~12王朝，首都底比斯、孟菲斯，加强王权，经济发达，文化繁荣。相信死而复生，因此将遗体制成木乃伊。数学推算圆周率为3.16。

公元前2100年，西亚两河流域美索不达米亚人发明六十进位制、乘法表。

有虞氏纪

舜陶于河滨，而器不苦窳。
烧制陶器　黄河　　　　粗糙而有毛病

渔钓雷泽间，民皆让居址。
凡有所动移，所居便成聚。
　　　　　　　　　　　村庄

及自为帝时，不忘父母志。
不记象旧仇，封象于有庳。
　　　　　　　　　地名。在今湖南道县北

四海戴舜功，八荒沾帝力。
感激　　　　八方最荒凉遥远的地方

> 舜设官分职：
> 舜即位后，将尧时的部落联盟议会改革为贵族议事机构。议事会成员有禹、皋陶、契、后稷、伯夷、夔、龙、垂、益、彭祖等人，职责都不明确，舜根据个人所长，委以不同职务：禹担任司空，治理水土；后稷掌管农业，播种百谷；契担任司徒，推行教化；皋陶担任"士"，执掌刑法；垂担任"共工"，掌管百工；益任"虞官"，掌管山林；伯夷担任"秩宗"，主持祭祀典礼；夔为乐官，掌管音乐和教育；龙任"纳言"，负责发布命令，收集意见。舜还规定三年考察一次政绩，由考察三次的结果决定提升或罢免。通过这样的整顿，"庶绩咸熙"，使官员职守分明，办事效率提高，百业由此兴旺。

讲故事懂道理

舜做了尧王的女婿，平地升天，荣归无比，但是，他的心胸更宽阔，品德更高尚，孝心更赤诚。

一天，他就向两个老婆说："我离开父亲、继母、弟弟、妹妹已经好几年了。父亲双眼失明，继母懒惰，弟弟妹妹年幼，这几年他们的日子一定不好过，我想带你们回家看看他们，不知道你们愿意不愿意跟我一起去？"

娥皇和女英都说："我们早应该去看望他们了。"娥皇还建议多带点礼物回去。

于是，他们在一个风和日丽的日子，到负夏去看望父母弟妹。果然不出所料，父母那里和在诸冯山时一样一贫如洗，父亲的面容更消瘦苍老了，弟弟妹妹又骨瘦如柴了。为了糊口，有时不得不沿门乞讨。不过，儿子儿媳的突然到来，使瞽瞍和妻子十分诧异。父亲还落了两滴热泪，弟弟也有点愧意。唯有妹妹天真无邪，她抱着嫂子们问长问短，说个没完没了，还求嫂嫂们不要走了，就住在家里吧！女英说："我们这次回来就不走了。"

舜不念旧恶，对父母比从前更孝顺。娥皇和女英也不摆帝王千金的架子，像普通人家的女儿出嫁后那样，勤恳地操劳家务，家里活、地里活都干，而且对公婆十分孝敬。继母病了，她们俩照顾得无微不至，对弟弟妹妹也是十分关照，受到了负夏居民的齐声赞扬。

约前2040～前1786年，埃及中王国时期（第11、12王朝）。

约前2017～前1595年，古巴比伦时代。

约公元前2000年，爱琴海地区迈锡尼文明出现。

有虞氏纪

闲**操**五弦琴，歌诵南风句。
弹奏

解**愠阜**民财，民乐太平世。
心中的 增多
忧愁

舜崩于苍梧，二妃悲慕极。

即今斑竹痕，乃是皇英泪。

舜子均**不肖**，位让夏后氏。
原意指不像父

在位五十年，一百一十岁。

湘妃竹：
　　在湖南岳阳的君山岛上长有一种湘妃竹，这种竹子身上因为有许多斑点，被称斑竹，传说舜帝的两个妃子娥皇、女英千里追寻舜帝到君山后，闻舜帝已崩，抱竹痛哭，流泪成血，落在竹子上形成斑点，这便是"湘妃竹"。

　　舜勤政爱民，为加强中央与各地间的联系，他规定各部落君长定期来蒲阪朝见天子一次，天子也照例前往全国各地巡狩一次，每次除了大臣随扈以外，娥皇与女英都随行照顾他的起居，三人同行，恩爱非常，舜左右逢源，二女雨露均沾。这年盛夏来到洞庭湖，因天气太热，娥皇、女英就留在洞庭湖中的君山，舜继续南巡。

　　不久，传来了舜死在苍梧山的消息，娥皇、女英浑身哆嗦，哭了好几回，身心受着火一般的煎熬。娥皇、女英一天比一天悲伤，健康也受了损害，眼泪渐渐地哭干了，一滴一滴的鲜血从眼中流出来。这晚浓雾渐渐地把整个君山罩住，天空中闪电一道急过一道，云越积越厚，天空就像要倒扣下来，突然间狂风卷着暴雨呼啸而来，洞庭湖掀起层层巨浪，似乎要把岳阳城撼倒。娥皇、女英一片至诚的思念、悲痛终于感动了上天，天神将她们流出的眼泪，流出的血泪都一点点收集起来，把它们洒在洞庭湖君山的翠竹上。在这狂风暴雨中，娥皇与女英突然间头脑是那样地清醒。突然间明白是舜正在召唤着她们，两人携手投入洞庭湖中。顿时风停雨住，波澜不惊，君山上那丛丛翠竹都浸染上斑斑点点的泪迹，成了二妃对舜帝一片至情的象征。

夏后氏纪

禹王登国畿，身度规矩制。

jī 本义是指国都周围的地区，这里指王位

一馈十起身，慰劳人间事。

kuì 吃饭

出外见罪人，下车问而泣。

仪狄始作酒，遂乃疏仪狄。

酿造

采金铸九鼎，流传享上帝。

祭祀

> **仪狄：**
> 　　相传夏禹时期的仪狄发明了酿酒。公元前二世纪史书《吕氏春秋》云："仪狄作酒"。《战国策》中说："昔者，帝女令仪狄作酒而美，进之禹，禹饮而甘之，遂疏仪狄，绝旨酒，曰：'后世必有以酒亡其国者'。"

讲故事懂道理

　　大禹想把洛书中记载的大地上的情况都了解清楚，就命令两个神将丈量大地。量的结果，东西和南北都是二亿三万三千五百里零七十五步。大禹把自己治下的中华国土分成九个州，就是冀、兖、青、徐、扬、荆、豫、梁、雍。大禹还根据洛书的启示，调查了九州民间的疾苦和需求。后来，大禹收集九州的铜，在荆紫山脚下，用其出生地郁山的煤炭将这些铜铸成九个巨大的宝鼎，每个鼎需要九万人才能拉动，同时运走九个宝鼎需要九九八十一万人。直到今天，人们还能在荆紫山上看到大禹铸鼎留下的遗迹。大禹把中华九州和各种毒蛇猛兽、魔鬼精怪的形象，都刻在鼎上，据说这些鼎后来就在洛阳化成九龙飞天而去。

　　《尚书》中有一篇《禹贡》，记述了大禹划分九州的传说。九州是中国最早的行政区划，无论其可信程度如何，人们总是习惯把中国称为九州。因为是大禹划分九州，故古代人又常把中国称为禹域。然后又根据九州土壤的性质，分为"壤"、"黄壤"、"白壤"、"赤植坟"、"白坟"、"黑坟"、"坟垆"、"涂泥"及"青黎"等九种。夏代《禹贡》土壤分类，是在四千一百多年前进行的。这种土壤分类，是世界上土壤科学史上的创举。

公元前2000年，埃及人发明十进制，整数和分数计算法，三角形和圆面积计算法，正方角锥体和锥台体积计算法；发明防腐剂以保存木乃伊。

印欧人迁徙到斯堪的纳维亚半岛，后南下欧洲大陆，日耳曼民族形成。

公元前2000年，印欧人迁徙到中亚，进入中国塔里木盆地。

夏后氏纪

告命于涂山，万国诸侯至。
发布命令。这里指召见

因济茂州江，黄龙**负**舟**戏**。
顺着 渡 　　　　　 背着　玩耍

禹仰**告**于天，龙俯首低逝。
　　祈祷

南巡至会稽，**殂**cú**落**辞凡世。
　　　　　　　去世

在位廿七春，寿年一百岁。

> 禹王碑：
> 　　禹王碑位于岳麓山巅的苍紫色石壁上，在蟒蛇洞南面。面东而立。碑文记述和歌颂大禹治水的丰功伟绩。
> 　　岳麓禹王碑高1.7米，宽1.4米，碑文分9行，每行9字，计77字，末行空四字。其文字形如蝌蚪，很难辨认，很可能是道家的一种符录，也有说是道士们伪造的。但远在1200多年前，即为韩愈所闻及，还亲登南岳岣嵝峰寻访禹碑，并留有诗记。即使是唐宋时的赝品，作为纪念大禹治水之丰碑，也是十分珍贵的。

　　夏建立后，大禹在阳城东南的涂山尽早召开诸侯大会，以检讨自己的过失。这次涂山之会一般被认为是中国夏王朝建立的标志性事件。到了正式大会的日子，大禹穿了法服，手执玄圭，站在台上，四方诸侯按着他国土的方向两面分列，齐向大禹稽首为礼，大禹在台上亦稽首答礼。

　　礼毕之后，夏禹大声向诸侯说道："我德薄能鲜，不足以服众，召集大家开这个大会，为的是希望大家明白恳切的责备、规诫、劝喻，使我知过，使我改过。我胼手胝足，平治水土，虽略有微劳，但生平所最兢兢自戒的是个骄字。先帝亦常以此来告诫我说：'汝惟不矜，天下莫与汝争能；汝惟不伐，天下莫与汝争功'，如果我有骄傲矜伐之处，请大家当面告知，否则就是教我不仁啊！对大家的教诲，我将洗耳恭听。"大家都明白禹受命于天，原本对大禹有意见的诸侯看到大禹这种态度，也都表示敬重佩服，消除了原先的疑虑。史书记载"禹会诸侯于涂山，执玉帛者万国"。

　　禹在位的第十年东行，到了会稽去世（竹书纪年载为四十五年），皇甫谧认为禹享年一百岁左右。禹去世后，其子启继夏朝天子位。

前2000～前1600年，属于闪米特族的亚述人建立古亚述帝国。

公元前1950年，巴比伦人能解两个变量的一次和二次方程。

印欧人中的亚该亚人迁徙到希腊伯罗奔尼撒半岛，公元前1000年，其后代进入今意大利南部及西西里岛。

公元前2000年，墨西哥、秘鲁出现了一些首邦。

夏后氏纪

禹子启贤良，仁德似父王。

传位不逊让，无复遵虞唐。

　　　　谦虚　　　　　不再　尧和舜

启崩太康立，复传与少康。

举兵灭寒浞，夏德复兴扬。

　　　zhuó

继传十七代，国败于桀王。

　　　　　　　　jié

四百三十载，一旦如狽狼。

世袭制：

　　世袭制是古代皇帝下台后，将皇帝的九五之尊转给自己的儿子。世袭制就是名号、爵位以及财产等按照血统关系世代传承，这种传承主要有"家长"的传承，诸侯国的传承。执政的君主也有承接，君主与君主之间可能有血缘关系，但不一定就是直系，有的是兄传弟，也有的是叔传侄；有的是受命于王，还有的是抢班夺权、谋权篡位，故而不在世袭之例。世袭制从大禹打破"禅让制"，传位给他的儿子启开始。

　　大禹治水的另一个传说，相传大禹与女娇举行婚礼后，只有4天就外出治水去了。女娇追随大禹，也在附近的安邑安了家，照顾大禹的饮食起居。大禹便与女娇约定，为了抢时间，在工地上设张鼓，女娇听见鼓声就来送饭，否则勿来。

　　可是意外的事情发生了。有一天，大禹不慎碰落一块山石，石落击鼓。女娇听到了，就连忙带着食物来到了工地。却看见自己的丈夫化作一头巨大的黑熊，一爪操钎，一爪执斧，在河中浪头跳跃，专注地开凿轩辕山。

　　女娇大惊失色，扔下手中的食物，慌乱又惊恐地奔逃而去。

　　大禹见状，也赶紧追了上去，他想向妻子解释清楚。急切中，他居然又忘了要恢复自己的本来面目。他边追边喊，可是他越喊，女娇越不敢停留。就这样，一追一逃间，女娇跑到了嵩山之下，终于力竭而止化成了一块大石。大禹的部属闻讯赶来。细心的伯益发现，女娇的石像中传来空洞的声音，原来女娇已经怀孕了。

　　大禹见母子俱化为石，更是悲痛不已，他对石头喊道："还我儿子。"石像的肚腹应声开启，一个男婴就此降临人世。

　　由于是启石而生，天赋异秉，他的名字便叫"启"，他就是未来中国第一个奴隶制王朝的开创者夏启。

公元前1894年，古巴比伦王国建立。

前1792～前1750年，第六代国王汉谟拉比在位，制定颁布《汉谟拉比法典》。

约前1813～前1781年，亚述王沙姆希－阿达德一世在位。

发现数学中的平方根、立方根。推算圆周率为3。

夏后氏纪

夏桀性贪虐，冤杀关龙逄。
<small>páng</small>

有宠于妹喜，委政于道傍。
<small>mò</small>
<small>托付</small>

以酒为池沼，积糟成高冈。
<small>酒糟</small>

悬肉为林薮，内侈外怠荒。
<small>sǒu</small>
<small>水草地</small>

民怨其虐甚，为谚而宣扬。
<small>歌谣</small>

时日曷不丧，予及汝偕亡。
<small>hé</small>
<small>什么时候</small>

百姓皆散叛，天下归殷汤。

妹喜：

有施氏之女，夏朝最后一位君主夏桀的王后，与商纣王之妲己、周幽王之褒姒，春秋时晋献公之骊姬，并称中国古代四大妖姬。妹喜是后世红颜祸水的第一例证。

讲故事懂道理

夏桀荒淫残暴，人民生活苦不堪言。他即位后的第三十三年，自负勇武，便发兵征伐有施氏，有施氏抵抗不过，请求投降，便把多年来积攒的珍奇全部取出，又从民间挑选许多年轻美貌的姑娘，一起进贡给夏桀，在这许多美女中，有个叫妹喜的，因其美貌，令夏桀满心欢喜，便当即下令撤军回去。

夏桀听妹喜说，她原是有施国君的义女，是主动要求来侍奉夏王的，心中更是欣喜若狂，第二天就把妹喜封为皇后，宠爱无比，他觉得原来的那些宫室都不配给妹喜居住，于是就下令征集民夫，为妹喜重新造一座华丽而高大的宫殿，远远望去，宫殿耸入云天，浮云游动，好像宫殿要倾倒一样，因此，这座宫殿就被称之为倾宫，宫内有琼室瑶台，象牙嵌的走廊，白玉雕的床榻，一切都奢华无比。夏桀每日陪着妹喜登倾宫，观风光，尽情享乐。

妹喜原是有施国败降的贡品，专为倾覆国而来的，因此她变着花样来使夏桀浪费民力财力，使民怒沸腾。但夏桀对她的要求百依百顺，样样照办。

夏桀为了满足其奢侈的享受，无休止地征发夏民，强迫他们无偿劳役，拼命宰割人民，榨干了百姓的血汗，人民对他的暴政已达到忍无可忍的程度。后商汤起兵，夏桀挟妹喜同舟渡江，逃到南巢之山一道死去。

约前1786～前1567年，埃及第2中间期（第13～17王朝）。

前1620～前1590年，赫梯穆尔西利斯一世在位。

前17世纪～前14世纪，小亚细亚地区赫梯古王国。

商纪

成汤登天位，百姓乐徜徉。
　　　　　　　　安闲自得的样子

坐朝以问道，垂拱而平章。
　　治理国家的道理　　　筹划商量

出外见畋猎，汤感而悲伤。
　　　tián

解网以更祝，禽兽叨恩光。
　　　并且　　　　享受

> **网开一面：**
> 　　一天，汤在田野散步，看见一人张开大网，喃喃地说："来吧，鸟儿们！飞到我的网里来。无论是飞得高的低的，向东还是向西，所有的鸟儿都飞到我的网里来吧！"汤走过去对那人说："你的方法太残忍了，所有的鸟儿都会被你捕尽的！"一边说着，汤砍断了三面网。然后低声说："哦，鸟儿们，喜欢向左飞的，就向左飞；喜欢向右飞的，就向右飞；如果你真的厌倦了你的生活，就飞到这张网吧"。"网开三面"这个成语就是由此而来。后来，人们把它改为"网开一面"。

讲故事懂道理

　　夏桀初继位时，曾有振兴夏王朝的雄心和抱负，他攻无不克，战无不胜，众诸侯畏惧而臣服。桀被不断的军事胜利冲昏了头脑，他自比为太阳，开始变得暴戾无道。太史令终古把占卜的凶兆，哭泣着送给桀，桀不屑一顾。太史令终古逃到商王国，商汤大喜，将此事遍告诸侯，图谋灭夏。

　　消息传来，夏桀大怒，诏谕商汤前来都城，商汤不敢不从，到都城后即被囚禁。不久，在各地诸侯的游说下，商汤获释。被囚禁的痛苦经历使商汤更坚定了灭夏的决心，他把伊尹等一批贤士网罗在自己麾下，并经过巧妙的谋划，射伤伊尹，伊尹佯逃到夏都，获得了夏桀的信任。三年后，伊尹回到商王国，把夏王国的虚实告诉了商汤。商汤决定发动灭夏的战争。

　　商汤在景亳誓师，宣告夏桀的罪行，命令军队从东方西征，先灭掉了夏王朝的三个方国韦、顾、昆吾，最后灭掉夏王朝。

　　商汤在诸侯的拥戴下，登上天子宝座。

公元前1595年，赫梯灭古巴比伦。

公元前16世纪上半叶，迈锡尼奴隶占有制国家形成，迈锡尼取代克里特成为爱琴文明的中心，迈锡尼人成为地中海的统治者。

前1500～前900年，两河流域中亚述帝国。

前1550～前1069年，埃及新王国时代（第8～20王朝），致力于对外扩张，成为近东世界最大帝国。

前16世纪～前1157年，古代西亚两河流域喀西特王朝。

商纪

化 被于草木，赖 及累万方。
 遍及   利益，这里引申为好事

大旱连七年，断发告穹苍。
                 祈祷 上天

六罪自归责，大雨遂倾滂。

在位十三载，登遐 归帝乡。
              帝王死的一种委婉说法

伊尹：
　汤的妻子有个陪嫁奴隶，名叫伊尹（伊、应为伊尹的名字，尹在商代为地位次于商王的一个官名，后人就以官名称之），汤差使他在厨房干活。伊尹很有才能，为了让汤发现自己，故意有时把菜做得很可口，有时却或咸或淡。有一次，汤就此事责问他，他就趁机向汤谈论了自己对治理国政的见解。汤大为惊奇，知道他是一个贤才，就免除他奴隶的身份，任为右相。自此，在伊尹的谋划下，汤积极准备灭夏。

　　传说商朝建立后，就遇连年大旱，整整七年，滴雨未落，河水枯竭，草木焦死。但是，尽管用了各种方法来祈祷，仍然滴雨不落。后来，巫吏卜了一卦，说："应当用人作祭品，老天才会下雨。"汤王说："求雨本是为了人民，怎么能再让人民做牺牲呢？假如定要用人来做牺牲，那就让我来吧！"他决心牺牲自己为民求福。

　　汤王择吉日来到桑林，跪在神台前祷告说："我的政治杂乱无节度吗？臣民有失职责吗？宫室崇尚奢华吗？听用妇言弄权乱政吗？天下贿赂的风气盛行吗？毁善害能的人昌盛吗？若有这些过咎，都是我成汤才德欠缺，祈请上天降罪给我，不要因我的罪过连累百姓。"接着登上高高的柴堆。成千上万的百姓跪在周围，望着汤王的身影个个泪如雨下。点火的时候到了，惊天动地的号角声响了三下，巫师点燃了柴堆。片刻间，浓烟滚滚，烈焰腾空，把汤王裹在烟火之中。霎时乌云密布，雷鸣电闪，大雨倾盆而下。人们欢呼跳跃，把汤王从柴堆上扶下来送回王宫。商汤自焚祈雨之壮举，开创了民族承传几千年的雩祭传统。

前1504～前1450年，埃及法老图特摩斯三世在位。埃及人统治巴勒斯坦及叙利亚地区。

公元前1500年，腓尼基人创造出22个字母组成的文字，是现代欧洲文字的基础。

公元前1500年左右，《圣经－旧约全书》中的《摩西五经》出现。

前1500～前1000年，古印度前吠陀时期，国家大量出现，婆罗门教和种姓制度产生。

印欧人中的米底人和波斯人迁徙至伊朗高原，波斯文明逐渐形成。

商纪

传位太甲立，伊尹扶朝纲。

尹少耕莘野，乐道弗为邦。
　　　　shēn
地名，在河南　　　参与国家大事

汤王三币聘，始登天子堂。
　　多次 礼物

相传至太戊，亳里出祥桑。
　　　　　　bó
商朝当时的国　吉凶的预兆
都，在河南

一日暮大拱，伊陟言不祥。
　　　　　　zhì
突然长粗　相传是伊尹之子

劝君修德业，三日祥桑亡。

太甲：
　　商汤嫡长孙，太丁子，子姓，谥号文王。

伊尹：
　　商初大臣。出仕前，曾在"有莘之野"躬耕务农。四朝元老，千古明相。"伊尹放太甲"载入史册，太甲真心悔过，成为一代明君，伊尹特地写下《太甲调》赞扬他。

讲故事懂道理

　　商汤建立了商朝，死后太甲继承了王位，伊尹教他怎样做一个好的君主。太甲开始时也能按伊尹的教导行事，小心谨慎地遵守祖宗留下的规矩。到了第三年，他就忘乎所以，恣意妄为。

　　伊尹自然不能容忍太甲破坏汤王留下的社稷。看到太甲屡教不改，伊尹就把他赶下台，放逐到商汤的坟墓所在地桐宫去。太甲被放逐到了桐宫，祖父商汤的坟墓与他朝夕相伴。守墓的老人听说太甲是因为违犯祖宗的制度被放逐到墓地上来的，就把当年商汤创业的故事，以及商汤订下的种种规矩，每天对太甲讲述，教育太甲应当以自己的祖父做榜样，做个贤明的君主。祖父商汤的伟大功绩，让太甲既神往又羞愧，反思自己的所作所为，越来越觉得自己对不起祖父在天之灵，就决心改正错误。他以祖父为榜样，尽自己的能力帮助老弱孤寡，做事情也变得雷厉风行。

　　三年过去了，伊尹时刻关注着太甲在桐宫的所作所为，他的行动早已有人报告给伊尹了。太甲的悔过自新，让伊尹十分高兴，于是亲启带着文武大臣把太甲接回首都亳城，严肃而郑重地把政权交还给他。太甲以前事为师，按商汤时传下来的章法循规蹈矩地做事，听从身边大臣的良言良策，把上至国家大事下到百姓生活都治理得井然有序，商朝进入了一个稳定发展的时期。

约前 1400 ~ 前 1200 年，迈锡尼文明的鼎盛时期，使用青铜器，有货币、文字。

公元前 1284 年，埃及与赫梯帝国缔结了人类历史上第一个停战合约《卡迭石条约》。

约公元前 1200 年，长约十年的特洛伊战争。

前 1317 ~ 前 1166 年，古埃及拉美西斯二、三世在位。

古希腊人建成特洛伊城。

商纪

中有高宗 作，梦得一贤良。
振作

其人名傅说，版筑傅岩傍。
yuè
以夹墙板筑城墙

王使 图形 觅，得说升 庙廊。
画像
láng
指朝廷

尊封为宰相，殷 道 复 轩昂。
治理
áng
兴盛

传代三十世，国败于纣王。

傅说：
　　古虞国（今山西平陆）人，生卒不详，殷商时期著名贤臣，先秦史传为商王武丁（约前1250～前1192年在位）丞相，为"三公"之一，创造出历史上有名的"武丁中兴"的辉煌盛世。是我国殷商时期卓越的政治家、军事家、思想家及建筑科学家。《广韵》等书认为傅说是傅氏的始祖。

　　商高宗（武丁）即位后，想重振殷商，但是没有贤臣辅佐，所以他三年都不说话，国事都交给冢宰来管理，自己则观察国风。有一天，他做了一个梦，梦见一个贤人，说："我是一个囚徒，姓傅，名说。天下如果有能找到我的，就会知道我不仅仅是个囚徒了。"

　　武丁醒来后分析："傅"是辅佐的意思，"说"是欢悦的意思，天下是不是有一个人，既能辅佐我又能让百姓欢悦呢？于是就让画工根据梦中的印象画了图形，派人到处寻找，结果在北海附近的虞、虢之间的傅岩找到了一个叫说的囚徒，和图画很像。说本来是个很有才能的贤人，隐居在傅岩，因生活穷厄，就自卖自身，住在北海之州的监狱里，穿着粗麻布衣服，带着索链，在傅岩筑城以求衣食。说被带到商，武丁见了他，和他交谈了一番，认定他就是梦中的那个贤人，就起用为相，结果殷商因此重新振兴起来。

加喜特人统治美索不达米亚地区400年，接受巴比伦的语言和宗教。

以色列人处于没有统一的领袖、开始分裂的混乱时代。

爱琴文明中开始传入和使用铁器。

前1250年，以色列人出埃及，在首领摩西带领下，回到迦南地区。

腓尼基人垄断地中海地区的贸易。

约前1200～前100年，墨西哥地区奥尔梅克文化。有宗教遗址、有文字和历法。

商纪

姐己预国政，祸起在<ruby>萧<rt>xiāo</rt></ruby>墙。
> 宫廷里当门的小墙，比喻内部

<ruby>炮烙<rt>páo luò</rt></ruby>刑一举，黎庶尽遭<ruby>殃<rt>shù</rt></ruby>。

比干以死谏，剖腹<ruby>刳<rt>kū</rt></ruby>心肠。

<ruby>鄂<rt>è</rt></ruby>侯谏而死，移祸及周昌。

> **炮烙：**
> 一种残酷的刑罚。把铜做的柱子灼热，下面再加上烧红的炭，让罪犯走在上面或爬行经过，忍受不住痛苦的就会掉到炭火里活活被烧死。

> **比干：**
> 子姓，沬邑（今河南淇县）人，商朝帝王太丁之子，幼年聪慧，勤奋好学，20岁就以太师高位辅佐帝乙，又受托孤重辅帝辛。从政40多年，主张减轻赋税徭役，鼓励发展农牧业生产，提倡冶炼铸造，富国强兵。商末帝辛（纣王）暴虐荒淫，横征暴敛，滥用重刑，比干叹息道："主过不谏非忠也，畏死不言非勇也，过则谏不用则死，忠之至也"。遂至摘星楼强谏三日不去。纣王十分恼火，说：我听说圣人心有七窍，我倒要看看是真是假。于是就杀死比干，把他的心挖出来看。

讲故事懂道理

商纣王征服有苏氏。有苏氏献出美女妲己。纣王迷于妲己的美色，对她言听计从。

纣王为了讨好妲己，派人搜集天下奇珍异宝，珍禽奇兽，放在鹿台和鹿园之中，每每饮酒作乐，通宵达旦，荒废国事。有一年严冬，妲己看见有人赤脚走在冰上，认为其生理构造特殊，和常人的不同，叫纣王命人将他双脚砍下来，研究那两只脚不怕寒冻的原因。有一回，妲己看见一个大腹便便的孕妇，为了好奇，不惜叫纣王命人剖开孕妇肚皮，看看腹内究竟，白白送了母子的性命。

除此之外，妲己还喜观"炮烙之刑"，将铜柱涂油，燃以火炭，令犯人行其上，跌落火红的炭中，脚板被烧伤，不时发出惨叫声。妲己听到犯人的惨叫，就像听到刺激感官的音乐一样发笑。纣王为了博得妲己一笑，滥用重刑。

纣王的无道，激起了人民的反抗。周武王趁机发动诸侯伐纣，在牧野之战，一举灭商，纣王逃到鹿台，妲己也被斩首而死。

公元前1100年，印度的雅利安人大规模东迁，占据恒河上中游地区。

前1069～前656年，古埃及第三中间期，第21～25王朝。

前1100～前800年，希腊进入黑暗、动荡的时代。线形文字消失。多彩陶器被几何纹陶器取代。

商纪

召昌囚羑(yǒu)里，七载得归乡。
地名，在河南

箕子囚为奴，披发而佯(yáng)狂。
假装

微子奔周国，殷家自此亡。

> 微子：
> 　　子姓，名启，世称微子、微子启、宋微子。
> 　　微子是商王帝乙的长子，纣王的庶兄，早年在微子国（今山西长冶潞城微子镇一带）做诸侯国君。启因封国为微，姓氏为子，故后来被称为微子。后来成为宋国（今河南商丘）开国远祖，第一代国君。
> 　　屡次劝谏却不被接受，无奈之下，选择了离开。

> 箕子：
> 　　名胥余，殷商末期人，是文丁的儿子，帝乙的弟弟，纣王的叔父，官太师，封于箕，因其道之不得行，其志之不得遂，"违衰殷之运，走之朝鲜"，建立东方君子国。商周之际淇河流域伟大的政治家、思想家、哲学家、科学家、文学家、艺术家，被称为"中华文化第一子"，"儒家前驱"。箕子与微子、比干，在殷商末年齐名，并称"殷末三仁"。

　　周文王名姬昌，是商末周族领袖，也是中国历史上的一代明君。他在位期间勤于政务，广招贤才，许多外部落的人才以及从商纣王朝来投奔的贤士，他都以礼相待，予以任用。

　　文王在位时，以商朝的一个"方伯"的面目出现，表面上臣服于商朝，暗地里却积极进行灭商的准备。他分化瓦解商朝的附庸，争取与国，成功地调解了虞、芮两国争田纠纷，使河东小国纷纷前来归附，诸侯都把文王看成是以取代商纣的"受命之君"。随着周的国力增强壮大，引起商王朝的不安，姬昌成为商王的眼中钉，肉中刺。商纣王的亲信谗臣崇侯虎，暗中向纣王进言说："西伯到处行善，树立自己的威信，诸侯都向往他，恐怕不利于商王。"纣王借口传召周文王，用对付过文王父亲同样的手段把周文王困在了羑里。

　　为了解救周文王，周朝的臣子们想尽办法，最后还是散宜备了一些奇珍异宝和美女进献给商王。商王这个草包，对于这些宝物很是喜欢，当即便放了周文王。等周文王等人回到西周便谋划起讨伐商朝之事。

　　后人为纪念这位伟人，在羑里城址上修建了文王庙，成为人们朝敬先贤周文王的圣地。

冶铁技术传入希腊。

埃及南北分裂，外族入侵，政权转移。

前11世纪～前9世纪，希腊史上的衰退时代，《荷马史诗》反映了这段历史，所以又称荷马时代。

印欧人中的凯尔特人返回高卢、伊比利亚半岛，登录不列颠群岛。

周纪

武王运**天筹**，天下并**宗**周。
比喻周密的谋划　　　　归向

观兵孟津界，白鱼入王舟。
检阅军队　地名，在河南

诸侯**咸**会集，皆欲逞兵矛。
　　都

灭纣救**荼毒**，万姓沐**洪庥**。
　　tú　　　　　　　　　　xiū
　　　　　巨大的恩德。庥，本义
　　　　　是树荫，这里指恩德

一怒安天下，四海乐**悠悠**。
　　　　　　　　　　长久的样子

> 公元前1048年，各诸侯和部落首领800多人来到黄河南岸的孟津，举行誓师仪式，史称"800诸侯会孟津"。这是一次灭商的实战演习，此次演习确立了周的盟主地位。

> 白鱼：
> 白色是商朝崇尚的颜色，鱼身上有鳞甲，白鱼被认为是商朝还比较强大的象征。

讲故事懂道理

商朝在暴君纣王的统治下，政治上已十分腐败，但军事上仍有较强实力。武王审时度势，积极为灭商准备条件。纣王更加昏庸暴虐，良臣比干、箕子忠言进谏，一个被杀，一个被囚；太师疵、少师强见纣王已不可救药，抱着商朝宗庙祭器出逃；百姓皆侧目而视，缄口不言。

武王同姜尚研究，认为灭商条件已完全成熟，遵照文王"时至而勿疑"的遗嘱，果断决定发兵伐商，通告各诸侯国向朝歌进军。出发前，太史卜了一卦，得兆象大凶，见此不吉之兆，百官大惊失色。但武王决心已定，不迷信鬼神，毅然率兵车300乘、近卫武士3000人、甲士45000万人向朝歌进发。大军到达朝歌郊外70里处的牧野（今河南汲县南），各诸侯率兵车4000乘会合。纣王闻知周兵已到，调集都中士兵，再加把囚犯、奴隶、战俘武装起来，共起兵17万（一说70万）相迎。双方开始了历史上著名的"牧野之战"。武王在战前向全军发表誓词，历数商纣的罪恶，动员将士们英勇杀敌。商纣的军队在周军凌厉攻势下一触即溃。那些被迫参战的奴隶、囚徒不愿为纣王卖命，反把武王看作救星，倒转矛头引导周军杀入朝歌。纣王见大势已去，登上鹿台，自焚身死，商朝由此灭亡。

前1000～前605年，新亚述帝国，都城尼尼微，领土横跨西亚、北非。

公元前1000年，意大利地区进入铁器时代。100年后，亚平宁半岛逐渐形成依达拉利亚文化。

公元前1000年，以色列王国建立，都城耶路撒冷。大卫王在位。前961年，始建第一圣殿。

前1000～前500年，后吠陀时代，雅利亚人定居恒河一带。恒河流域建立第一批大城市。

周纪

太公八十岁，兴周志有优。
<small>记载 特别(的功勋)</small>

夷齐叩^{kòu}马谏，清名万古流。
<small>拉住 美好的名声</small>

耻食周家粟^{sù}，饿死西山头。
<small>即首阳山，在甘肃</small>

武寿九十岁，在位七年休。
<small>周武王九十三岁 去世</small>

> 伯夷、叔齐是商末孤竹君的两个儿子。相传其父遗命要立次子叔齐为继承人。孤竹君死后，叔齐让位给伯夷，伯夷不受，叔齐也不愿登位，先后都逃到周国。周武王伐纣，二人叩马谏阻。武王灭商后，他们耻食周粟，采薇而食，饿死于首阳山。(见《吕氏春秋·诚廉》《史记·伯夷列传》)。《春秋少阳篇》："伯夷姓墨，名允，字公信。伯，长也；夷，谥。叔齐名智，字公达，伯夷之弟，齐亦谥也。" 封建社会里把他们当作抱节守志的典范。

伯夷、叔齐的父亲子朝为孤竹国的国君。传说孤竹君为"黑胎"所生。商殷时期，卢龙庄里有一户人家，母女二人相依为命。一天，道士上门化缘，留下一首诗："眉目清秀赛天仙，配夫却不在人间。前世墨胎丹桂子，孤竹成人尔心欢。"姑娘怕别人看到门上留的诗，伸出舌头去舔。过了十多个月，未出嫁的姑娘，生下了一个胖小子，母女二人把刚出生的小男孩，埋在自己家中的后花园里。

几年后，后花园埋孩子的地方，长出了一株枝叶旺盛的竹子。姑娘并未嫁人，母亲去世后，一个人独自身生活。家里的困难，只要她心中一想，就变成现实。一天她闭上眼睛想："我想要一面铜镜，照照我的颜面。"闭上眼睛想完，睁开眼，见一个青年男孩，站立在她面前。她拿上镜子，照照自己，再看看孩子，这个孩子很像自己的长相。于是她问："你是哪里人？姓甚、名谁？为何为我送东西？"

青年说："我本姓墨，名叫孤竹，住在咱家后花园。我是您的心血养成的，您的心和我的心相通。只要您心一想，我就知道了，不敢怠慢，赶紧孝敬。" 她对站立在眼前的青年惊惊讶讶地说："哟！你是我的儿子，从今不许再走了。"青年人双膝跪下，口称妈妈，两人抱头痛哭。

墨孤竹行孝出了名，以后做了地方的君主，历史上称孤竹君。

公元前1000年，美洲玛雅文明前古典时期。

前931～前722年，(北)以色列王国建立，都城撒玛利亚。

前800～前338年，古希腊城邦时代，民主政体逐步建立。

前931～前586年，(南)犹太王国建立，都城耶路撒冷。

公元前9世纪，荷马创作《伊利亚特》《奥德赛》，统称《荷马史诗》。

希腊的《伊索寓言》成书。

周纪

成王立幼冲，周公掌国猷。
<small>幼小　　　　　　　　yóu 筹划</small>

一沐三握发，吐哺待诸侯。
<small>洗头　　　bǔ 吐出嘴里食物</small>

召公为辅翼，朝野肆无忧。
<small>助手　　　　　所以</small>

越裳献白雉，圣化被羌酋。
<small>野鸡　　qiāng qiú</small>

> 周公旦：
> 姓姬，名旦，亦称叔旦，周代第一位周公。西周时期的政治家、军事家、思想家、教育家，被尊为"元圣"，儒学先驱。周公旦的功德大致有四：一是辅助武王得天下，二是代理成王治天下，三是参与了制定周礼，四是从无野心。

> 召公又作"邵公"、"召康公"、"太保召公"。姓姬名奭（shì），周文王的儿子，武王的弟弟。

讲故事懂道理

周公姓姬名旦，是周文王第四子，武王的弟弟，我国古代著名的政治家，曾两次辅佐周武王东伐纣王，并制作礼乐，天下大治。因其采邑在周，爵为上公，故称周公。

在周文王时，他就很孝顺，仁爱，辅佐武王伐纣，封于鲁。周公没有到封国去而是留在王朝，辅佐武王，为周安定社会，建立制度。

周公唯恐失去天下贤人，洗一次头时，曾多回握着尚未梳理的头发；吃一顿饭时，亦数次吐出口中食物，迫不及待地去接待贤士。周公无微不至地关怀年幼的成王，周公摄政七年后，成王已经长大成人，于是周公归政于成王，自己回到大臣的位子。

后来，有人在成王面前进谗言，周公害怕了，就逃到楚地躲避。不久，成王翻阅库府中收藏的文书，发现在自己生病时周公的祷辞，为周公忠心为国的品质感动得流下眼泪，立即派人将周公迎回来。周公回周以后，仍忠心为王朝操劳。特别是他在受成王冤屈以后，仍忠心耿耿，为周王朝的发展呕心沥血，直至逝世，终天下大治。周公临终时要求把他葬在成周，以明不离开成王的意思。成王心怀谦让，把他葬在毕邑，在文王墓的旁边，以示对周公的无比尊重。

前753～前510年，古罗马王政时代，罗马开始建城。

公元前8世纪初，亚述灭以色列王国，"十个失踪的支派"成未解之谜。

前700～前550年，古代伊朗米底王国。

公元前8世纪中期，在腓尼基字母文字影响下，希腊字母产生。此后又产生拉丁字母。

前750～前550年，希腊城邦大规模向海外殖民。航海业逐渐发达。

公元前700年，马其顿王国建国。

周纪

康昭承旧业，礼法绍前修。
延续　美好

穆王得骏马，天下任遨游。

幽王举烽火，周室渐衰休。

传说周穆王驾车用的八匹骏马，都是能日行万里（一说三万里）的好马。关于这八匹马的说法有许多：有的说法是以马的毛色命名，称这八匹马为赤骥、盗骊、白义、逾轮、山子、渠黄、骅骝、绿耳（《穆天子传》卷一）。其中赤骥：火红色的马；盗骊：纯黑色的马；白义：纯白色的马；逾轮：青紫色的马；山子：灰白色的马；渠黄：鹅黄色的马；骅骝：黑鬃黑尾的红马；绿耳：青黄色的马。也有说法是以速度命名八匹马，《拾遗记·周穆王》就写着："一名绝地，足不践土；二名翻羽，行越飞禽；三名奔宵，夜行万里；四名超影，逐日而行；五名逾辉，毛色炳耀；六名超光，一形十影；七名腾雾，乘云而奔；八名挟翼，身有肉翅。"意思是一个叫绝地，足不践土，脚不落地，可以腾空而飞；一个叫翻羽，可以跑得比飞鸟还快；一个叫奔宵，夜行万里；一个叫超影，可以追着太阳飞奔；一个叫逾辉，马毛的色彩灿烂无比，光芒四射；一个叫超光，一个马身十个影子；一个叫腾雾，驾着云雾而飞奔；一个叫挟翼，身上长有翅膀，像大鹏一样展翅能翱翔九万里。

讲故事懂道理

西周时期，周幽王继位。当时周室王畿（jī）所处之关中一带发生大地震，加以连年旱灾，使社会动荡不安，国力衰竭。而周幽王不思救国，反而重用佞臣虢石父，盘剥百姓，激化了阶级矛盾。这时，有个大臣名褒珦，劝谏幽王，周幽王非但不听，反而把褒珦关押起来。

为了把褒珦救出来，有人在褒城内找到一位姒姓女子，起名为褒姒，献给幽王，替褒珦赎罪。褒姒长得很美，可自进宫以来却从来没有笑过一次。为了博得褒姒的开心一笑，幽王想尽一切办法。有个佞臣叫虢（guó）石父，提议用烽火台一试。

昏庸的周幽王采纳了虢石父的建议，马上带着褒姒，由虢石父陪同登上了骊山烽火台，命令守兵点燃烽火。一时间，狼烟四起，烽火冲天，各地诸侯一见警报，以为犬戎打过来了，果然带领本部兵马急速赶来救驾。

褒姒见千军万马招之即来，挥之即去，觉得十分好玩，禁不住嫣然一笑。周幽王大喜，立刻赏虢石父千金。周幽王为此数次戏弄诸侯们，诸侯们渐渐地再也不来了。

后来，西北夷族犬戎借机进攻镐京。周幽王听到消息，急忙命令烽火台点燃烽火。可是诸侯们因上次受了愚弄，这次都不再理会。犬戎兵紧紧追逼，周幽王、褒姒和伯服最后被犬戎兵追上并杀死。至此，西周宣告灭亡。

公元前683年，雅典废除王政。

前664～前332年，后期埃及。第26～31王朝，国家走向衰落。

前624～前547年，古希腊第一位哲学家泰勒斯，认为万物起源于水。

公元前671年，亚述人征服埃及。

前638～前559年，古希腊诗人、政治家梭伦。

公元前626年迦勒底人建新巴比伦王国。

春秋纪

平王东迁后，举世号春秋。

灵王庚戌岁，天命生孔丘。
庚戌年，公元前551年

天将为木铎(duó)，教化于九州。

圣贤俱间出，道学得传流。
一代代地出现　指儒家思想

德教加黎首，文光射斗牛。
指儒家思想　人民

> **斗牛：**
> 天上的斗宿和牛宿，代指所有的星星。

> **天将为木铎：**
> 木铎是铎的一种。"铎"大约起源于夏商，是一种以金属为框的响器，也可以说就是一种铜质的铃铛，形如铙、钲，体腔内有舌可摇击发声。舌分铜制与木制两种，铜舌者为金铎，木舌者即为木铎。以木为舌者称为木铎，象征文治。孔子曾经对自己的学生说："天下腐败黑暗太久了，上天要把我当做木铎。"意思是说自己是上天派来教化民众的。因为孔子长年从事教育，此后"木铎"就成了教师的别名。

孔子的祖上是宋国的贵族，先祖是商朝开国君主商汤。武王伐纣建立周朝，三监之乱后，为了安抚商朝的贵族及后裔，周公以周成王之命封商纣王的庶兄、商朝忠正的贵族微子启于宋国，死后建有微子祠。微子启死后，其弟微仲即位，这就是其十五世祖——宋国第二任国君微仲。六世祖得孔氏，称孔父嘉是宋国大夫，曾为大司马，在宫廷内乱中被杀，孔父嘉子木金父避灾逃到鲁国的邹邑定居。孔子的父亲是叔梁纥，叔梁纥居于鲁昌平乡邹邑，为邹邑大夫。

叔梁纥的正妻施氏，生了九个女儿却没有一个儿子，小妾为他生了长子孟皮，但孟皮的脚有残疾，不能延续香火，于是叔梁纥请求颜氏让她三个女儿之中的一个立为妾，颜氏念叔梁年老且性情急躁，于是征求三个女儿的意见。两长女都不同意，只有小女儿颜征在愿嫁叔梁纥。

颜征在时年十八岁，而叔梁纥已经六十六岁，年龄相差悬殊，两人为婚于《周礼》不合，夫妻在尼山居住并且怀孕，故谓之"野合"。孔子生而头上圩顶，而又因其母曾祷于尼山，故名"丘"。

孔子三岁的时候，叔梁纥病逝。颜征在失去庇佑，被叔梁纥正妻施氏所逐，于是带孔子庶兄孟皮与孔子至曲阜阙里，过着清贫的生活。

公元前594年，雅典梭伦改革。雅典走上奴隶制民主政体。

约前578～前534年，罗马人塞尔维乌斯·图利乌斯改革。

前6世纪～前2世纪古印度佛陀时期。

前582～前500年，古希腊数学家毕达哥拉斯提出"毕达哥拉斯定理"。

约前563～约前483年，佛教创始人释迦牟尼在世。

公元前558～前330年，古代第一个地跨欧亚非的大帝国波斯帝国建立。

春秋纪

以后寝衰薄，五霸并成仇。
通"浸"，是渐渐的意思

赧王攻秦国，不利反为尤。
nǎn *错误*

顿首而受罪，尽地献来由。
磕头 *结果*

传代三十七，八百七十秋。

四海皆周室，势败一时休。

> 周赧王姬延（？～前256年），姬姓，名延，亦称王赧，周慎靓王之子，东周第25位君主，也是东周最后一位君主，前315～前256年在位，共59年。
>
> 赧王的祖父显王在位48年，死时应该八十多岁，周朝时嫡长子继承制，也就是说赧王即位时大约是六十岁，所以说他大概活了一百二十岁。

秦昭襄王要去攻打西周，周㝠对秦昭襄王说："如果为大王您考虑，那就不应该去攻打西周。攻打西周，实在利益不多，却使您的名声让天下人都害怕。天下人都因为秦国攻打西周的名声而害怕，一定会往东边去与齐国联合。您的军队在西周打得疲惫了，又使天下都去与齐国联合，这样，秦国就统一不了天下了。"

周赧王五十八年，韩、赵、魏三国与秦国相对抗。西周派相国御展前往秦国，因为怕遭到秦国的轻视，就半路返回来了。有人对御展说："秦国是轻视您还是重视您，这个还不能确定。秦国是想要了解那三国的实情。您不如赶快去拜见秦王，就说'请让我来给您打探东方三国的变化'，秦昭襄王一定会重视您。如果秦昭襄王重视您，就表明秦国重视西周，西周因此也取得了秦国的信任。这样，西周就可以永远不会失去与强国的交情。"秦昭襄王果然信任了西周，就转而发兵去攻打韩、赵、魏三国。

周赧王五十九年，秦军攻取了韩国的阳城负黍，周赧王很害怕，就背叛了秦国，与东方各诸侯相联合，使得秦国与阳城之间无法相通。秦昭襄王因此大怒，派大将军摎攻打西周。周赧王跑到秦国，把三十六邑三万人口都献给了秦昭襄王。秦国接受了周赧王献的人口、土地，便放他又回到西周去了。

前550～前321年，印度列国时代。早期佛教产生。

公元前509年，罗马废除王政，建立共和国。

前500～前300年，印度列国时代。

约公元前530年，以斯巴达为首的伯罗奔尼撒同盟形成。

公元前508年，雅典克利斯提尼改革。

战国纪

周家天命撤，邦畿碎分裂。
消退　　　国土 (jī)

诸侯各争雄，天下为战国。

齐楚赵魏韩，鲁吴宋燕越。

列国百馀区，略举大概说。
(yú)　　个

战国初期东周境内尚有十几个国家，其中以齐、晋、楚、越四国的实力最强，有四分天下之势。

后来晋国内乱，以智氏、范氏、中行氏和韩、赵、魏六家为主的"六卿"又互相兼并，范氏和中行氏倒下后，以智伯瑶为首的智氏，于前455年联合韩、魏两家合兵攻赵，把赵襄子围在晋阳，决汾水灌城。韩、魏突然和赵氏联合起来，于前453年消灭智氏，瓜分了智氏的全部土地。不久，三家又将晋公室的土地和人民瓜分了。这时的晋国国君降到了三家之下，卑屈到要朝见三家大夫（三家分晋）。齐国卿族田氏到陈完的第五世孙田恒，联合鲍氏，灭了当时专权的栾、高二氏篡夺齐国政权（前386年田氏代齐）。后来燕国崛起，秦国中兴，及其他一些小国陆续的被吞并或沦为附庸。到了战国中期，剩下来的七个主要大国秦、楚、韩、赵、魏、齐、燕被称为战国七雄。

与七雄相毗邻的还有不少少数民族，南面有巴国、蜀国、闽、越，北面和西北有林胡、楼烦、东胡、匈奴、义渠。至秦统一，通过列国的兼并战争和自发的经济、文化交流与迁徙，这些少数民族多与中原民族融合，有些则保持了原有的民族风貌，部分如匈奴则与中原成对立姿态。

战国七雄：
战国七雄指中国历史上战国时期的七个最强的诸侯国。经过春秋时期的无数次兼并战争，诸侯国的数量大大减少。到战国时期实力最强的七个诸侯国分别为齐、楚、燕、韩、赵、魏、秦，这七个国家被史学家称作"战国七雄"。

如果分国力强盛为：齐、楚、燕、赵、韩、魏、秦，齐国富有海滨，商业发达，楚国乃七雄第一大国，纵横中华五千里，燕国国君贤明，赵国民众服法，韩国防攻得当，魏国礼贤下士，只有秦国国力最弱，但他有汉中之富，国君之贤，山川之贤，民众之德，才能后来居上。

前492～前449年，希波战争，希腊胜利。从此世界文明东西方并立共存。

前495～前429年，雅典政治家伯里克利在世。

公元前480年，温泉关战役。希腊全军覆没。

公元前490年，马拉松战役，雅典人以弱胜强战胜波斯。

前484～前425年，西方"史学之父"希罗多德著《历史》。

公元前478年，以雅典为首的提洛同盟建立。

048

战国纪

起翦颇牧^{jiǎn}臣，用兵为上策。
白起、王翦、廉颇、李牧，
翦，秦国 赵国大将
大将

桓公伯诸侯，政繁管仲摄。
通"霸"，称霸

晏子事景公，诸侯皆畏怯。

苏秦六国师，位高名烜赫^{xuǎn hè}。
明亮的样子，形容名声大

张仪说^{shuì}秦王，全凭三寸舌。

三寸不烂之舌：
　　张仪完成学业，就去游说诸侯。他曾陪着楚国国相喝酒，席间，楚相丢失了一块玉璧，门客们怀疑是张仪拿的，就说："张仪贫穷，品行鄙劣，一定是他偷去了宰相的玉璧。"于是，大家一起把张仪拘捕起来，拷打了几百下。可是张仪始终没有承认，大家只好释放了张仪。
　　张仪的妻子又悲又恨地说："唉！您要是不读书游说，又怎能受到这样的屈辱呢？"张仪对他的妻子说："你看看我的舌头还在不在？"他的妻子笑着说："舌头还在呀。"张仪说："这就够了。"
　　后来他果然用自己的口才成功游说秦王。

　　有一天，齐景公在宫中饮酒作乐，从早上一直喝到了晚上，还觉得没有尽兴。于是他便与自己的随从来到相国晏婴的家里，要和晏婴彻夜饮酒。

　　晏婴听君主来了，身着礼服，站在门口说："难道是国家出事了？还是诸侯国有了什么变动？您怎么大晚上的屈尊来到我家里？"

　　齐景公说："美酒香醇，音乐美妙，这么美好的滋味，我想跟你一块享受。"

　　晏子回答说："布置宴席，陪您饮酒享乐，是您身边人的事情，不是臣的职分，臣不敢从命。"

　　被晏婴拒绝的齐景公，快快不快地离开了晏婴的府第。他又去了田穰苴（齐国的大将军）家，同样以难以从命被这位大将婉拒。于是景公改去梁丘据的家里。

　　梁丘据左手拿着瑟，右手举着竽，唱着歌出来迎接。齐景公终于展颜大笑，说："我太高兴了！今晚我可以喝酒了！"

　　第二天早朝，晏婴与田穰苴都上朝进谏，劝齐景公不应该深夜到臣子家饮酒。齐景公不但不听，还采纳了当时的鲍氏、高氏、国氏三大家族的谗言，将田穰苴辞退了。

　　所以后世有评论说："圣贤的君主，都有良师益友，没有苟且取乐的大臣，景公比不上圣贤的君主，所以两种大臣都有，只保住了他没有亡国。"

前469～前399年，古希腊哲学家苏格拉底。

公元前449年，罗马颁行十二铜表法。

前431～前404年，伯罗奔尼撒战争，希腊内战，雅典战败。希腊古典文明走向衰败。

前460～前400年，古希腊史学家修昔底德，著《伯罗奔尼撒战争史》。

前443～前428年，雅典民主政治与文明的鼎盛期，伯里克利时代。

前428～前348年，古希腊哲学家柏拉图。

战国纪

孙膑与庞涓，同受鬼谷**诀**。
<small>兵法</small>

减灶暗行兵，庞涓被其获。

介子死**绵山**，今为寒食节。
<small>在山西</small>

屈原投**汨罗**，端午吊忠魄。
<small>mì</small>
<small>汨罗江，在湖南</small>

> **端午节：**
> 　　晋文公归国为君侯，分封群臣时却忘记了介子推，介子推不愿夸功争宠，携老母隐居于绵山，后来晋文公亲自到绵山恭请介子推，介子推不愿为官。躲避山里，晋文公手下放火焚山，原意是想逼介子推露面，结果，介子推抱着母亲被烧死在一棵大柳树上。为了纪念这位忠臣义士，晋文公下令：介子推死难之日不生火做饭，要吃冷食，称为寒食节，也就是现在的清明节。

　　孙膑是战国时齐国人，大军事家孙武的后代。他早年曾和庞涓一道学习兵法。后来，庞涓到魏国做了将军，很得魏惠王的信任。庞涓妒忌孙膑的才能，就假意把他请到魏国，暗中却在魏惠王面前诬告他私通齐国。魏惠王大怒，命人把孙膑的膝盖骨挖去，还在他脸上刺了字。孙膑假装发疯，躲避了杀身大祸，后来，孙膑逃回齐国，齐威王很佩服孙膑的才能，对他大加重用。

　　公元前354年，庞涓带兵包围了赵国的国都。赵国向齐国求救。齐威王命田忌做主帅，孙膑做军师，率军救赵。庞涓急速回军。走到桂陵，不料孙膑早已在这里设下埋伏。魏军措手不及，被齐军打得大败而逃。

　　过了十三年，魏惠王又派庞涓去攻打韩国。韩国抵挡不住，不断地向齐国求救。这一次，孙膑不去直接救援韩国，却去攻打魏国。庞涓率领魏军，日夜不停地往回赶，这时，齐军已攻入魏国境内，占领了不少地方。这次，孙膑制定计策，下令齐军退兵。庞涓命令只带轻装精锐部队，日夜兼程，追击齐军。他哪里料到这正是孙膑用的减灶诱敌之计，引他追击。

　　孙膑预料他当天晚上可以赶到马陵。命军中弓箭手，埋伏两旁，就在那天晚上，庞涓果然赶到马陵。齐军万弩齐发，庞涓身中数箭，自知兵败难逃，拔剑自杀。

前395～前387年，雅典、底比斯等城邦联合反对斯巴达的科林斯战争。

公元前378年，第二次雅典海上同盟形成。

前384～前322年，古希腊哲学家亚里士多德在《天论》中提出地心说。发表《动物自然史》。希腊的菲洛劳斯提出中心火说，是日心说的萌芽。

公元前371年，斯巴达败于忒拜。

050

战国纪

泣玉楚卞和，非为足遭刖。
（biàn）（yuè 砍）

宁戚曾饭牛，后居丞相列。
（喂）

仲连欲逃石，毛遂何自荐。
（古代重量单位，这里代指平原君酬谢鲁仲连的黄金）

齐有孟尝君，门下三千客。

客有食无鱼，冯驩弹长铗。
（huān）（jiá 长剑）

毛遂自荐：
　　毛遂是战国时代赵国平原君的门客。秦兵攻打赵国，平原君奉命到楚国求救，毛遂在平原君选备人物去楚时，自赞自荐，并以囊锥为喻，说如让自己处于囊中，早已脱颖而出。到了楚国，平原君跟楚王谈了一上午没有结果。毛遂挺身而出，陈述利害，楚王才答应派春申君带兵去救赵国。后来用"毛遂自荐"比喻自己推荐自己。

讲故事懂道理

　　孟尝君有许多门客，当时有个名叫冯谖的老头儿，穷得活不下去了，就投到孟尝君门下来作食客。孟尝君就留他当作下等门客对待。慢慢地，孟尝君按照冯谖的请求像上等门客一样对待他。

　　孟尝君养了这么多的门客，管吃管住，光靠他的俸禄是远远不够花的。他就在自己的封地薛城（今山东滕州东南）向老百姓放债收利息，来维持他家的巨大的耗费。

　　有一天，孟尝君派冯谖到薛城去收债。冯谖临走的时候，向孟尝君告别，问："回来的时候，要买点什么东西来？"

　　孟尝君说："你瞧着办吧，看我家缺什么就买什么。"

　　冯谖到了薛城，叫百姓把债券拿出来核对。老百姓正在发愁还不出这些债，冯谖却当众假传孟尝君的决定：还不出债的，一概免了。

　　老百姓听了将信将疑，冯谖干脆点起一把火，把债券烧掉。

　　冯谖赶回临淄，把收债的情况原原本本告诉孟尝君。孟尝君听了十分生气："你把债券都烧了，我这里三千人吃什么！"

　　冯谖不慌不忙地说："我临走的时候您不是说过，这儿缺什么就买什么吗？我觉得您这儿别的不缺少，缺少的是老百姓的情义，所以我把'情义'买回来了。"

公元前367年，古希腊城邦联盟埃托利亚同盟形成。

公元前334年，亚历山大大帝东征。

前332～前30年，埃及希腊化时代。

公元前338年，喀罗尼亚战役，马其顿征服希腊。

公元前332年，马其顿占埃及和腓尼基城邦推罗。

战国纪

不羡鸡声鸣，不夸狗盗窃。

有智明于时，不被秦王掣(chè)。

程婴立孤儿，杵臼死缧绁(chǔ jiù léi xiè)。
监狱

孤儿后复仇，岸贾全家灭(gǔ)。

商鞅废井田，辟地开阡陌。
周朝的土地制度，因为把土地划分成井字的形状而得名　　天地之间的小路

计亩科粮差，即今为法则。
收取　　徭役

赵武（前591～前541年）：赵朔之子，被公孙杵臼、程婴救下，即赵氏孤儿，赵文子。嬴姓，春秋时晋国卿大夫，政治家、外交家，为国鞠躬尽瘁的贤臣，后任正卿。

屠岸贾（？～前583年），屠岸氏，名贾，春秋时期晋国大夫。晋景公时，屠岸贾任司寇，下宫之难，尽灭赵氏。后被赵武杀。

赵武（前591～前541年）：赵朔之子，被公孙杵臼、程婴救下，即赵氏孤儿，赵文子。嬴姓，春秋时晋国卿大夫，政治家、外交家，为国鞠躬尽瘁的贤臣，后任正卿。

讲故事懂道理

公元前359年，秦孝公打算在秦国国内进行变法，又害怕国人议论纷纷，所以犹豫不决。秦孝公召开朝会命臣工商议此事。

旧贵族反对变法。商鞅针锋相对，以历史进化的思想驳斥了旧贵族所谓"法古"、"循礼"的复古主张，为实行变法做了舆论准备。变法之争结束后，秦孝公于公元前359年命商鞅在秦国国内颁布《垦草令》，秦孝公于公元前356年任命商鞅为左庶长，在秦国国内实行第一次变法。为便于向函谷关以东发展，秦孝公于公元前350年命商鞅征调士卒，按照鲁国、卫国的国都规模修筑冀阙宫廷，营造新都，并于次年将国都从栎阳迁至咸阳，同时命商鞅在秦国国内进行第二次变法。

经过商鞅变法，秦国的旧制度被彻底废除，封建经济得到了发展，秦国逐渐成为战国七雄中实力最强的国家，为后来秦王朝统一天下奠定了坚实的基础。公元前338年，秦孝公去世，秦惠文王继位。变法侵犯了贵族们的利益，因之遭到他们的强烈反对。商鞅失去变法的强有力支持者，只落得个"车裂"的下场。但变法得以继续实行下去。

商鞅变法是中国古代一次成功的变革记为发，它让秦国成为一个强大的国家，并且为以后秦国统一六国奠定了基础，而且确定了法治的思想。

公元前330年，马其顿灭波斯。

前305～前30年，埃及托勒密王朝。

前287～前212年，希腊的阿基米德发现杠杆原理和浮力定律，发明阿基米德螺旋。

公元前327年亚历山大入侵印度旁遮普。

公元前3世纪，希腊欧几里得发表，《几何原本》13卷。

战国纪

须贾使于秦，范雎(jū)耻方雪。

田单纵火牛，燕兵受灾厄。

复齐七十城，立功由即墨。

淖(zhuō)齿杀湣(mǐn)王，襄子杀智伯。

谋害无了期，皆因自作孽。

淖齿（？～前283年），一作"卓齿"、"踔齿"、"悼齿"，战国时楚将。楚顷襄王十五年（公元前284年）燕将乐毅破齐都临淄（今山东淄博东北），齐湣王逃亡。他受楚顷襄王命率军救齐，被湣王任为齐相。后杀湣王，欲与燕分齐地，旋为齐人王孙贾所杀。

范雎（？～前255年），字叔，战国时期魏国人，著名政治家、军事谋略家。本是魏国中大夫须贾门客，因被怀疑通齐卖魏，差点被魏相国魏齐鞭笞致死，后在郑安平的帮助下，易名张禄，随秦使者王稽入秦，向秦昭王提出远交近攻的策略，后为秦国宰相，因封地在应城，又称"应侯"。

须贾：
魏国中大夫，因与一代名相范雎的恩怨而闻名。

公元前320年，姬哙即位燕王，任用子之为燕相，子之办事果断，受到燕王哙的赏识，公元前316年，燕王哙年老不理朝政，禅让君位给子之，国家大事都由子之决断。三年后，燕国大乱。燕国将军市被与太子姬平联合攻打子之，双方混战数月。齐国趁其内乱，攻破燕都蓟，斩杀燕王哙，子之逃跑，被齐国兵士抓住，砍成肉酱。第二年，燕人拥立太子平为王，史称燕昭王。

公元前312年至公元前279年燕昭王在位期间，招贤纳士，励精图治。其中最杰出的人物就是名将乐毅，他是魏国大将乐羊之后。燕昭王礼待乐毅，并即刻任命其为亚卿，请他整顿国政，训练兵马。燕国日渐强盛的同时，齐国恃强凌弱，惹得诸侯不满。昭王认为雪耻的时候到了。公元前284年，燕王拜乐毅为上将军，联合五国兵马攻向齐国，一口气占领齐国70多城，以弱胜强报了强齐伐燕之仇。齐国都城临淄被攻陷，仅剩莒和即墨两城未能攻克，齐闵王逃往莒城，被楚将淖齿虐杀，齐人被激怒，杀了淖齿。

齐国大将田单逃至即墨，率领全城军民抵抗燕军，双方交战五年。后燕昭王死，其子燕惠王即位。田单施用反间计，使燕惠王猜忌乐毅，导致乐毅投向赵国。田单则以火牛阵击破燕军，一举收复失地70余城。随后，迎法章回临淄正式即位为齐襄王，田单因功被封安平君。

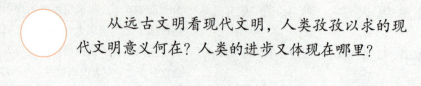

从远古文明看现代文明，人类孜孜以求的现代文明意义何在？人类的进步又体现在哪里？

你的回答

_____

_____

_____

你的反问

_____

_____

_____

波澜壮阔的春秋战国时期，一方面礼崩乐坏，另一方面又是英雄辈出；人类发展至今，似乎从未有所超越。真的是乱世出英雄吗？人类智慧的产生是源于乱世吗？

你的回答

_____

_____

你的反问

_____

_____

_____

历 史 的 思 辨

秦纪

秦始皇登基，并吞为一国。

更号皇帝名，言词称曰诏。
（zhào）

焚书坑儒士，欲把儒风灭。
（活埋）

孔道被伤残，孔墓被毁掘。

焚书坑儒：
　　秦始皇在公元前213年和公元前212年焚毁书籍、坑杀儒生"犯禁者四百六十馀人"。《史记·儒林列传》的说法是"及至秦之季世，焚诗书，坑术士，六艺从此缺焉"。西汉刘向《〈战国策〉序》："任刑罚以为治，信小术以为道。遂燔烧诗书，坑杀儒士"。

秦始皇：
　　嬴政，出生于赵国首都邯郸，秦庄襄王之子。十三岁继承王位，三十九岁称皇帝，在位三十七年。中国历史上著名的政治家、战略家、改革家，首位完成华夏大一统的铁腕政治人物。建立了首个多民族的中央集权国家，采用三皇之"皇"、五帝之"帝"构成"皇帝"的称号，是古今中外第一个称皇帝的封建王朝君主。

讲故事懂道理

　　秦朝统一六国指中国战国末期七大诸侯国之一的秦国进行消灭山东六国、完成中国统一的战争。

　　公元前238年秦王嬴政亲政，在李斯、尉缭等人的协助下制定了"灭诸侯，成帝业，为天下一统"的策略。具体的措施是：笼络燕齐，稳住魏楚，消灭韩赵；远交近攻，逐个击破。这场统一战争从公元前230年打到公元前221年结束，花费了10年时间，消灭了韩、赵、魏、楚、燕、齐六国，结束了中国自春秋以来长达500多年的诸侯割据纷争的局面，建立了中国历史上第一个君主中央集权国家——秦朝。

　　韩国在七国中面积最小，所处地位却最重要。它扼制秦由函谷关东进之道路，秦要并灭六国，必须首先灭韩。在灭韩前后，秦军曾3次大举进攻赵国，但均遭到失败。后来秦最终在公元前222年灭掉了建国250多年的赵国。

　　赵被秦灭亡后，秦就决定先灭魏，再伐楚。公元前227年，秦军开始对燕作战，于公元前222年彻底消灭燕国。

　　齐国因长期处于和平环境，政治上惊人的麻木。面对秦的进攻，朝野上下已无丝毫斗志。公元前221年，齐王国不战而降。

　　至此六国被秦顺序灭掉，秦的疆域东达大海，西至临洮，成为当时世界上最大的国家。

前221～前179年，马其顿国王腓力五世在位。

前264～前146年，罗马摧毁地中海强国迦太基，成为霸主。

秦纪

北塞筑长城，预备防胡贼。
zéi
匈奴

西建阿房宫，势与天相接。
ē páng

后被楚人焚，烟火连三月。

南修五岭山，东将大海塞。
大庾、骑田、萌渚、都庞、越城五岭，绵   填塞
延于江西、湖南、广东、广西四省之间

秦长城：
    在色尔腾山上，一条蜿蜒的巨龙亘静卧于崇山峻岭之间，远远望去，雄伟壮观，气势非凡。这就是世界八大奇迹之一、世界中古七大奇迹之一的秦长城。秦始皇三十三年（公元前214年）遣大将蒙恬北逐匈奴，又西起临洮（今甘肃岷县）、东至辽东筑长城万余里，以防匈奴南进。在宁夏固原境内的一段，实际是在原先战国时期秦、赵、燕三国长城的基础上修建的。
    民间传说中有孟姜女哭长城的故事。

阿房宫始建于公元前212年，是秦始皇统一六国之后在渭河以南修建的豪华宫殿，遗址在今陕西省西安市西郊阿房村一带。西汉司马迁在《史记》中详细记述了阿房宫的规模，唐代杜牧曾经写过《阿房宫赋》，认为此宫殿被项羽焚烧。

据《史记·秦始皇本纪》记载，秦始皇三十五年（公元前212年），秦始皇认为都城咸阳人太多，而先王的皇宫又小，下令在故周都城丰、镐之间，渭河以南的皇家园林上林苑中，仿集天下的建筑之精英灵秀，营造一座新朝宫，这便是阿房宫。由于工程浩大，秦始皇在位时只建了一座前殿。"前殿阿房东西五百步，南北五十丈，上可以坐万人，下可以建五丈旗。"其规模之大，劳民伤财之巨，可以想见。工程未完成秦始皇死了，秦二世胡亥调修建阿房宫工匠去修建秦始皇陵，后继续修建阿房宫，但秦王朝很快就垮台了。

阿房宫被誉为"天下第一宫"，意在建成后，成为秦朝的政治中心。阿房宫与万里长城、秦始皇陵、秦直道并称为"秦始皇的四大工程"，它们是中国首次统一的标志性建筑，也是华夏民族开始形成的实物标识。

阿房宫仅前殿就有0.55平方公里，相当于故宫总面积的三分之二。联合国教科文组织将其认定为世界上最大的宫殿基址，认为阿房宫是当之无愧的"世界奇迹"。

公元前221年，秦王嬴政统一中国，建立中国封建社会历史上第一个统一王朝——秦朝，自称"始皇帝"。中国秦始皇统一度量衡，其体制沿用到20世纪。

前218～前201年，罗马与迦太基爆发第二次布匿战争。

公元前221年，叙利亚占埃及，第四次叙利亚战争。

秦纪

竭力劳万民，民尽遭磨折。

自恃天下平，销铄刀兵革。
（shì）（shuò）

并国十三年，空著大功烈。
（活埋）

天命一朝殂，四海皆崩泄。
（cú）

秦始皇陵：

秦始皇即位不久，便开始派人设计建造秦始皇陵。骊山墓从秦王登基起即开始修建，前后历时三十余年，每年用工七十万人修建。现在留存的墓从外围看周长2000米，高达55米。内部装修极其奢华，以铜铸顶，以水银为河流湖海，并且满布机关，顶上有明珠做的日月星辰。仅看秦始皇陵的兵马俑，就可看出当年修建这座陵墓的百姓负担之重。并且，建造陵墓的工匠在陵墓造成之后全部被活埋（这是二世所为）。

秦始皇陵是中国历史上第一个规模庞大，设计完善的帝王陵寝。

讲故事懂道理

秦始皇的死如他的身世一样引起了后人的争议。一说死于疾病，一说死于非命。

持第一种观点的人认为，秦始皇自幼有疾，所以体质较弱。他勤政，每日批阅文书一百二十斤，工作极度劳累，加以巡游中七月高温，以上诸因素并发，促使他在途中病发身亡。至于他死于何病，有人认为他死于癫痫。癫痫发作一般分四个时期：起初头晕、胃部不适，继而突然意识丧失，膈肌痉挛，面色青紫、瞳孔散大、呼吸暂停，然后全身肌肉抽动、口吐白沫，最后数十分钟才能清醒。后来秦始皇渡黄河，癫痫病发作，后脑壳撞在青铜冰鉴上，加重了脑膜炎的病情，人处于昏迷状态。当车赶到沙丘后第二天，赵高、李斯才发觉秦始皇已死去多时。

持第二种观点的人从几篇有关秦始皇死亡情况的史书推敲，发现了可疑之处。这次出游随从人员主要有赵高、李斯、胡亥等人，上卿蒙毅也在随行之列。蒙毅是蒙恬的亲弟弟，扶苏的亲信，可是当秦始皇在途中病重时，蒙毅被遣返回边关。从突然的人事变动来看，这似乎是赵高等人的计谋。因为蒙恬领兵30万随公子扶苏驻防上郡，从秦始皇的身边遣走蒙毅，也就是去掉了扶苏的耳目；加之赵高曾被蒙毅治罪而判死刑，后因秦始皇赦免，才恢复官爵，赵高从此对蒙毅恨之入骨，发誓要灭掉蒙氏一族。

前200~前197年，第二次马其顿战争。

公元前216年，迦太基与马其顿、叙拉古缔结同盟。

前215~前205年，第一次马其顿战争。

公元前211年，罗马击败叙拉古，西西里归罗马。

秦纪

二世登帝基，蒙蔽多昏黑。

赵高内弄权，李斯被其劾。
玩弄　　　弹劾，这里是诬陷的意思　hé

腰斩咸阳市，宗枝皆族灭。
　　　　　　　家族

指鹿以为马，群臣畏莫说。

由此坏朝纲，国败于胡亥。
　　朝廷的秩序　　　　　hài

李斯：
　　约前284～前208年，秦朝丞相，著名的政治家、文学家和书法家，协助秦始皇帝统一天下。秦统一之后，参与制定了法律，统一车轨、文字、度量衡制度。
　　秦始皇死后与赵高合谋立少子胡亥为二世皇帝，后为赵高所忌，腰斩于市。

　　秦二世的时候，宰相赵高掌握了朝政大权。赵高虽然大权在握，但也害怕大臣们联合起来反对他，为了试验大臣对他的真实态度，赵高精心策划了一起让自己遗臭万年的政治事件：指鹿为马。

　　一天上朝时，赵高让人牵来一只鹿，满脸堆笑地对秦二世说："陛下，我献给您一匹好马。"秦二世一看，笑着对赵高说："丞相搞错了，这里是一只鹿，你怎么说是马呢？"赵高面不改色心不慌地说："请陛下看清楚了，这的的确确是一匹千里好马。"赵高一看时机到了，转过身，用手指着众大臣们，大声说："陛下如果不信我的话，可以问问众位大臣。"

　　大臣们都被赵高的一派胡言搞得不知所措，私下里嘀咕：这个赵高搞什么名堂？是鹿是马这不是明摆着吗！当看到赵高脸上露出阴险的笑容，两只眼睛骨碌碌地轮流盯着每个人的时候，大臣们忽然明白了他的用意。

　　一些胆小又有正义感的人都低下头，不敢说话，因为说假话，对不起自己的良心，说真话又怕日后被赵高所害。有些正直的人，坚持认为是鹿而不是马。还有一些平时就紧跟赵高的奸佞之人立刻表示拥护赵高的说法，对皇上说，"这的确是一匹千里马！"

　　事后，赵高通过各种手段把那些不顺从自己的正直大臣纷纷治罪，甚至满门抄斩。

约前200～约前118年，古希腊历史学家波利比奥斯在世。

公元前三世纪，摩揭陀国统一印度大部分地区。

秦纪

秦欲万世传，未及三世撤。

亡秦失其鹿，群臣皆出猎。
<small>比喻争夺天下</small>

天下共逐之，汉王最先得。

项籍与刘邦，两意相交结。
<small>字羽，也称项羽　　　　　结为兄弟</small>

共立楚怀王，举兵攻帝阙。
<small>què</small>
<small>帝王居住的地方，
比喻心脏地区</small>

一鼓破函关，秦王出迎接。
<small>一下子</small>

夺得秦家权，便把仁义绝。

鹿：
　　比喻国家政权。现代汉语中的"逐鹿中原"，指争夺国家权力。

　　秦二世三年（公元前208年10月至公元前207年9月）十二月，项羽率楚军到达巨鹿县南的黄河（一说为漳水），立刻派遣英布和蒲将军率2万义军渡过河，援救巨鹿。二将渡河后初战小胜，赵将陈余又催促进兵。接着，项羽率领全军渡过黄河（一说为漳水），命令全军破釜沉舟，烧掉房屋帐篷，只带三日粮，以示不胜则死的决心，以迅雷不及掩耳之势直奔巨鹿，击退章邯部保护甬道的秦军，断绝王离部的粮道，包围了王离军队。项羽的决心和勇气，对将士起了很大的鼓舞作用。楚军把王离的军队包围起来，个个士气振奋，以一当十，越战越勇。经过九次激烈战斗终于打退章邯，活捉了王离，杀死了秦将苏角，秦将涉间举火自焚，其他的秦军将士有被杀的，也有逃走的，围困巨鹿的秦军就这样瓦解了。

　　巨鹿之战是秦末农民战争所取得的一场巨大胜利。它基本上摧毁了秦军的主力，扭转了整个战局，奠定了反秦斗争胜利的基础，经此一战，秦朝已名存实亡。而项羽破釜沉舟，在各诸侯军龟缩于壁垒中时带头以楚军猛攻秦军，带动诸侯联军歼灭秦将主力，如此的战果令无数后世之人对其充满了好奇与景仰。

前271～前213年，阿哈伊亚同盟统帅亚拉图在世。

公元前258年，希腊埃拉西斯特拉托最早从事比较解剖学和病理解剖学。

秦纪

鸿门会宴时，玉斗纷如雪。

两下动干戈，降兵夜流血。

王陵张子房，萧何并彭越。

刘邦的谋　张良,刘邦最得　刘邦的大将,被封
士,曾为　力的助手之一,　为梁王,造反被杀
西汉丞相　被封为留侯

韩信与陈平，出计人莫测。

猜测

萧何（前257～前193年），汉族，
沛丰人。秦末辅佐刘邦起义。楚汉战争时，
协助刘邦对战胜项羽，建立西汉，重新制
定律令制度，作为《九章律》。汉十一年（前
196年）又协助刘邦消灭韩信、英布等异姓
诸侯王。谥号"文终侯"。

韩信（约前231～前196年），汉族，江
苏淮阴人，西汉开国功臣，中国历史上杰出的
军事家，与萧何、张良并列为汉初三杰。早年
家贫，常从人寄食。秦末受萧何保举，拜为大
将军。他率军出陈仓、定三秦、擒魏、破代、
灭赵、降燕、伐齐，直至垓下全歼楚军，无一
败绩，天下莫敢与之相争。韩信是中国军事思
想"谋战"派代表人物，被后人奉为"兵仙"、
"战神"。"王侯将相"韩信一人全任。著有
兵法三篇，被萧何誉为"国士无双"，刘邦评
价曰："战必胜，攻必取，吾不如韩信"。后
吕后与相国萧何合谋，借口韩信谋反将其骗入
长乐宫中，斩于钟室，夷其三族。

前265～前238年或前273～前232
年，阿育王在位。

秦末，刘邦与项羽各自攻打秦朝的部队，
刘邦兵力虽不及项羽，但刘邦先破咸阳。项
羽愤怒，下令次日一早击败刘邦的军队。一
场恶战在即。张良从项羽的族叔——项伯口
中得知此事后告知刘邦，刘邦吃惊不已，刘
邦说服了项伯，项伯答应为之在项羽面前说
情，并让刘邦次日前来项羽道歉。

鸿门宴上，虽不乏美酒佳肴，但却暗藏
杀机。项羽的亚父范增，一直主张杀掉刘邦，
在酒宴上，一再示意项羽发令，但项羽却犹
豫不决，默然不应。范增召项庄舞剑为酒宴
助兴，要趁机杀掉刘邦，项伯为保护刘邦，
也拔剑起舞，掩护了刘邦，在危急关头，刘
邦部下樊哙带剑拥盾闯入军门，刘邦乘机一
走了之。刘邦部下张良入门为刘邦推脱，说
刘邦不胜饮酒，无法前来道别，现向大王献
上白璧一双，并向大将军范增献上玉斗一双，
请他收下了。项羽收下了白璧，气得范增拔
剑将玉斗击碎，并大骂项羽说："这个小子
不值得与他办大事，到时与项王争夺天下的
必是刘邦，我们都会成为刘邦的俘虏！"

范增的预言在数年后应验：项羽和刘邦
在随后的四年进行了大规模的战争（史称楚
汉战争），最后项羽败北，在乌江自刎而死，
刘邦建立汉朝，是为汉高祖。

公元前3世纪中叶，希腊殖民者在中
亚建立巴克特里亚王国。

秦纪

争战经五年，汉兴楚渐歇。
<small>xiē</small>
<small>衰落</small>

项羽力拔山，一怒须如铁。

恃己多勇才，不用谋臣策。
<small>倚仗</small>

唯有一范增，见弃归田宅。

范增：

项羽最重要的谋士，被项羽尊称为"亚父"（意思是像父亲一样）。

公元前204年初，楚军数次切断汉军粮道，刘邦被困荥阳，于是向项羽请和。项羽打算同意，范增说："汉军容易对付了，如果现在放了他们，将来一定后悔。"于是项羽与范增急攻荥阳。刘邦的谋臣陈平抓住了项羽多疑、自大的特点，利用反间计。离间了项羽同范增的君臣关系。项羽的使者来了，刘邦叫人准备丰盛筵席，捧着佳肴正要进献，细看使者，故意假装惊讶地说："我以为是亚父的使者，想不到竟是项王的使者。"便更换佳肴，改以粗食供项羽的使者吃。使者回来报告项羽，项羽就怀疑范增与汉有私情，渐渐夺去范增权柄。

讲故事懂道理

鸿门宴之后，项羽便领兵西进，项羽入咸阳，烧阿房宫、杀秦王子婴。又分封各路将军为王，刘邦被封为汉王，项羽自己称为西楚霸王，掌握军队最高统帅权。项羽分封，表面上看去论功行赏，但是实际上却是对原诸侯势力进行重新组合，对服从自己的予以分封行赏，并没有照顾原诸侯在本国的实力与影响。因此从一开始埋下乱源。而且他还拒绝了谋士自王关中的建议，坚决衣锦还乡。

汉元年二月，诸侯各回国。刘邦只好忍气吞声接受封号，十一月，刘邦挥军东出，拜韩信为大将，明修栈道，暗渡陈仓（今陕西省宝鸡市东），派人联络诸侯，公开声讨项羽，拉开了4年楚汉战争的序幕。

很快，在汉元年五六月份，齐国贵族后裔田荣不满分封，赶走齐王，杀胶东王，自立为齐王。刘邦乘乱重返关中，击败章邯，迫降司马欣、董翳，并用计欺骗项羽，使其相信自己取得关中后已心满意足，再也不会东进了。项羽放心去攻打田荣，对西边没有加强防范。项羽则最终陷入齐地泥潭无法抽身。这样给了刘邦绝佳的机会。

公元前约225年，大月氏人在北印度建立贵霜帝国，产生大乘佛教和犍陀罗艺术。

前192～前188年，叙利亚战争。

公元前3世纪末，北非努米底亚王国。

秦纪

gāi
垓下被重围，楚歌声惨切。
地名，在江苏

yú
起舞于帐中，泣与**虞姬**别。

非不渡乌江，自愧无**颜色**。
脸面

拔剑丧其**元**，兴亡从此决。
头颅

虞姬：

　　楚汉之争时期"西楚霸王"项羽的爱姬，名虞，生卒年不详，出生地不详。相传容颜倾城，才艺并重，舞姿美艳，并有"虞美人"之称。曾在四面楚歌的困境下一直陪伴在项羽身边，直至项王在垓下被围时唱出了著名的垓下歌"力拔山兮气盖世，时不利兮骓不逝，骓不逝兮可奈何，虞兮虞兮奈若何"时，虞姬提出为霸王舞剑以祝军威，虞姬亦曰"汉军已略地，四面楚歌声，大王意气尽，贱妾何聊生"，随后虞姬挥剑自刎，年仅28岁。

　　公元前202年11月，项羽退至垓下，筑垒安营，整顿部队，恢复军力，此时楚军尚有约十万人。韩信、彭越、英布等会合刘邦后，汉军参战兵力已超过60万人，12月在垓下将向江南撤退的十万楚军层层包围。

　　楚军虽败，但汉军亦伤亡惨重，僵持中，汉军夜间高唱楚歌。楚军自项羽以下莫不以为汉已尽得楚地，乃士气崩溃。项羽眼见大势已去，便乘夜率领八百精锐骑兵突围南逃。天明以后，汉军得知项羽突围，于是派遣五千骑兵追击。项羽渡过淮水后，仅剩百余骑相随，行至阴陵因迷路耽搁了时间，被汉军追及，项羽突至东城，手下仅剩二十八骑。

　　项羽指挥这二十八骑，来回冲阵，再次杀开一条血路，向南疾走，至乌江边，自觉无颜见江东父老，乃令从骑皆下马，以短兵器与汉兵搏杀，项羽一人杀汉军数百人，自己身亦被十余创，最后自刎而死，年31岁。项羽死后，汉军全歼八万楚军，楚地皆降汉，独项羽原封地的鲁人不肯投降，后刘邦将项羽首级示鲁，鲁人乃降。至此，历时4年半之久的楚汉战争终以刘邦的胜利而告终。

公元前230年，希腊的厄拉多塞在埃及的亚历山大测定出地球的大小。

前244～前222年，斯巴达国王亚基斯四世和克莱奥梅涅斯三世改革。

公元前200年，墨西哥地区特奥蒂瓦坎文明。

西汉纪

汉高祖登基，宽大人皆悦。

纳谏捷如流，赏罚分清白。
直言规劝，使改正错
误；一般用于下对上

约秦法三章，著汉书十册。
规定

赐地谢功臣，敕封公侯伯。
　　　　　　　chì
特指皇帝的命令或者诏书

纪信封城隍，万载承恩泽。

约法三章：
　　汉高祖刘邦攻破函谷关，占领秦朝心脏地区的时候，为了取得民心，郑重地向关中各县父老、豪杰他们宣布道："秦朝的严刑苛法，把众位害苦了，应该全部废除。现在我和众位约定，不论是谁，都要遵守三条法律。这三条是：杀人者要处死，伤人者要抵罪，盗窃者也要判罪！"父老、豪杰们都表示拥护约法三章。接着，刘邦又派出大批人员，到各县各乡去宣传约法三章。百姓们听了，都热烈拥护，纷纷取了牛羊酒食来慰劳刘邦的军队。

讲故事懂道理

　　公元前202年2月28日（按西汉前期以十月为岁首，同年二月在十月之后），刘邦在山东定陶泗水之阳举行登基大典，定国号为汉。刘邦即皇帝位后，初都洛阳，后来，刘邦定都长安是因为一个叫娄敬（因被赐姓刘，又称刘敬）的士卒的提醒，娄敬从山东赶来见刘邦，说刘邦得天下和先前的东周不一样，所以不应该像东周那样以洛阳为都城，应该到关中定都，这样便可以在秦地固守险地，国家才能长治久安。张良同意娄敬的建议，他说关中是"金城千里，天府之国"，退可守，攻可出。刘邦听了表示同意，于是很快将都城迁到了长安，开基肇始，史称西汉。

　　统一中国建立汉朝之后，刘邦以文治理天下，征用儒生，诏令天下，广泛求贤。即位的同年6月，刘邦在洛阳的南宫开庆功宴，宴席上，他总结了自己取胜的原因："论运筹帷幄之中，决胜于千里之外，我不如张良；论抚慰百姓供应粮草，我又不如萧何；论领兵百万，决战沙场，百战百胜，我不如韩信。可是，我能做到知人善用，发挥他们的才干，这才是我们取胜的真正原因。至于项羽，他只有范增一个人可用，但又对他猜疑，这是他最后失败的原因。"刘邦的总结确实说对了，战争的胜败，人的因素总是最重要的。

公元前196年，刻有古埃及法老托勒密五世诏书的罗塞塔石碑制成。

前187～前75年，印度的巽加王朝。

前194～前108年，卫氏朝鲜。

西汉纪

屈死韩与彭，寸禄未曾得。

早听蒯通言，不遭**阴人**厄。
　　kuǎi　　　　　　小人

张良解印归，保身最**明哲**。
　　　　　　　　　　洞察事理

陈豨见信俘，叛汉归**番国**。
　xī　　　　　　　　　这里指匈奴

帝命斩丁公，以怨而报德。

> 张良（约前250～前186年），字子房，封为留侯，谥号文成，颍川城父人。张良因暗杀秦始皇失败，为躲避追查而改其他名字。张良是汉高祖刘邦的谋臣，汉朝的开国元勋之一，与萧何、韩信同为汉初三杰。

讲故事懂道理

陈豨，秦汉之际汉王刘邦部将。陈豨在高祖七年封代相时，进京觐见刘邦。因其过去是韩信的部将，故也去拜见了韩信。韩信引入密室对陈豨说："你今天能得此重任是因为得到皇帝的信任，但陛下生性多疑，若一人告你谋反陛下可能不信，若多人告你谋反，陛下必起疑心，恐怕你的灾祸就要临头了。若将来有一天你被逼谋反，我定在京城助你一臂之力。"后来果不其然，因为陈豨宾客众多，在外独掌兵权好几年，高祖果然疑心会有变故。就命人追查陈豨的宾客违法的事，其中不少牵连到陈豨。陈豨非常害怕，暗中派宾客到王黄、曼丘臣处通消息。

高祖十年（前197年）七月，太上皇去世，高祖派人召陈豨进京，陈豨以病重为由推托。九月，与王黄等人一同反叛，自立为代王，刘邦帅兵亲征。期间，韩信以告病为由未随刘邦亲征，在京亦有疑似响应陈豨的举措，被手下人密告于吕后，被吕后与萧何设计杀害于长乐宫，夷灭三族。高祖十一年（前196年）冬天，汉兵击斩陈豨将侯敞、王黄于曲逆，破豨将张春于聊城，斩首一万多人。太尉周勃进军平定了太原和代郡。高祖十二年冬，陈豨自己亦在灵丘被樊哙军所杀。

前179～前168年，第三次马其顿战争。

约前170或前165～约前159年，巴克特里亚国王欧克拉蒂德斯在位。

在亚历山大里亚城，《圣经·旧约》被译成希腊语，即"七十子译本"。

西汉纪

孝惠帝登基，仁慈多病怯。
软弱

吕后后临朝，阴谋移汉业。
基业，这里指皇位

诸吕尽封王，汉将位虚设。

若非平勃扶，国命不可活。

陈平：
　　汉高祖死后，吕后以陈平为郎中令，傅教惠帝。惠帝六年，与王陵并为左、右丞相。王陵免相后陈平擢为右丞相，但因吕后大封诸吕为王，陈平被削夺实权。吕后死，陈平与太尉周勃合谋平定诸吕之乱，迎立代王为文帝。文帝初，陈平让位周勃，徙为左丞相，因明于职守，受到文帝赞赏。不久周勃罢相，陈平专为丞相。孝文二年死。曲逆侯，死后谥献侯。

　　刘邦去世后，刘盈即位为帝，吕雉开始独掌大权。公元前188年（孝惠七年）8月戊寅，刘盈忧郁病逝，发丧期间，只见吕雉干哭，不见落泪。张良之子张辟强担任侍中，年仅十五岁，对丞相陈平说："太后只有孝惠帝一个儿子，如今死了，却只见她干哭而不悲伤，你知道是什么原因？"陈平反问："是什么原因？"张辟强说："皇帝没有年纪较大的儿子，太后害怕你们这班老臣。您现在应请求拜吕台、吕产、吕禄为将军，统领南北二军，并且让吕家的人都入宫，在朝廷执掌大权，这样吕后才会安心，你们才能有幸免于祸患。"陈平就按照张辟强的计策去做，吕雉果然高兴，哭起来也显得哀痛。吕氏的权势便从此开始。吕雉立太子刘恭为帝，自己临朝称制，行使皇帝职权，朝廷号令一概出自太后，为中国太后专政的第一人。

　　公元前180年，吕太后没有完成她的政治计划就去世了。汉统治阶级内部矛盾骤然激化，祖刘之军蜂起。齐王刘襄发难于外，陈平、周勃响应于内，刘氏诸王，遂群起而杀诸吕，刘氏皇族集团与吕氏外戚集团的一场流血斗争，以皇族集团的胜利而告终。

公元前168年，马其顿军在皮德纳战役中遭惨败，罗马灭马其顿。

前165～前63年，犹太哈斯蒙尼王朝，希腊化王国。

公元前167年，希伯来人进行反塞琉西王国的马加比起义。

西汉纪

传至汉武帝，习学神仙诀。

诀 法术

炼丹养长生，欲把天机泄。

天机 自然的机密

高建楼台宫，觅迓蓬莱客。

迓 yà 觅迓 寻找，迎接

王母献蟠桃，乘鸾来相谒。

鸾 luán 传说中的一种神鸟　谒 yè 拜访

方朔得仙缘，蟠桃三被窃。

从此竞奢华，国虚仓廪竭。

竞 争逐 奢华 这里指花钱多　廪 lǐn 仓廪 仓库

置立税课司，即今成古额。

税 赋税 课司 部门，官员 即今 现在 古额 原来规定的数目

用度不足支，出卖官员册。

用度 花费

东方朔本是上界的岁星，只因在一次蟠桃会上少吃了一个蟠桃，在王母跟前说了一些过头的话，便被王母罚下了凡间，成了汉武帝跟前的大臣。一日，东方朔假意熟睡，其真正的目的是到西天瑶池蟠桃园中去偷桃，以报复王母对他处罚的不公。东方朔凭半仙之体，能步行如飞，从汉都城长安出发，仅用了两天时间便到了西天瑶池。东方朔吃了那颗偷来的蟠桃后，果然容光焕发，返老还童了。

后来，东方朔为了让妻子年轻貌美，二次到了西天瑶池，回到凡间给妻子蟠桃。但是妻子却再三恳求东方朔第三次赴瑶池偷桃。

东方朔这次到西天瑶池，飞快地摘下了一个蟠桃，然后逃之夭夭。

回到家后，东方朔和妻子正在为此次偷桃如此顺利而相互祝贺时，那颗仙桃突然变成了王母。东方朔大惊，急忙跪伏于地，连声讨饶。王母见东方朔和其妻子都在争着承担罪责，且情真意切，不禁为之感动。

后来，东方朔和妻子在西天瑶池看护了三百年蟠桃园。因为他们守园有功，东方朔恢复了上界岁星的神职，妻子也修成了全仙之体。

罗马人镇压希腊起义，科林斯称被毁，中南希腊被并入马其顿行省。

前149～前146年，罗马与迦太基爆发第三次布匿战争，迦太基城被摧毁。

前2世纪30年代～前1世纪30年代，罗马内战时代。

西汉纪

贾谊屈长沙，上疏论优劣。
著作《过秦论》   奏章

仲舒公孙弘，二人廷对策。

朱买臣卖柴，拜相居帝侧。
授予官职

张骞泛天河，因使西域国。
渡过   从而 玉门关以西，葱岭
以东的广大地区

卫青牧猪奴，封侯镇胡北。

相如卖酒郎，时来拜金阙。
宫廷的代称

> 贾谊（前200～前168年），西汉时期洛阳人。当过长沙王太傅，故世称贾太傅、贾长沙。汉朝著名的思想家、文学家。其政论文《过秦论》《论积贮疏》《治安策》等，在历史上有很高的地位。

> 董仲舒（前179～前104年），汉族，广川郡（今衡水景县广川镇大董古庄）人，汉代思想家、哲学家、政治家、教育家。

讲故事懂道理

武帝建元二年，张骞奉命率领一百多人，从陇西出发。他们西行进入河西走廊。这一地区自月氏人西迁后，已完全为匈奴人所控制。正当张骞一行匆匆穿过河西走廊时，不幸碰上匈奴的骑兵队，全部被抓获。匈奴的右部诸王将立即把张骞等人押送到匈奴王庭，见当时的军臣单于。

站在匈奴人的立场，无论如何也不容许汉使通过匈奴人地区，去出使月氏。就像汉朝不会让匈奴使者穿过汉区，到南方的越国去一样，张骞一行被扣留和软禁起来。

匈奴单于为软化、拉拢张骞，打消其出使月氏的念头，进行了种种威逼利诱，还给张骞娶了匈奴的女子为妻，生了孩子。但均未达到目的。他"不辱君命"、"持汉节不失"。即始终没有忘记汉武帝所交给自己的神圣使命，没有动摇为汉朝通使月氏的意志和决心。张骞等人在匈奴一直留居了十年之久。

至元光六年，敌人的监视渐渐有所松弛。一天，张骞趁匈奴人不备，果断地离开妻儿，带领其随从，逃出了匈奴王庭。在匈奴的十年留居，使张骞等人详细了解了通往西域的道路，并学会了匈奴人的语言，他们穿上胡服，很难被匈奴人查获。因而他们较顺利地穿过了匈奴人的控制区，成功的完成了第一次出使西域。

公元前137年，第一次西西里奴隶起义。

公元前129年，帕提亚人结束了希腊对波斯的统治。

公元前107年，古罗马G.马略开始推行军事改革。

前133～前121年，罗马格拉古兄弟改革。

公元前119年，中国汉朝使节到达帕提亚。

西汉纪

汲黯言直戆，霍光性忠烈。
jí zhuàng
直爽，没有避讳

苏武陷匈奴，牧羊持汉节。

去国十九年，还朝头似雪。
离开

泣把李陵衣，作诗相与别。
líng

五言诗起此，后世知诗则。
规则

> 李陵：
> （？～前74年），字少卿，汉族，陇西成纪（今甘肃天水）人，西汉名将，李广之孙，初为西汉将领，善骑射，爱士卒，颇得美名。天汉二年（前99年）奉汉武帝之命出征匈奴，率五千步兵与八万匈奴战于浚稽山，最后因寡不敌众兵败投降。
> 由于之后汉武帝误听信李陵替匈奴练兵的讹传，夷灭李陵三族，致使其彻底与汉朝断绝关系。其一生充满国仇家恨的矛盾，他本人也因此引起争议。

公元前100年，匈奴政权新单于即位，尊大汉为丈人，汉武帝为了表示友好，派遣苏武率领一百多人，带了许多财物，出使匈奴。不料，就在苏武完成了出使任务，准备返回自己的国家时，匈奴上层发生了内乱，苏武一行受到牵连，被扣留下来，并被要求背叛汉朝，臣服单于。

最初，单于派卫律向苏武游说，许以丰厚的俸禄和高官，苏武严词拒绝了。匈奴见劝说没有用，就决定用酷刑。过了好些天，单于见濒临死亡的苏武仍然没有屈服的意思，只好把苏武放出来。单于知道无论软的还是硬的，劝说苏武投降都没有希望，越发敬重苏武的气节，不忍心杀苏武，又不想让他返回自己的国家，于是决定把苏武流放到西伯利亚的贝加尔湖一带，让他去牧羊。临行前，单于召见苏武说："既然你不投降，那我就让你去放羊，什么时候这些羊生了羊羔，我就让你回到中原去。"

在贝加尔湖，苏武牧羊长达十九年之久。十几年来，当初下了命令囚禁他的匈奴单于已去世了，就是在苏武的国家，汉武帝也死了，汉武帝的儿子继任皇位，就是汉昭帝。这时候，新单于执行与汉朝和好的政策，汉昭帝立即派使臣把苏武接回自己的国家。

中亚大夏帝国入侵印度。

前100～10世纪，秘鲁莫奇卡文化。

前106～前43年，古罗马政治家 M.T. 西塞罗在世。

前104～前101年第二次西西里奴隶起义。

公元前100年前后，汉武帝远征朝鲜，设立四郡。

西汉纪

孝昭皇帝生，母怀十四月。

号曰尧母门，七岁登帝阙。
　称为　　　　　　皇帝住的宫殿，
　　　　　　　　　代指皇位

明见智非凡，政事皆自决。

表章六经文，民颂孔安国。
发扬

gōng
龚遂为太守，德化渤海贼。

使卖剑买牛，盗服心欢悦。

　　　　　　　　　　　xiè
丙吉问牛喘，忧时失调燮。
　　　　　　　　时令　　调节

孔安国（约前156～前74年），西汉鲁人，字子国，孔子第十代孙。西汉经学家。安国少学《诗》于申培，受《尚书》于伏生，学识渊博，擅长经学。武帝时任博士，后为谏大夫，官至临淮太守。据传，汉鲁恭王刘馀扩建宫室拆除孔子故宅，于壁中得古文《尚书》《礼记》《论语》及《孝经》，《古文尚书》较今天《尚书》多16篇，安国将古文改写为当时通行的隶书，并为之作"传"，成为"尚书古文学"的开创者。又著《古文孝经传》《论语训解》。《史记》作者司马迁研究《尧典》《禹贡》等古文，也曾向他请教。后世尊其为先儒。

讲故事懂道理

汉武帝病逝。二月十五日，霍光等人奉立刘弗陵即皇帝位，是为汉昭帝，次年改元"始元"。昭帝在位期间，辅政大臣霍光延续了武帝末期与民休息的政策，多次下令减轻人民负担，罢不急之官，减轻赋税，与民休息。帝无子，去世后，霍光拥立武帝的孙子刘贺即位。27天后被霍光废掉，拥立武帝与卫子夫的曾孙、刘据之孙刘病已（刘询）即位，是为汉宣帝。

由于刘询幼年遭遇变故，长期生活在民间，因此对百姓的疾苦和吏治得失有所了解，这对他的施政有直接影响。宣帝在位期间，全国政治清明、社会和谐、经济繁荣，史称"宣帝中兴"，还有史家说，宣帝统治时期是汉朝武力最强盛、经济最繁荣的时候。在以制定庙号、谥号严格著称的西汉历史中，中宗宣帝刘询是四位拥有正式庙号的皇帝之一。刘询是中国历史上有名的贤君。

黄龙元年十二月，刘询因病死于长安未央宫，谥号孝宣皇帝，庙号中宗，葬于今天西安市南郊的杜陵。

前91～前88年，意大利同盟者战争。

约前82～前30年，罗马统帅M.安东尼在世。

公元前70年，古代罗马尼亚达基亚国建立。

前82～前79年，罗马独裁者L.C.苏拉在位。

前73～前71年，罗马斯巴达克奴隶大起义。

西汉纪

孝元登帝阙，仁柔喜儒墨。
儒家的经典

国家大小事，尽付石显决。
决断、管理

zǎo
凿壁读书人，芳名千古烨。
美好的名声　明亮　yè

于公高大门，治狱多阴德。
加高　处理案件　阴间的美德

石显：
　　（？～前33）字君房，济南（今山东章丘西北）人。据史书载，他出生于山东一个世代书香门第的豪族大地主家庭。石显年轻时因犯法被处以宫刑，于是便入宫当了宦官，逐渐提升为中尚书（汉制，宦官皆称中官，所任职称，皆冠以"中"字）。元帝因病不亲政事，事无大小，全都委托石显掌管。石显乃肆意妄为，谄上欺下，陷害大臣甚多，如前将军萧望之、光禄大夫周堪等。成帝即位后，丞相御史条除其旧恶，他徙归故郡，途中忧懑而死。

　　西汉时候，有个农民的孩子，叫匡衡。他小时候很想读书，可是因为家里穷，没钱上学。后来，他跟一个亲戚学认字，才有了看书的能力。过了几年，匡衡长大了，成了家里的主要劳动力。他一天到晚在地里干活，只有中午歇晌的时候，才有工夫看一点书，所以一卷书常常要十天半月才能够读完。匡衡很着急，心里想：白天种庄稼，没有时间看书，我可以多利用一些晚上的时间来看书。可是匡衡家里很穷，买不起点灯的油，怎么办呢？

　　有一天晚上，匡衡躺在床上背白天读过的书。背着背着，突然看到东边的墙壁上透过来一线亮光。他霍地站起来，走到墙壁边一看，啊！原来从壁缝里透过来的是邻居的灯光。于是，匡衡想了一个办法：他拿了一把小刀，把墙缝挖大了一些。这样，透过来的光亮也大了，他就凑着透进来的灯光，读起书来。

　　匡衡就是这样刻苦学习、勤俭节约，后来成了一个很有学问的人。汉元帝的时候，匡衡受推荐被朝廷任命为郎中，再升为博士，给事中。后来提升他为光禄大夫、太子少傅。

　　匡衡上书弹劾石显，列举其以前所犯罪恶，并纠举他的党羽。不久，匡衡与同僚间渐有离隙，被人弹劾，贬为庶民，返回故里，不几年，病死于家乡。

前63～前62年，西塞罗粉碎"喀提林阴谋"。

前59～17年，古罗马历史学家T.李维在世。

前69～前30年，古埃及女王克里奥帕特拉七世在世。

公元前60年，罗马庞培、克拉苏、恺撒结成"前三头政治"。

西汉纪

忠臣甘延寿，镇守单于国。
这里指西城

良臣韩延寿，治民化以德。
教化

guǐ jué
奸臣毛延寿，做事多诡谲。
这里是狡猾的意思

暗害王昭君，嫁为胡地妾。

> 甘延寿，字君况，北地郡郁郅县（今甘肃省庆城县）人，西汉时期将领。出身名门，少年时就善骑射，被选拔到御林军中。

> 西汉韩延寿（？～前57年），字长公，汉宣帝时期著名的士大夫，燕国人。治理东郡三年，有令必行，有禁必止，刑狱大为减少。

> 犯我强汉者虽远必诛：
> 西汉宣帝时，车骑将军许嘉推荐他担任了郎中和谏议大夫，随后朝廷派他出使西域，就任都护骑都尉，与副校尉陈汤共同诛灭了匈奴的郅支单于，被封为义成侯。死后谥号壮侯。
> 陈汤在给皇帝上书的奏折中，写下著名的一句话：犯我强汉者，虽远必诛！一直流传至今。

讲故事懂道理

西汉到了汉宣帝当皇帝的时候，汉朝又强盛了一个时期。那时北方的匈奴由于内部相互争斗，结果越来越衰落，最后分裂为五个单于势力。其中有一个单于，名叫呼韩邪，一直和汉朝交好，曾亲自带部下来朝见汉宣帝。汉宣帝死后，元帝即位，呼韩邪于公元前33年再次亲自到长安，要求同汉朝和亲。元帝同意了，决定挑选一个宫女当公主嫁给呼韩邪单于。

后宫里有很多从民间选来的宫女，整天被关在皇宫里，很想出宫，但却不愿意嫁到匈奴去。管事的大臣很着急。这时，有一个宫女毅然表示愿意去匈奴和亲。她名叫王嫱，又叫昭君，长得十分美丽，又很有见识。管事的大臣听到王昭君肯去，急忙上报元帝。元帝就吩咐大臣选择吉日，让呼韩邪和昭君在长安成了亲。单于得到了这样年轻美丽的妻子，又高兴又激动。临回匈奴前，王昭君向汉元帝告别的时候，汉元帝看到她又美丽又端庄，可爱极了，很想将她留下，但已经晚了。

昭君慢慢地习惯了匈奴的生活，和匈奴人相处得很好。她一面劝单于不要打仗，一面把中原的文化传给匈奴，使匈奴和汉朝和睦相处了60年。昭君死后葬在匈奴人控制的大青山，匈奴人民为她修了坟墓，并奉为神仙。昭君墓即青冢。

前58～前51年，高卢战争，罗马兼并高卢。

公元前48年，法萨罗战役，恺撒击败庞培。

公元前44年，恺撒被贵族派分子刺杀。

约公元前57年，朝鲜古国新罗建立。

公元前46年，罗马灭北非古国努米底亚王国。

西汉纪

孝成登帝基，王氏生萌孽^{nìe}。
发芽 邪恶

朱云犯帝颜，手攀殿槛折。
冒犯皇帝的尊严

梅福亦上书，书上说妖孽。

梅福，字子真，九江郡寿春（今安徽寿县）人。少年求学长安，是《尚书》和《谷梁春秋》专家。西汉南昌县尉，后去官归寿春。经常上书言政。

朱云：
　　有一个叫朱云的人写奏章求见皇上，汉成帝召见了他。当着满朝文武的面，朱云要求汉成帝赐给他一把宝剑，让他杀了一个只会在皇帝面前说好话的大臣，而这个大臣就是皇帝的老师张禹。汉成帝大为恼火，让人把朱云拉下去关起来。朱云坚持着自己的意见，在被拉下宫殿的时候，手还使劲拽着宫殿的门槛，竟然把门槛拽断了。后来汉成帝仔细想了想觉得他说得有道理，就把他放了。

　　黄龙元年（前49年），汉宣帝去世，汉元帝刘奭继位。初元二年（前47年）四月，刘骜获立为太子。青年时的刘骜爱读经书，喜欢文辞，宽博谨慎。后来他沉溺声色之中，常假借其同性情人富平侯张放的名义在长安郊外玩乐。元帝曾想改立宠妃傅昭仪之子山阳王刘康（汉元帝第二子，哀帝刘欣之父）为太子，因为刘骜是宣帝爱孙以及侍中史丹出力帮助保住刘骜太子之位的缘故，元帝没有付诸实施。前33年，元帝去世后，太子刘骜继位，是为汉成帝。王氏家族贵幸倾朝。

　　那时自然灾害和奇怪的事情接连发生，人们都觉得有妖怪，这时有个叫梅福的人也奏章分析了灾害发生的原因，认为是太后的家族专权威胁到了汉朝的皇位，上天特意用这些灾害和奇怪的事情来提醒汉成帝，但汉成帝根本不听。

　　西汉的皇权，从建国伊始就由三种力量构成，即皇帝、功臣和外戚。这三种力量几经消长，到元成以后，外戚王氏由于偶然机遇登上政治舞台，逐渐把持了大汉帝国的权柄，把西汉晚期的历史，演变成了王氏一家的兴衰史。

约公元前37年，高句丽建国。

公元前27年，屋大维建立罗马的元首制，共和国转为帝国。

前43～前41年，罗马 G.屋大维（奥古斯都）、M.安东尼、M.A.李必达结盟，史称"后三头政治"。

公元前31年，亚克兴海战，罗马统帅安东尼惨败给屋大维。

公元前19年，西班牙地区被罗马征服。

西汉纪

哀皇及孝平，天命中道歇。

半路上　停止

> 歇 xiē

朝野大纲维，尽归王氏宅。

法纪

相传十二君，王莽篡帝阙。

篡夺

> 篡 cuàn

僭位十五年，九族皆诛灭。

冒用皇帝称号

> 僭 jiàn

绿林好汉：
　　新朝末年，天下大乱，新市（即今湖北京山）人王匡、王凤等聚集在绿林山中，揭竿而起。新莽地皇四年，绿林军拥立西汉宗室刘玄为帝，年号更始。同时，琅琊人樊崇在山东莒（今山东莒县）起事，以泰山山区一带为根据地，与政府军对抗。更始元年，绿林军攻入长安，新朝灭亡。更始三年，绿林军受赤眉军和刘秀大军的两路夹击，绿林军覆灭。轰轰烈烈的绿林起义虽然失败了，但"绿林"二字却成为了后世聚众山林、反抗朝廷的英雄豪杰的代名词。

讲故事懂道理

　　王莽生于汉初元四年（前45年），是孝元皇后王政君的侄子。其父兄早逝，他从小跟随叔父们一起生活。当时，王氏家族权倾朝野，族人多为将军列侯，生活侈靡，唯独王莽清净简朴，为人谦恭，且勤劳好学，他侍奉母亲、寡嫂及诸位叔伯严谨周到；对外结交贤士，师事沛郡陈参学习《论语》。他几乎成了当时的道德楷模，很快便声名远播。

　　汉元帝时，西汉开始走向衰败。元帝刘奭柔仁好儒，导致皇权旁落，外戚与宦官势力兴起。成帝刘骜好女色，"酒色侵骨"，不理朝政，为外戚王氏集团的兴起提供了条件，皇太后王政君权力急剧膨胀。汉哀帝刘欣有断袖之癖，终日与宠男董贤厮混不理朝政，外戚王氏的权力进一步膨胀。此时，国家已呈末世之象。公元前1年哀帝去世，太皇太后王政君派王莽接替董贤成为大司马，并迎立9岁的汉平帝刘衎。5年后刘衎病死，王莽立2岁的刘婴为皇太子，自己任"摄皇帝"。初始元年，王莽逼迫王政君交出传国玉玺，接受孺子婴禅让后称帝，即新始祖，改国号为"新"，改长安为常安，称"始建国元年"。王莽开了中国历史上通过禅让做皇帝的先河。

　　王莽只做了16年皇帝便天下大乱，更始军攻入长安，王莽死于乱军之中。新朝灭亡，王莽的头颅，被后来历代皇室所收藏，直到公元295年晋惠帝时，洛阳武库遭大火，遂被焚毁。

公元前后，朝鲜半岛出现高句丽奴隶制国家。

公元元年，西方史学家把基督教传说中耶稣诞生的这一年，定为公元元年，即公元1年。

公元初，东非阿克苏姆奴隶制国家兴起。

希腊希龙（Hero，62～150）发明蒸汽旋转器和热空气推动的转动机，这是蒸汽涡轮机和热气涡轮机的萌芽。

东汉纪

东汉光武**兴**，师用严子陵。
发动（起义）

冯异**进**豆粥，**饷**帝度饥辰。
献上　　xiǎng
用酒食款待，泛指请人享受

续后进麦饭，竭力事于君。

马援邓禹等，设法用军兵。
　　　yǔ

长剑一挥起，四海尽安宁。

莽党皆遭**戮**，恢复旧乾坤。
mǎng　　lù
杀

> 严光（前39～41年），又名遵，字子陵，会稽余姚（今浙江余姚市低塘街道）人，原姓庄，因避东汉明帝刘庄讳而改姓严，东汉著名隐士。严光与东汉光武帝刘秀同学，他积极帮助刘秀起兵，事成后归隐著述，设馆授徒。刘秀即位后，多次延聘严光，但他隐姓埋名，退居富春山。

> 邓禹（2～58年），字仲华，南阳新野人，东汉初年军事家，云台二十八将第一位。追随刘秀，提出"延揽英雄，务悦民心，立高祖之业，救万民之命"的方略，被刘秀"特之以为萧何"，协助刘秀建立东汉，功勋卓著。

刘秀，东汉王朝开国皇帝，生于陈留郡济阳县，中国历史上著名的政治家、军事家。新莽末年，海内分崩，天下大乱，身为一介布衣却有前朝皇室血统的刘秀乘势起兵，与更始政权公开决裂，于河北鄗南千秋亭登基称帝，为表刘氏重兴之意，仍以"汉"为其国号，史称"东汉"。

刘秀在位期间，实行轻徭薄税，兴修水利，罢免贪官污吏，加强中央集权，精兵简政，在文化上，重用文人贤士，史称"光武中兴"。刘秀极为重视图书文化建设和皇家藏书的收藏。王莽末年，典籍被焚，鉴于西汉官府藏书散佚，而民间藏书颇多，他每至一地，未及下车，便先访儒雅，采求阙文，补缀遗漏。他下旨天下，广为收集。先是四方学士，多怀挟图籍，遁逃林薮。自此而后，鸿生矩儒，莫不抱负典策图籍，云汇京师。数十年间，朝廷各藏书阁，旧典新籍，叠积盈宇，汗牛充栋。如"石室"、"兰台"、"仁寿阁"、"东观"等多处，藏书的规模和数量超过了西汉。迁还洛阳时，其经牒秘书，载乘2000余辆，奠定了东汉国家藏书的基础。

建武中元二年二月戊戌日，刘秀在南宫前殿逝世，享年六十二岁。刘秀死后，其子刘庄继位，于同年三月丁卯日，葬刘秀于原陵，上庙号世祖，谥号光武皇帝。

罗马普利尼的百科全书《博物学》问世。　　1～7世纪，非洲阿克苏姆王国。

1～6世纪，中亚贵霜帝国。

东汉纪

赤眉贼作乱，帝御驾亲征。

天降廿八将，上应列宿星。
<small>niàn</small>

云台颂功绩，次第图其形。
<small>按照顺序</small>

曾渡滹沱河，河水结成冰。
<small>hū</small>

若非真帝主，怎敢动天心。
<small>真命天子，指皇帝</small>

云台二十八将：

指的是汉光武帝刘秀麾下助其一统天下、重兴汉室江山的二十八员大将。汉明帝永平年间，明帝命绘28位功臣的画像于洛阳南宫的云台，故称"云台二十八将"。后世民间传说，是天上的二十八星宿下凡转世。另外伏波将军马援有大功，但因为女儿为明帝皇后，明帝避嫌未将其列入。云台二十八将里只要和皇室有亲戚关系的都没被列入，如光武帝的表兄来歙功劳很大，最后也未被列入。

马援（前14～49年），字文渊，扶风茂陵（今陕西省兴平市窦马村）人，著名军事家，东汉开国功臣之一，为刘秀统一天下立下了赫赫战功，官至伏波将军，其老当益壮、马革裹尸的气概甚得后人的崇敬。

讲故事懂道理

相传东周末年，安平县住着一位郝姓人家，生有一女叫女君。女君幼年母亲早逝，父女相依为命。女君长到17岁时，父亲忽然背部生一恶疮。女君见父亲痛苦难忍，万分焦急，她下定决心要减轻父亲的痛苦，于是打算用嘴吮吸父亲背上恶疮中的脓血。不久父亲的病就痊愈了。这件事在邻里传开，都说女君是用自己的孝行感动了上苍。父亲死后，女君执意为父亲守孝3年。她在父亲的墓旁建一座小屋，天天为双亲祭扫坟墓，冬去春来毫不懈怠。到第三年春天，一场大雪后，女君端坐在小屋的灶旁前一动不动，这时人们才发现女君已经停止了呼吸。女君的孝行感动了周围村庄的乡亲们，人们纷纷自愿捐款，在女君守墓的小屋旁建起了一座祠堂，起名叫"孝感圣姑祠"。

200年后，刘秀起兵讨伐王莽篡政。刘秀人困马乏、饥渴难忍之际，偶见一村姑在井边洗衣裳，洗衣木盆边放着一只提水用的瓦罐，刘秀下马向村姑讨水，村姑将尚存的半罐水送给刘秀，可数万士兵喝了个痛快，却不见水少，最后刘秀将剩余的水随手一泼，形成了一条大河，阻止了敌军的进攻。当刘秀还罐时，村姑却不见了。但他发现，刚才的村姑与祠中女神的塑像极其相似，他料定有神人相助，发誓在执掌政权后重修庙宇，另塑金身。

开国君主奥古斯都辞世。

约30年，耶稣被罗马总督彼拉多钉上十字架。

43年，罗马征服不列颠。

21年，罗马帝国爆发高卢起义。

约40～64年，圣保罗传教。

东汉纪

孝明皇帝立，仁爱政宽平。

临 雍 行 养老，崇学 博 儒经。
辟雍，皇帝　　敬老的　　　广览通读
设立的太学　　礼仪

shi
释教兴于此，帝梦见金人。

遣使往西域，取佛入东京。

佛教传入：
　　有一次，明帝做了一个奇怪的梦，梦见一高大的金人，头顶上放射白光，降临在宫殿的中央。明帝正要开口问，那金人又呼的一声腾起凌空，一直向西方飞去。梦醒后，明帝百思不得其解。第二天朝会时，他向群臣详述梦中所见，大多数人都不知其由。后来他有个博学的大臣说那可能是西域的佛陀，明帝听说西域有神，其名曰佛陀，于是派使者赴天竺求得其书及沙门，并于洛阳建立中国第一座佛教庙宇——白马寺。

　　汉明帝刘庄，字子丽，庙号汉显宗，东汉第二任皇帝。建武十九年被立为皇太子，中元二年继皇帝位。

　　刘庄在当皇子和太子时就已经表现出了过人的资质，光武帝统一中国后，发现垦田亩数和人口不对，于是开始重新清查田亩，就是历史上有名的度田事件。各个州郡的官员进京汇报工作，光武帝看到陈留吏的牍上写有"颍川、弘农可问，河南、南阳不可问"，于是他就问陈留吏这是什么。陈留吏说不知道什么意思，他是在洛阳的长寿街上得到的。这时，帐幄后面只有12岁的东海公刘庄插话说，这是郡里的官吏教他（陈留吏）怎么核查土地。光武又问，那为什么河南、南阳不能问呢？刘庄又说，河南是帝城，南阳是帝乡，这两个地方田亩和宅第肯定逾制所以不能认真核查。光武于是让虎贲将诘问陈留吏，陈留吏所言果然和刘庄一样。光武于是对自己这个只有12岁的儿子愈加青睐。

　　明帝在位时，吏治清明，境内安定。同时多次下诏招抚流民，以郡国公田赐贫人、贷种食，并兴修水利。所以，当时民安其业，户口滋殖。光武帝末年，全国载于户籍的人口为2100多万，至明帝末年，在不到20年的时间里激增至3400多万。明帝和章帝在位期间，出现了繁荣的盛世局面，史称"明章之治"。

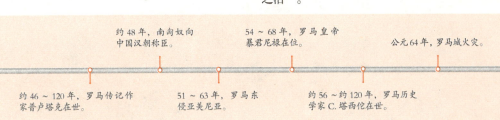

约48年，南匈奴向中国汉朝称臣。

54～68年，罗马皇帝暴君尼禄在位。

公元64年，罗马城火灾。

约46～120年，罗马传记作家普卢塔克在世。

51～63年，罗马东侵亚美尼亚。

约56～约120年，罗马历史学家C.塔西佗在世。

东汉纪

孝章皇帝立，宽厚待群臣。

文 之以礼乐，**贡举** 任贤人。
修饰，增添光彩　　推荐

孝和皇帝立，年纪尚幼稚。

内臣欺主少，专权自此始。

孝**殇**皇帝立，百日坐朝厅。
（shāng）
未成年而死

在位八个月，**辞凡归帝京**。
皇帝去世的委婉说法。凡，人间；
帝京，天帝居住的地方

讲故事懂道理

和帝年幼，窦太后临政。她把哥哥窦宪由虎贲中郎将提升为侍中，掌管朝廷机密，负责发布诰命；让弟弟窦笃任虎贲中郎将，统领皇帝的侍卫；弟弟窦景、窦环均任中常侍，负责传达诏令和统理文书。这样，窦氏兄弟便都在皇帝周围的显要地位，从而掌握了国家政治的中枢。

窦太后将政权统于自己一人之手，独断专横，强予决策。对于伐北匈奴，尚书、侍御史、骑都尉、议郎等等都极力上谏，甚至指责太后"奈何以一人之计，弃万人之命"，但也没有挡住太后为袒护窦宪而出兵。重创北匈奴后，对于是否继续设立北单于，朝臣坚决反对，但由于窦宪奏请设立，太后不顾大多数人反对，而"竟从宪策"。

窦氏为维护专权，安插了大量党羽，因此朝廷上下多有附臣与亲信。当初，和帝在长安召见窦宪，朝臣甚至议论称之"万岁"，尚书韩棱愤怒指责"礼无人臣称万岁之制"，才算止住了这场闹剧。这一方面说明窦氏权势的贵盛，另一方面也说明时臣趋炎附势的风气。因而，和帝执掌政权后，立即清理窦氏残党余孽，太尉宋由因为是窦氏党羽而被罢免，后自杀。其他亲朋故旧，凡是依仗窦家的关系而做官的，统统被罢免回家。

66～70年，第一次犹太战争。

73年，东汉窦固击败匈奴，班超出使西城。

73年，马萨达事件，成为以色列民族精神的象征。

79年，罗马维苏威火山爆发，庞贝等城被湮没。

东汉纪

孝安皇帝立，聪明未冠巾。

戴上帽子，扎上头巾，比喻长大成人

邓太后摄政，朝野颇安宁。

孝顺皇帝立，即位赖孙程。

依靠

内宦专权柄，封侯十九人。

huàn

孝冲皇帝立，二岁坐龙廷。

在位阅三月，受毒致颓龄。

经历

字面上讲是因为有人下毒而去世。但是史书上没有这样的记载

汉顺帝刘保，生于元初二年，是汉安帝刘祜的儿子，母亲为宫人李氏。永宁元年，刘保被立为皇太子。因被人陷害，刘保被废为济阴王。

延光四年三月初十日，汉安帝到章陵祭祀，途经叶县时突然病逝，皇后阎姬和兄弟阎显以及江京、樊丰等人谋划说："如今皇帝在道路上驾崩，济阴王刘保在朝内，万一被公卿知道后立为皇帝，反而成为大害。"于是假称汉安帝患急病，把汉安帝遗体挪到卧车中，所到之处上食询问起居照旧。三月十三日，车驾驱驰，回到皇宫。三月十四日晚上，才为汉安帝发丧，尊阎姬为皇太后，由阎姬临朝摄政，任命大鸿胪阎显为车骑将军、仪同三司。阎姬想长久独揽朝政，图谋立幼年皇帝，便与阎显等人在宫中定下计谋，拥立汉章帝之孙、济北惠王刘寿之子北乡侯刘懿为皇帝，史称少帝。刘保因为被废黜，不得上殿亲临汉安帝灵堂参与丧礼，悲号不食，内外百官都为之哀痛。

孙程等十九位宦官拥立刘保继位。刘保本人虽然温和但是软弱，后来宦官又勾结外戚梁氏，开始了长达20多年的梁氏专权。宦官、外戚互相勾结，弄权专横，汉朝政治更加腐败，阶级矛盾日益尖锐，百姓怨声载道，简直是民不聊生。

80年，罗马竞技场竣工。

96～192年，罗马帝国安东尼王朝。

90～168年，希腊科学家托勒密。

北欧文字出现，北欧神话逐渐形成。

东汉纪

孝质皇帝立，章帝之曾孙。

即位年八岁，躁暴性聪明。
　　　　　　zào
　　　　　　性子急

以言触梁冀，进毒丧其身。
因为　触怒

位传孝桓帝，复传与孝灵。

献帝终天命，邦基三国分。
　　　　　　国家的基业，代指国土

相传十二世，前后四百春。

汉章帝时期开任用外戚之先河。在他死后，汉和帝刘肇只是一个10岁的孩子，由他的养母窦太后执政。尽管汉和帝后来联合宦官力量消灭了窦氏，但是东汉政治的格局已经无法扭转。

汉和帝去世后，汉殇帝年龄更小，只是一个刚满三个月的孩子。政权又到了外戚的手中。这一次由邓太后的兄长邓骘为代表的邓氏戚族掌握实际权力。汉殇帝只当了不到1年的皇帝就去世。由他的堂兄刘祜即位，也就是汉安帝。汉安帝本身就是由邓氏戚族拥立的，所以自然也成了傀儡。邓太后死后，汉安帝才亲政，他消灭了邓氏。然而他却未能阻止其他外戚集团掌握权力，东汉王朝开始走向下坡路。

安帝死后，刘懿在阎氏戚族的支持下登基，即位二百余日后就因病去世。宦官拥立汉顺帝。但是汉顺帝对外戚继续放任自流，结果导致梁氏戚族长达20多年的专政。梁冀更是达到了外戚权力的巅峰，汉冲帝、汉质帝都被他牢牢控制。汉质帝仅仅因为一句怨言就被他毒死，后汉桓帝即位。

公元159年，汉桓帝联合宦官一起诛灭了梁氏。汉灵帝比汉桓帝更信用宦官，把朝政全交给宦官，使政局更为恶化。公元184年，黄巾起义爆发，东汉政府陷入混乱，党锢终于被解除。

97年，东汉班超派遣甘英出使大秦（即罗马帝国），甘英至条支，临海而还。

100年，希腊尼寇马写《算术引论》一书，此后算术开始成为独立学科。

98～117年，罗马皇帝M.U.，图拉真在拉，罗马帝国鼎盛期。

东汉纪

汉家忠伪将，大略述其名。

扬雄怎投阁，阴有不忠诚。
  为什么   暗中

寇恂廉叔度，恩泽万民钦。
 xún   qīn
           佩服

董宣强项令，执法论朝廷。

公孙述称帝，人道井蛙鸣。

> 扬雄（前53～18年），字子云，西汉蜀郡成都人。西汉后期著名学者、哲学家、文学家、语言学家。为人简易清静，非圣贤之书不读。通《易经》《老子》，善辞赋。著有《太玄》《法言》，还撰写了《训纂》《方言》《苍颉训纂》等训诂学著作。

讲故事懂道理

  湖阳公主是光武帝刘秀的姐姐。这位公主豢养着一帮凶狠的家奴，在京城里为非作歹。

  有一天，公主的家奴在街上杀了人，洛阳令董宣立即下令逮捕他，但因为湖阳公主的包庇而未能如愿。等到湖阳公主带着这个恶奴出行，董宣拦住了公主的车马说："王子犯法也得与老百姓一样治罪，何况是你的一个家奴呢？我身为洛阳令，就要为洛阳的众百姓做主，决不允许任何罪犯逍遥法外！"董宣一声喝令，洛阳县的吏卒一拥而上，把那个杀害无辜的凶犯从公主车上拖了下来，就地砍了脑袋。

  湖阳公主感到自己蒙受了奇耻大辱，便直奔皇宫向光武帝告状，非让刘秀杀了董宣替她出这口恶气不可。光武帝听了姐姐的一番哭诉，不禁怒形于色，便喝道："快把那个董宣捉来，我要当着公主的面把他乱棍打死！"

  董宣被捉来带上殿后，他对光武帝叩头说："皇上您很圣明，复兴了汉朝，但现在却放纵人杀人，这怎么能治理国家呢，我不用你打，我自己先死吧！"说着就用头撞柱子，撞得头破血流。

  光武帝知道了事情真相，也就不杀他了，但让他给公主磕头，赔礼道歉。董宣就是不听，光武帝就让人按他的头，董宣双手撑地，挺着脖子。光武帝最后奖励了他，还给他加了个"强项令"的称号。

101～106年，达基亚战争，罗马征服达基亚国。

105～250年，印度贵霜帝国鼎盛时期。

100～1200年，印第安人的蒂亚瓦纳科帝国时代，崇尚巨石文化，出现牧业、冶金术。

105年，中国东汉时蔡伦造纸。

东汉纪

毛义捧檄入，移禄为养亲。
　　　文书　　　赴任
（xí）

班超誓投笔，万里封将军。
成语"投笔从戎"的简写。扔
掉笔去参军，指文人从军

杨宝曾救雀，四世为公卿。

杨震举王密，不受四知金。
　　　推荐

捧檄桥：
　　毛义自幼丧父，母子相依为命。家境贫寒，年少便为他人放牧为生，箪食瓢饮，奉养其母。遂以孝行著乡里，举为贤良。朝廷得知，送檄文赏封他为安阳县令，为了安慰母亲，毛义迎至"临仙桥"喜接檄文。然时隔不久母亲病逝，朝廷派人专车前来看望，岂知毛义却跪拜于"临仙桥"上，将原赏封安阳县令的檄文双手捧还，"躬履逊让"，不愿为官。葬母后隐居山野。
　　毛义孝行且不贪利禄，世人称道，便改"临仙桥"为"捧檄桥"，并刻碑石记之。

讲故事懂道理

东汉时，有个从小爱护小动物的小孩叫杨宝。

一天，杨宝在华阴山脚下，忽然听见空中鸟儿的惊叫声，原来是一只大老鹰在追逐一只小黄雀。黄雀虽然不是老鹰的对手，但它动作敏捷，一个翻身，直上云霄，等老鹰再纵身上飞，黄雀已不知去向了。杨宝这才松了口气。他来到一株老槐树前，忽然发现树下落着刚才那只小黄雀，正痛苦地挣扎着，身上的羽毛也稀稀拉拉，周围和身上爬着一团团的蚂蚁。杨宝赶忙捧起小黄雀，捏掉它羽毛间的蚂蚁，把它放在衣襟里，带回家里去。杨宝把它放在大梁上，让它好好地休息。晚上，杨宝入睡了，突然被鸟啼声惊醒，他点燃油灯一看，原来是黄雀儿受到蚊子叮咬，他急忙把它从梁上接下来，左想右想，决定把它放到衣箱里，这里既安全又容易照顾。每天，杨宝按时给黄雀喂露水、小米，很有规律，没有忘记过一餐。过了些时候，小黄雀的羽毛丰满了，它可以在室内飞来飞去；它的翅膀也硬了，杨宝便将其放走。

事件过后，杨宝梦见黄雀化作一个黄衣童子回来报恩，以白环四枚赠送给杨宝。此后，杨宝的儿子杨震，孙子杨秉，曾孙杨赐，玄孙杨彪，全都做官至三公，而且品德操守方面都非常的清白。当时成了传奇，因而成了"衔环"报恩的神话流传。

115年，罗马皇帝图拉真征服美索不达米亚，打败波斯帕提亚王国。

120年，罗马万神庙修建。

117～138年，罗马帝国皇帝哈德良整顿内政。

122年，英格兰地区哈德良长城修建。

东汉纪

cén
岑彭为刺史，民间犬不惊。
据历史事实，此处应为
岑彭的后代岑熙

张堪为太守，麦**秀**两**歧**成。
　　　　　　　生长　分叉

　　　　　　　　pú
刘宽为郡守，**蒲**鞭治吏民。
　　　　　　　　菖蒲，一种植物

　　　　　　　yì
刘昆为**邑宰**，反火感神明。
　　　　　　县令

张堪 16 岁时，来到长安受业学习。他的品行超群，诸儒都称他为"圣童"。刘秀还是一介布衣时，看到张堪品行兼优，常常夸奖他。当刘秀登上皇位后，中郎将来歙举荐张堪，刘秀便征拜张堪担任郎中。经过三次调迁后，任谒者。刘秀派他转运积聚的布帛，并领骑兵七千，前往协助大司马吴汉征伐公孙述。在半道上他又追任为蜀郡太守。

张堪在蜀郡任太守前后两年，刘秀又调任他为骑都尉，后来他率领骠骑将军杜茂的部下士卒，在高柳击败匈奴，被任命为渔阳太守。在任期间，他率领军队追捕奸险狡猾的人，功劳赏罚非常分明，官吏百姓都愿意追随他，为他所用。张堪在渔阳任职八年，匈奴不敢进犯边塞。光武帝曾召见各州郡主管考核官员的官吏，询问各地的风土人情及其前后守令贤能与否。蜀郡的计吏樊显进言道："渔阳太守张堪昔日在蜀郡时，心地仁慈，爱护部下，他的威名足可以讨伐奸贼。在以前击败公孙述的时候，珍宝堆积如山，他掌握的财富，足可以使子孙享受十代。而他解职还都时，乘坐的只是一辆断辕的破车，车上只有布被包袱而已。"刘秀听后，叹息了好久，拜樊显为鱼复县长吏。正准备征召张堪，张堪却不幸病逝。刘秀为他深深哀悼，颁发诏书，褒扬他的功绩，并赏赐布帛 100 匹。

东汉纪

陈蕃待徐稚，设榻悬中庭。
<small>fán</small>
<small>tà</small>
<small>古时一种坐卧用具</small>

汝南许劭等，常为月旦评。
<small>shào</small>
<small>初一</small>

耿恭曾拜井，张纲昔埋轮。
<small>曾经</small>

苏章为刺史，执中不顺情。
<small>保持公正</small>

月旦评：

东汉末年，许劭与其从兄许靖喜欢品评当代人物，常在每月的初一发表对当时人物的品评，故称"月旦评"。

月旦评影响深远，但本身也颇受讥评，祖纳和王隐都认为一个月内便行褒贬，实在太过草率。梅陶更称："月旦，私法也。"诸葛恪称："自汉末以来，中国士大夫如许子将辈，所以更相谤讪，或至于祸，原其本起，非为大雠。惟坐克己不能尽如礼，而责人专以正义。"葛洪更认为"月旦评"是结党营私的表现。

讲故事懂道理

耿恭，字伯宗，扶风茂陵人，东汉大将。

永平十八年三月，北匈奴单于派左鹿蠡王率二万骑兵进攻车师，耿恭派司马带兵三百前往救援，途中遭遇匈奴大军，寡不敌众，全军尽没。北匈奴杀死车师后王安得，又转兵攻打金蒲城。当时城中兵少，形势危急，耿恭亲自登城，指挥作战。他让部下把毒药涂到箭镞上，用强弩发射毒箭。匈奴兵中箭者，创口都因毒热而迅速溃烂，于是大惊失色。正逢天降暴雨，耿恭乘风雨大作之际，纵兵出城，猛攻敌阵，大获全胜。匈奴兵震恐，纷纷说："汉兵像神一样，真可畏也！"于是引兵而去。耿恭料匈奴定会再来，便于五月选定城旁有洞水流过的疏勒城据以固守。七月，匈奴兵又来进攻，耿恭招募数千敢死队员直闯敌阵，匈奴失利，于是，便在疏勒城下扎营，断绝洞泉之水。耿恭城中缺水，命将士掘井，但掘至十五丈深，仍不见水，将士干渴不堪，连马粪汁都挤出来喝了。耿恭见状，仰天长叹道："闻昔贰师将军李广利拔佩刀刺山，飞泉涌出；今汉德神明，岂有穷哉。"于是，整顿衣裳，对井再拜，为将吏们祈祷。不一会，飞泉涌出，众军喜悦无极，欢腾雀跃，山呼万岁。耿恭军将士在城上向下扬水给匈奴人看，匈奴人颇感意外，以为汉军有神明相助，撤兵而去。

约140～约162年，贵霜君主迦腻色伽在位。

162年，罗马再次与帕提亚开战。

帕提亚文化继承波斯、巴比伦和塞琉古文化，开启亚美尼亚、萨珊文化。

160～180年，罗马皇帝奥勒留著《沉思录》。

东汉纪

仇香能**权**孝，郭泰善知人。
衡量

杜乔李固死，雷轰汉殿**倾**。
倒塌

朱穆为刺史，郡臣魂胆惊。

虞诩征羌贼，增灶以行兵。
xǔ qiāng   zào

李杜：
　　说起"李杜"，我们首先想到的是李白和杜甫，还有"小李杜"：李商隐和杜牧。但是历史上之有"李杜"之称，则要早得多。最早、最著名的是东汉中后期的三对，他们是：李固、杜乔；李膺、杜密；李云、杜众。
　　李固、杜乔是上层官员中的勇士的代表；李膺、杜密代表的是中层和"读书人"这个阶层；而李云和杜众则代表着下层官吏。

　　羌人入侵武都郡，邓太后听说虞诩有将帅的韬略，于是任命他为武都太守。数千羌军在陈仓的崤谷拦截虞诩。虞诩得知后，立即下令部队停止前进，宣称："我已上书请求援兵，等援兵到后，再动身出发。"羌军听说以后，便分头前往邻县劫掠。虞诩乘羌军兵力分散的机会，日夜兼程行进了一百余里。他让官兵每人各作两个灶，以后每日增加一倍。于是羌军不敢逼近。虞诩到达郡府后，兵员不足三千人，而羌军有一万多人，围攻赤亭达数十日。虞诩便向部队下令，不许使用强弩，只许暗中使用小弩。羌人误认为汉军弓弩力量微弱，射不到自己，便集中兵力猛烈进攻。于是虞诩命令每二十只强弩集中射一个敌人，射无不中。羌军大为震恐，纷纷退下。虞诩乘胜出城奋战，杀伤众多敌人。次日，他集合全部军队，命令他们先从东门出城，再从北门入城，然后改换服装，往返多次。羌人不知城中有多少汉军，于是更加惊恐不安。虞诩估计羌军将要撤走，就秘密派遣五百余人在河道的浅水处设下埋伏，守住羌军的逃路。羌军果然大举奔逃，汉军乘机突袭，大败羌军，杀敌擒虏数量极多，羌军从此溃败离散。

166年，大秦（罗马）王安敦使者至中国汉朝。

2世纪～4世纪，《圣经·新约》正典化过程。

188年，百济入侵新罗。

166年，罗马皇帝遣使自海路来中国，"海上丝绸之路"开通，罗马的玻璃器皿、毛织品等输入中国。

2世纪后期，帕提亚王朝内忧外患，政治分裂，被罗马所灭。

193～235年，罗马帝国塞维鲁王朝。

东汉纪

黄宪多才德，声名四海闻。
知道

董卓多欺诳，号闻牛宰相。
kuáng
欺骗

欲夺汉家权，宠用奸谋将。

却遭吕布诛，天下人欢唱。

> 黄宪：
> 　　黄宪家世贫贱，父亲是一名牛医。陈蕃与同郡人周举曾交谈，一致认为："如果三个月不见黄宪，那么卑鄙可耻的念头就会重新在内心萌芽了。"黄宪最初曾被本郡推举为孝廉，后来又受到三公府的征召。黄宪的友人劝他去做官，他也并不拒绝，但只是暂时前往京城，随即就回来了，竟什么官也没做。黄宪四十八岁时去世。

讲故事懂道理

　　董卓（？～192年5月22日），字仲颖，凉州陇西临洮（今甘肃岷县）人，他生性凶残，是东汉末年的军阀和权臣，他利用战乱和朝廷势弱占据京城，挟持汉献帝，使东汉政权名存实亡。

　　吕布（？～199年2月7日），字奉先，五原郡九原县（今内蒙古包头九原区）人。三国第一猛将，人称"马中赤兔，人中吕布"，先后为丁原、董卓的部将，后占据徐州，自成一方，建安三年（199年）在下邳被曹操击败并处死。

　　被称中国古典"四大美女"之一的貂蝉，最早出现在《三国志平话》《三国演义》等小说中。貂蝉见东汉王朝被奸臣董卓所操纵，在月下焚香祷告上天，愿为主人分忧。恰巧为王允瞧见。于是，王允便将貂蝉收为义女，定下连环美人计，离间董卓与养子吕布的关系。王允先把貂蝉暗地里许配给吕布为妻，再明着把貂蝉献给董卓做妾。貂蝉嫁给董卓之后对吕布暧昧送情，周旋于父子二人之间。吕布自董卓收貂蝉入府为妾之后，心怀不满。一日，吕布趁董卓上朝，入府探望貂蝉，二人相约凤仪亭。貂蝉假意对吕布哭诉被董卓霸占之苦，吕布愤怒。董卓回府正巧撞见，怒抢吕布的方天画戟，回刺过去，吕布飞身逃走，从此两人互相猜忌。王允于是就说服吕布，设计铲除了董卓。

　　此后军阀割据，开启三国时代。

2世纪，希腊托勒密运用圆锥、圆筒等方法绘制地球，建立了以地球为中心的宇宙体系。发现大气折射。

217年，古罗马公共浴场卡拉卡拉浴场建成启用。

212年，罗马皇帝卡拉卡拉颁布敕令，把罗马公民权授予境内自由人。

东汉纪

中郎蔡伯喈，弃亲不奉养。
（jiē）

赵五娘独贤，剪发为埋葬。

汉家帝祚衰，忠臣遭戮窜。
（zuò）皇位，国统　（lù）杀　流放

四海锦乾坤，一旦如冰泮。
美丽　（pàn）融化

王气入三家，位被权臣篡。
帝王的头上都有五色的云彩组成吉　特指臣子夺取君位
祥的图案象征帝王的气概和身份　（cuàn）

蔡邕（133～192年），字伯喈，陈留圉（今河南省开封市陈留镇）人，东汉文学家、书法家。权臣董卓当政时拜左中郎将，故后人也称他"蔡中郎"，后汉三国时期著名才女蔡琰（蔡文姬）之父。

民间有《琵琶记》，写赵五娘与蔡伯喈的故事，但民间传说中的蔡伯喈，当只是借用历史人物之名。

有户人家，女的叫赵五娘，男的叫蔡伯喈。蔡伯喈上京赴考，家里穷得无分文。赵五娘向四亲六眷求拜借了银两，给伯喈上京赶考。

蔡伯喈一去十年，没有音讯。五娘伴着年迈的阿公阿婆苦度光阴。这年，遇上灾荒，阿公阿婆经不起饥饿折磨，抛下五娘去世。赵五娘孤身一人，她叫人画了公婆画像，到东京去寻找丈夫。

赵五娘来到白沙湾，走进弥陀寺。把公婆画像挂在菩萨前面供桌上，寺里和尚说一大官来了，叫五娘回避。等大官走了，赵五娘出来，一看画像没了。和尚讲："画像被大官收去了。"还比画讲了大官相貌。五娘一听，叫出声来："这是我夫蔡伯喈啊！"和尚大吃惊："你别弄错了，这大官是东京赫赫有名的牛宰相女婿蔡状元，今日就去牛相府招亲的。"五娘忍着痛，咬着牙，跌跌撞撞朝和尚指点的方向追去。面前是茫茫荒野，哪里有丈夫的影子？五娘不觉一阵心酸，叹道："伯喈，你抛下爹娘妻子，独自去牛府招亲，良心何在！"五娘气极，脚一蹬，蹬得大青石陷地三尺，石头中央留下五娘三寸金莲的脚印。脚印下石头突然冒出一股青烟，托着赵五娘，慢慢升上天空。

后来，有人在弥陀寺塑了尊女菩萨，跟赵五娘活着时一模一样。每逢八月初三赵五娘升天日，来弥陀寺朝拜者不计其数。

225年，贵霜帝国在印度的统治结束。

224年，波斯萨珊王朝建立。自此数百年间一直与罗马争夺叙利亚、两河流域、亚美尼亚地区。

2世纪中，基督教经典《圣经·新约》成书。

三国纪

曹操孙权起，**持衡**与汉叛。
比喻执掌权柄

操子曹丕立，**窃**把帝位换。
pī
暗中

改国称为魏，举兵遂灭汉。

孙权国号吴，天下成大乱。

立位在南京，居民遭**逐窜**。
放逐，流放

> **建安七子：**
> 　　建安年间（196～220年），孔融、陈琳、王粲、徐干、阮瑀、应场、刘桢等七位文学家的合称。这七人大体上代表了建安时期除曹氏父子（即曹操、曹丕、曹植）外的优秀作者，所以"七子"之说，得到后世的普遍承认。他们对于诗、赋、散文的发展，都作出了很大的贡献。

> **三足鼎立：**
> 　　220年，曹丕篡汉称帝，国号"魏"，史称曹魏，三国历史正式开始。次年刘备在成都接续汉朝，史称蜀汉。222年刘备在夷陵之战失败，孙权获得荆州大部。223年刘备去世，诸葛亮辅佐刘备之子刘禅与孙权重新联盟、恢复国内生产。229年孙权称帝，国号"吴"，史称东吴，至此三国正式鼎立。

讲故事懂道理

　　曹魏的疆域在曹操时即大幅发展，曹丕称帝后定型，约占有整个华北地区。221年孙权称藩后，曹魏让孙权领有荆州牧，将荆州南部孙权势力范围定为荆州，曹魏原直辖的荆州北部改称为郢州。双方决裂后曹魏复改郢州为荆州。220年至226年，分陇右置秦州，最后并入雍州。灭蜀汉后分益州置梁州，共增加两州。

　　蜀汉为刘备所建，他直到赤壁之战后才在诸葛亮协助下，由荆州南部开始发展。立国前后与孙吴发生多次战争并损失荆州，于诸葛亮南定南中后获得云南一带疆域，至此渐渐稳定。疆域范围：北方与曹魏对峙于秦岭，汉中为重镇；东与孙吴相邻于三峡，巴西为重镇；西南至岷江、南中，与羌、氐及南蛮相邻。蜀汉共有22郡，仅益州一州。于益州下设庲降都督，治味县，专辖益州南部。

　　东吴的疆域拥有大部分的扬州。孙权在赤壁之战后陆续获得荆州西部、交州，并在击败关羽后获得整个荆州南部。至孙权称帝后疆域方稳定下来。孙吴北与曹魏对峙在长江淮河一带及汉江长江一带，以建业、江陵为重镇；西与蜀汉相邻于三峡，西陵为重镇；东及南至东海南海，其中南达越南的中部。孙吴原有32郡及三州：荆州、扬州、交州，于226年设置广州，后并入交州，至264年复设，共增加一州。

高句丽在鸭绿江兼并汉四郡。

235～284年，罗马社会陷入"三世纪危机"，蛮族开始越境入侵。

波斯萨珊人入侵叙利亚及两河流域。

罗马帝国3世纪危机：农业萎缩，商业萧条，城市衰落，政治混乱，奴隶起义，蛮族入侵。

三国纪

刘备与争锋，三国逞英雄。
　　　争夺胜负　　　　施展

关张诸葛亮，扶汉气吞虹。

dǐng
鼎足分天下，角力而相攻。
鼎是古代一种盛酒的器具，一般
是三只脚；鼎足，比喻三者并立

横行五十载，四海遭困穷。
　　　　　　　　贫穷，窘迫

长江沉铁索，帝业总成空。

《三国志》：
　　是由西晋史学家陈寿所著，记载中国三国时代的断代史，同时也是二十四史中评价最高的"前四史"之一，最早以《魏志》《蜀志》《吴志》三书单独流传，直到北宋咸平六年（1003年）三书已合为一书。《三国志》也是二十四史中最为特殊的一部，因其过于简略，没有记载王侯、百官世系的"表"，也没有记载经济、地理、职官、礼乐、律历等的"志"，不符合《史记》和《汉书》所确立下来的一般正史的规范。
　　《三国志》在此之前已有草稿，当时魏、吴两国先已有史，如王沈的《魏书》、鱼豢的《魏略》、韦昭的《吴书》，此三书当是陈寿依据的基本材料，蜀国无史，故自行采集，仅得十五卷。而最终成书，却又有史官职务作品的因素在内，因此《三国志》是三国分立时期结束后文化重新整合的产物。

　　东汉末年朝廷腐败，民不聊生，刘备因家里贫寒，靠贩麻鞋、织草席为生。这天他进城来，不觉感慨地长叹了一声。忽听身后有个人大声喝道："大丈夫不给国家出力，叹什么气？"刘备回头一看，这人身高八尺，豹子头，圆眼睛，满腮的胡须像钢丝一样竖着，声音像洪钟，样子十分威武。那人对刘备说他姓张名飞，做着卖酒、屠宰猪羊的生意。他愿意拿出家产作本钱，与刘备共同干一番大事业。刘备、张飞两人谈得投机，便一起到村口的一家酒店饮酒叙话。这时，一推车大汉进店饮酒。刘备留神一看，这人有九尺高，胸前长须飘飘，脸色好像红枣一样，长一双丹凤眼，相貌非常威武雄伟。刘备连忙起身，邀他过来同坐，并请问姓名。那人说："我姓关名羽，字云长，因乡里恶霸仗势欺人，我一怒杀了恶霸，逃到外乡避难已有五六年了。"刘备、张飞听了都很敬佩，便将自己的志愿告诉了关羽。关羽听了也非常高兴。酒后他们一同来到张飞的庄上，只见庄后有一座桃园，园中桃花灿烂。第二天，三人在园中焚香礼拜，宣誓结为异姓兄弟，三人按年岁认了兄弟，刘备做了大哥，关羽第二，张飞最小，做了弟弟。这就是著名的"桃园结义"。

239年，日本邪马台国女王卑弥呼遣使到中国。

263年，罗马西西里奴隶起义。

250～1200年，玛雅文明中期，出现新兴城邦。发明象形文字，提出0的概念，制定20进制计算法，发明太阳历。

267年，哥特分裂为东、西哥特。

西晋纪

司马炎执柄，国号为西晋。

曾**事**魏为臣，三国遭吞并。
侍奉

póu
王**裒**为父仇，不受晋**征聘**。
聘请有能力
的人做官

阮籍与刘伶，**纵**酒陶情性。
随意，放纵

竹林号七贤，**放诞**无**拘禁**。
放纵不守规范　拘束禁忌

> 竹林七贤：
> 　　竹林七贤指的是魏晋时期（240～250年），嵇康、阮籍、山涛、向秀、刘伶、王戎及阮咸七人，先有七贤之称。因常在当时的山阳县（今修武一带）竹林之下，喝酒、纵歌，肆意酣畅，世谓七贤，后与地名竹林合称。七人是当时玄学的代表人物，虽然他们的思想倾向不同。嵇康、阮籍、刘伶、阮咸始终主张老庄之学，"越名教而任自然"，山涛、王戎则好老庄而杂以儒术，向秀则主张名教与自然合一。他们在生活上不拘礼法，清静无为，聚众在竹林喝酒，纵歌。作品揭露和讽刺司马朝廷的虚伪。

讲故事懂道理

　　刘伶是历史上著名的竹林七贤中值得大书特书的人物。不是因为他的文采，而是因为他的"酒才"。他以最大胆的叛逆精神和极其荒诞不经的行为，把酒文化发展到了极致，从而对当时的社会现实形成巨大讽刺。阅读刘伶的一生，最让人赞叹的是他独特的人生逻辑。

　　有一次，刘伶酒瘾上来，难以控制，要妻子快拿酒来。妻子饱受他喝酒之害，又担心他的健康，哭着把酒洒了一地，然后把酒瓶子摔掉，痛哭流涕地劝他："你酒喝得太多了，再这样喝下去，会把胃和肝统统喝坏，把自己的身体给糟蹋了，你还是把酒戒了吧！"刘伶听后，眼珠一转说："好！好！喝酒的确很伤身体，可是靠我自己的力量是没法戒酒，必须在神明前发誓，让神灵监督。麻烦你准备酒肉祭神吧，我马上在神灵面前发誓，坚决戒酒。"

　　妻子信以为真，听了他的话，按照他的说法，准备了酒肉供在神桌前。刘伶当即跪下来祷告："天生刘伶，以酒为名；一饮一斛，五斗解酲。妇人之言，慎不可听。"意思是说，我刘伶是为喝酒而生，为喝酒而活，老婆的话，还是不听为好。说完，取过酒肉，又喝得大醉了。其对酒的迷恋和忠诚，可谓举世无双。

276年，波斯摩尼教创始人摩尼被处极刑。萨珊人遵奉琐罗亚斯德教为国教。建立中央集权对抗罗马帝国。

284～305年，罗马戴克里先进行改革。

罗马镇压埃及和非洲的起义。

296年，波斯王纳尔塞于卡利尼古姆大败罗马人，侵入罗马属地美索不达米亚。

西晋纪

毕卓<u>吏部郎</u>，盗酒成话柄。
吏部侍郎，吏部是主管官员选拔和
任命的部门，侍郎相当于副部长

王衍多<u>清谈</u>，王戎多鄙吝。
　　　高雅的言谈、讨论

王祥<u>昔</u>卧冰，得鱼<u>痊</u>^{quán}母病。
　　曾经　　　　　治好

位传孝惠帝，<u>痴愚</u>何太甚。
　　　　　　　　傻

上苑问蛙鸣，彼鸣为何政。

卫瓘^{guàn}尝有言，武帝疑不信。

　　王祥的继母对他很不好，经常说王祥的坏话，把家里最苦最累的活儿都给王祥干。一天，继母感到心口忧闷，很不舒服。父亲叫来郎中，给继母号了脉。郎中开了药方，声称要治好这种病，只能喝鲤鱼汤才有会见效。可是，到哪去卖鲤鱼呢？这个寒冷的季节，市场上根本就没有卖鲤鱼的。怎么办？大家为此都在发愁。这时，王祥二话没说，自己便独自一人向村外那条河流走去。

　　王祥来到河上，只见河面结了一层厚厚的冰。这时，王祥脱掉了上衣，躺在了冰上。王祥硬是用自己的体温融化了一块冰。王祥敲开冰，只见冰下有好多鲤鱼。他不顾天气的寒冷，伸手就抓到了两条鲤鱼。

　　他高兴地把鱼带回了家，详细地介绍了得到鱼的过程。王祥的父亲和继母颇受感动，尤其是那继母，她羞愧不已，拉着王祥，羞怯地说道："祥儿，你真是个好孩子，以前为母错怪你了，以后我再也不会嫌弃你了。"

　　父亲也说道："祥儿为人善良，宽厚待人，真令人钦佩！这下，你亲生母亲可以在九泉之下安息了。"

　　一时间，三人欢乐地相拥在一起，脸上绽放出了灿烂的笑容。

300～593年，日本古坟时代。

印度人创造了1～9的数字符号，后来阿拉伯人改进及传播。

306～337年，罗马皇帝君士坦丁一世在位。

313年，君士坦丁皇帝颁布"米兰教令"，基督教在罗马取得合法地位。

西晋纪

奸雄见主昏，逞势相吞并。
昏：糊涂

李雄王成都，刘渊称汉帝。
王：称王

赵王伦争权，中外皆争竞。
争竞：这里指相互攻打

石崇富莫言，身刑财亦尽。
刑：xíng 被杀

石勒攻洛阳，晋帝绝天命。
勒：lè

传代凡四君，五十年光景。
凡：总共

八王之乱是西晋时统治阶层历时 16 年之久的内乱。公元 290 年，晋武帝司马炎驾崩后，由外戚杨骏掌管朝政。即位的晋惠帝司马衷痴呆低能，皇后贾南风为了让自己的家族掌握政权，于永平元年与楚王司马玮合谋，发动禁卫军政变，杀死杨骏，贾后遂执政。公元 299 年，贾后不顾张华等人的劝阻，废太子司马遹，次年又杀之。统领禁军的赵王司马伦联合齐王司马冏发动政变起兵杀贾后、张华等。

公元 301 年，司马伦废惠帝自立。司马伦篡位后，驻守许昌的司马冏起兵讨伐司马伦，镇守邺城的成都王司马颖与镇守关中的河间王司马颙举兵响应。洛阳城中的禁军将领王舆也起兵反伦，迎惠帝复位，赐死司马伦。司马冏以大司马入京辅政。

公元 302 年，司马颙又从关中起兵讨司马冏，洛阳城中的长沙王司马乂也举兵入宫杀司马冏，政权落入司马乂手。公元 303 年，司马颙、司马颖合兵讨伐司马乂。公元 305 年，司马越又从山东起兵进攻关，击败司马颙。公元 306 年，司马越迎惠帝回洛阳，司马颖、司马颙相继为其所杀，大权落入司马越手中，八王之乱到此终止。这场中国历史上空前的大内讧，极大地破坏了社会秩序和人伦道德，毁灭了几乎全部西晋皇室，成为西晋迅速灭亡的重要因素。

320 ～ 540 年，古印度笈多王朝。

320 ～ 540 年，印度笈多王朝时期，以恒河中下游为基地实现了北印度的统一。

323年，基督教历史上第一次宗较大集结，制定"尼西亚信经"，确立"三位一体"教义。

东晋纪

中宗元帝兴，改国为东晋。

豪士集新亭，举目山河迥。
豪杰之士，有才干的人　　　　　完全不一样
jiǒng

周𫖯独伤情，王导偏得兴。
jì　　　　　　　　　　　有了壮志豪情

祖逖与刘琨，功名两相并。
tì　　*kūn*　　　　　　　差不多

着鞭与枕戈，争把中原定。

闻鸡起舞：
　　刘琨年轻的时候，有一个要好的朋友叫祖逖。在西晋初期，他们一起在司州做主簿，谈论起国家大事来，常常谈到深更半夜。
　　一天夜里，一阵鸡叫的声音，把祖逖惊醒了。祖逖往窗外一看，东方还没有发白。祖逖不想睡了，他用脚踢踢刘琨。刘琨问是怎么回事。祖逖说："你听听，这可不是坏声音呀。它在催我们起床了。"
　　两个人高高兴兴地起来，走出屋子，在熹微的晨光下舞起剑来。就这样，他们一起天天苦练武艺，研究兵法，终于都成为有名的将军。

　　建康城外的江边上，有个地方叫新亭。一到过年过节，总有不少的人到那儿去赏花、饮酒、作诗。有一回，王导也到新亭去了。大伙儿一边看景致，一边谈起北方的战事。有个叫周𫖯的人愁眉苦脸地说："唉！风景还是这么好看，可是江山变了颜色啦！"他这么一说，别的人也都想起了自己的家乡。那时候，黄河一带比南方繁华富裕，生活很好；而江南一带，还没怎么开发，比北方落后得多。这些人刚一到南方，总觉着这儿的生活不如北方老家，可是又打不回去，就只好凑合着。这么想着想着，不知道是谁突然哭了出来。

　　哭得正热闹的时候，忽然有一个人严厉地高声说："哭什么，太没出息了！咱们应该尽力帮助皇家，想法子收复中原，才是正经事。"大伙儿抬头一看，原来是王导，连忙过来把他围上，七嘴八舌地说："您说得对倒是对，可眼下有什么好办法？"王导把自己的想法对大家说了一遍，很多人听得高兴起来，都说要齐心合力，帮助琅琊王。等到晋愍帝被杀以后，大伙儿就议论起让琅琊王登基称帝的事。在北方的刘琨也派人送来了《劝进表》，希望琅琊王当皇帝。琅琊王先是推辞了一阵，最后还是答应下来了。公元317年，他登上了宝座，就是晋元帝。从这儿以后的晋朝，定都在建康，历史上叫东晋。

西哥特人劫掠雅典、斯巴达、科林斯，希腊文明逐渐消失。

325年，第一次基督教尼西亚会议。

325年，伯利恒圣诞大教堂始建。耶路撒冷圣母大教堂始建。

东晋纪

王敦为晋臣，帝亲授金印。

出命征荆襄，谋反据诸郡。

帝命王导征，郭死诸凶并。

位传肃宗立，智慧明如镜。

有志正中原，而卒不可正。
　　　　收复　　　最终

陶侃少孤贫，事母全孝敬。
　　　　失去父亲

母剪发延宾，范逵为举进。
　　　　　招待客人

都督过八州，功被于四境。
　　　　　　　　覆盖

司马睿登帝位以后，不满王氏的骄横，想削弱王氏势力。公元322年，王敦自武昌举兵，攻入建康，史称"王敦之乱"。

王敦反叛时，王导率族中兄弟子侄二十余人，每天天亮时到台阁处等待议罪领罚。司马睿因王导素来忠诚正直，特地还给他朝服，并召见了他。王导叩首答谢说："叛臣贼子，哪个朝代没有呢，但想不到会出在我们王氏家族中。"司马睿下诏："王导以大义而灭亲，可以把我任安东将军时的符节授予他。"王敦无法实现他的野心，只好退回武昌。

公元323年，司马睿忧愤而死，晋明帝司马绍继位，王导辅政，解任扬州刺史，改拜司徒，依照曹魏时陈群辅佐魏明帝的先例。王敦以为有机可乘，又加紧图谋篡夺，王导站在维护帝室立场坚决反击。后王敦领兵向京师逼近，当时王敦正患病，王导率族中子弟为王敦发丧，大家都以为王敦已死，于是胆气倍增斗志高昂。明帝讨伐王敦时，使王导假节，都督诸军，领扬州刺史。

王敦之乱被讨平后，王导被晋封为始兴郡公，食邑三千户，赐绢九千匹，进位太保，司徒之职依然如前，特许他剑履上殿，入朝不趋，赞拜不名。但王导坚决推辞不接受。

4世纪，笈多王朝时，印度教（亦称新婆罗门教）兴起。

337年，匈奴人到达顿河流域。

330年，罗马帝国国王君士坦丁迁都拜占庭，并改名君士坦丁堡。

东晋纪

显宗成皇帝，苏峻诳（kuáng）君令。
欺骗

卞壶督兵征，父子皆丧命。

孝宗穆皇帝，即位年三岁。

王昱（yù）辅朝纲，列国皆争竞。

石虎称大王，勒种遭杀尽。

后赵武帝：
  后赵武帝石虎，字季龙，羯族，上党武乡人，后赵明帝石勒堂侄，十六国时期后赵君主，334～349年在位。333年石勒驾崩，由太子石弘继承。第二年，石虎废杀石弘，自称为居摄赵天王。至335年，其首都由襄国迁至邺。337年，石虎自称天王，349年称帝。石虎在位期间，生活十分荒淫奢侈，又对百姓施行暴政，表现出种种残暴的方面；不过他厚待来自西域的佛教僧侣佛图澄，客观上对当时佛教的传播有一定贡献。

讲故事懂道理

咸和二年十月，庾亮不顾臣僚劝阻，强行征召历阳内史苏峻入朝任大司农，借以削夺其兵权，消除朝廷隐患。苏峻不从，遂联合豫州刺史祖约共同起兵讨伐庾亮，一场新的动乱爆发了。苏峻兵强马壮，武器精良，在祖约的配合下，很快挥兵至建康城下，官军连连败绩。庾亮丢盔弃甲，撇下当皇太后的妹妹和外甥小皇帝，匆忙带着三个弟弟狼狈出逃寻阳投奔温峤。次年二月，建康失守，百官奔散，殿省萧然，留下护卫小皇帝的只有王导、陆晔等少数几个大臣。苏峻勒兵入宫，王导抱着小皇帝坐在御座上，显得正气凛然，叛军不敢上殿。苏峻自封骠骑将军，专断朝政，为所欲为，以王导德高望重，仍然让他官居原职而排在自己前面。叛将路永、匡术劝杀尽王导等大臣，苏峻敬重王导，没有同意。苏峻又逼迫成帝迁居石头城，软禁在一间仓屋里，还天天跑来高声叫骂，骂尽各种丑话。王导开始害怕起来，担心大祸临头，这时也顾不得小皇帝了，匆忙带着两个儿子逃到了城外的白石。

苏峻之乱历时一年零四个月，给建康城带来极大的破坏。

东晋纪

桓温<ruby>弄<rt>玩弄</rt></ruby>晋权，中外皆钦敬。

郗超入幕宾，暗受桓温命。

王猛<ruby>扪<rt>mén</rt></ruby>虱谈，不受桓温聘。
（摸，这里是抓的意思）

<ruby>庾<rt>yǔ</rt></ruby>亮为司空，临事以明敏。

谢安为司徒，果断而民信。

渊明归去兮，不做彭泽令。

处士王羲之，懒系皇家印。

为道写<ruby>黄庭<rt>道家经卷的别称</rt></ruby>，<ruby>书<rt>写</rt></ruby>罢笼鹅<ruby>赆<rt>jìn</rt></ruby>。
（临别时赠送的财物）

> 王羲之（303～361年，一作321～379年），字逸少，汉族，东晋时期著名书法家，有"书圣"之称。代表作《兰亭序》被誉为"天下第一行书"。在书法史上，他与其子王献之合称为"二王"。

讲故事懂道理

中国古代有不少因维护人格，保持气节而不食的故事，陶渊明"不为五斗米折腰"就是其中最具代表性的一例。

为了生存，陶渊明最初做过州里的小官，可由于看不惯官场上的那一套恶劣作风，不久便辞职回家了。陶渊明最后一次做官，是义熙元年。那一年，已过"不惑之年"的陶渊明在朋友的劝说下，再次出任彭泽县令。有一次，州里派督邮来了解情况。有人告诉陶渊明说：那是上面派下来的人，应当穿戴整齐、恭恭敬敬地去迎接。陶渊明听后长长叹了一口气："我不愿为了小小县令的五斗薪俸，就低声下气去向这些家伙献殷勤。"说完，就辞掉官职，回家去了。陶渊明当彭泽县令，不过八十多天。他这次弃职而去，便永远脱离了官场。

陶渊明是在贫病交加中离开人世的。他原本可以活得舒适些，至少衣食不愁，但那要以付出人格和气节为代价。陶渊明因"不为五斗米折腰"，而获得了心灵的自由，获得了人格的尊严，写出了领一代文风并流传百世的诗文。在为后人留下宝贵文学财富的同时，也留下了弥足珍贵的精神财富。他因"不为五斗米折腰"的高风亮节，成为中国后代有志之士的楷模。

公元4世纪，北非发生"阿哥尼斯特"运动。

372年，毛里塔尼亚发生起义，被罗马镇压。

376～568年，以日耳曼人为主的民族大迁徙。

368年，不列颠发生暴动，反抗罗马统治。

375～568年，匈奴人从黑海向西挺进，引发欧洲民族大迁徙。

东晋纪

夏魏赵燕秦，相争四海应。

小国并称王，与晋皆仇雠。
　　　　　　　　　　对抗

dài
迨至恭皇帝，传位十一世。
到

一百零四年，国绝诸王继。
　　　　　　　灭亡

天下国数多，分为南北纪。

> **慕容政权：**
> 　魏晋之际，鲜卑慕容氏自辽西迁于辽东北。晋武帝太康四年慕容涉归死，其弟慕容耐篡夺政权，世子慕容庞于是逃亡。
> 　太康六年部众杀慕容耐，迎慕容庞继位。太康十年受西晋封为鲜卑都督。294年，其酋长慕容庞徙居大棘城，开始了定居的农业生活。
> 　307年前后，慕容庞自称鲜卑大单于。西晋中原政权覆灭后，慕容庞得汉族士人辅佐，以大棘城为中心据有辽水流域，受东晋官爵。

东晋，是由西晋皇室后裔司马睿在南方建立起来的朝廷。

东晋是门阀世族政治，与北方的五胡十六国并存，这一历史时期又称东晋十六国。东晋时代，也曾经内部四分五裂。420年，宋公刘裕废黜晋恭帝，建立刘宋，进入南北朝时期。东晋与之前的孙吴以及其后的宋、齐、梁、陈，合称为六朝。

东晋也曾多次试图北伐，但由于内部不团结，除了最后篡晋的刘裕取得一定成果外，其余基本都无建树。祖逖本有希望恢复旧土，但他被司马睿挟制，郁郁而终。桓温的北伐则被慕容垂击败。

383年，前秦苻坚率兵南侵，东晋宰相谢安力主抗击，派谢石、谢玄率军，在淝水之战大获全胜，苻坚只身逃回北方，南北分立之势从此而成。后有桓玄叛乱，废安帝，自立为天子，后为大将刘裕所平，拥恭帝。

公元420年，刘裕篡夺帝位，刘裕完成了上述军事上政治上的措施，东晋朝显然再没有存在的余地了。420年刘裕废晋恭帝自立，建国号宋，史称南朝宋，是为宋武帝，东晋至此灭亡。439年北魏统一华北，至此进入南北朝时期，而东晋十六国则成了旧时代的代名词。刘裕消灭纪纲不立、豪强横行的东晋朝，建立起比较有力的宋朝，对汉族历史是一个大的贡献。

392～413年，高句丽国王广开土王在位。

391年，日本入侵朝鲜半岛，破百济、新罗。

395年，罗马分裂，东罗马帝国，即拜占庭帝国，都城君士坦丁堡（拜占庭）；西罗马帝国，都城罗马。

392年，罗马帝国定基督教为国教。

395～453年，匈奴王阿提拉率军入侵意大利。

398～409年，罗马人从不列颠半岛撤兵。

南朝宋纪

天命赋于宋，宋主得民众。

灭燕夺晋权，诸将皆拱奉。

谢灵运不臣，恃才多放纵。
　　　　　不遵守做臣子的规矩　　倚仗

好为山泽^{zé}游，末后遭诬讼。
　　　　湖泊　　　　　　诬告陷害

刘裕传说：
　　传说刘裕出生时有神光照亮室内，当晚还降甘露。
　　刘裕曾到京口竹林寺，并独自躺卧在寺内讲堂中。一众僧人竟看见他上面有五色龙形物体出现，大感吃惊并告知刘裕，刘裕则十分高兴起说："僧人是不会说谎的。"有言曲阿、丹徒有天子之气，而刘裕之父刘翘的墓就在丹徒，当时一个叫孔恭的人擅长占卜墓穴吉凶，刘裕一次就在父亲墓前问孔恭，孔恭就言那是不平凡的墓地。刘裕听后更为自负。同时刘裕又觉得身边总有两条小龙，连旁人也曾看见过，至刘裕名声渐高时，小龙也变大了。

讲故事懂道理

　　谢灵运的诗，开创了文学史上的山水诗一派。他写的诗艺术性很强，尤其注意形式美，很受文人雅士的喜爱。诗篇一传出来，人们就竞相抄录，流传很广。宋文帝很赏识他的文学才能，特地将他召回京都任职，并把他的诗作和书法称为"二宝"，常常要他边侍宴，边写诗作文。一直自命不凡的谢灵运受到这种礼遇后，更加狂妄自大。谢灵运自恃门第高贵，又才华横溢，恃才傲物，自以为在政坛上应受到格外的器重，殊不料反遭朝廷排挤，被调离京城建康所以在郡心情烦闷，不理政务，一味纵情山水。平日写写诗文，以宣泄胸中块垒。一年后，称疾辞官。

　　宋文帝元嘉三年，文帝为巩固其统治，对世家大族采取笼络政策，由于谢灵运名气大，被征召为秘书监，还被指定撰修晋史。但时隔不久，谢灵运就看出皇帝对他表面上尊重，实际上"唯以文义接见"，只是要他充当一名文学侍从罢了，并无政治上加以任用的意思。不久，谢灵运再次辞官归始宁，与朋友往来吟咏，或率领数百随从出入于深山幽谷，探奇觅胜。

5～8世纪，统治高卢、西班牙地区的西哥特王国。

大和政权统一，日本开始采用中国的文字体系。

409～585年，位于西班牙、葡萄牙地区的都城布拉加，后被西哥特王国所灭。

巴勒斯坦被拜占庭帝国统治。

402年，西罗马帝国迁都腊万纳。

427年，高句丽长寿王迁都平壤。

南朝宋纪

北魏兵入疆，山岳皆摇动。
也指山

杀掠不可言，所过如空洞。
掠 抢劫 ｜ 什么都没有

栖燕悉无巢，耕夫皆失种。

宋将莫当锋，率众而逃避。

宋帝登石城，叹息檀道济。
石头城，建康的别称

相传凡八君，国属齐萧氏。

公元 430 年，宋文帝刘义隆出师北伐，任命檀道济总督各路军事，不久宋军战败，粮草吃紧。檀道济军中有个兵士逃到魏营投降，把宋军缺粮的情况告诉了北魏的将领。北魏就派出大军追赶檀道济，想把宋军围困起来。宋军看到大批魏军围上来，军心动摇。檀道济却命令将士就地扎营休息。当天晚上，檀道济亲自带领一批管粮的兵士在一个营寨里查点粮食。一些兵士手里拿着竹筹唱着计数，另一些兵士用斗子在量米。

魏军探子偷偷地向营里望了一下，只见一只只米袋里面都是满满的。魏军将得到情报，以为前面来告密的宋兵是假投降。其实，檀道济在营里量的并不是白米，而是一斗斗的沙土，只是在沙土上覆盖着少量白米罢了。檀道济最终凭借"唱筹量沙"之计顺利退兵。

公元 432 年，檀道济因屡有大功，被封为司空，镇寻阳。公元 436 年，刘义隆生病，彭城王刘义康执政，担心檀道济会在刘义隆死后谋反，矫诏召檀道济入朝。最后，檀道济与其子都在建康被处死。消息传到北魏，魏军将领弹冠相庆。

檀道济死后，南朝在军事上转入守势，北朝则占据主动地位，屡次南征。后北魏曾南征至长江北岸的瓜步，宋文帝刘义隆登石头城北望，面有忧色，长吁道："如果檀道济还在，怎么会到这个地步！"

450 年，日耳曼央格鲁撒克逊人进入不列颠。凯尔特人进入威尔士、苏格兰及布列塔尼。

451 年，匈奴人入侵高卢。

455 年，汪达尔人再陷罗马城。

439 ~ 534 年，北非汪达尔王国，都城迦太基。后被拜占庭所灭。

5 世纪中叶 ~ 534 年，日耳曼人勃艮第王国。

南朝齐纪

齐王萧道成，深沉有大志。

博学能文章，欲慕唐虞氏。
<small>yú</small>
<small>想 学习 唐，陶唐氏，尧；
虞，有虞氏，舜</small>

世乱乏良材，无贤相与治。

雷次宗：

雷次宗，字仲伦，豫章南昌人，南朝刘宋时期方志家、教育家、佛学家。他曾两次被皇帝请到京城讲授儒学，齐高帝萧道成曾是他的学生。以雷次宗为首的分科教学，对隋唐时代专科教育的发展有直接影响，是后代分科大学的开端。雷次宗还是东林寺十八高贤之一，对净土宗的发展起到了重要作用。

讲故事懂道理

齐高帝萧道成即位后，为了加强建康城的防务，于建元二年着手改建建康城墙，用砖砌筑。萧道成在位期间，限制诸王营立私邸，提倡节俭自奉，禁止民间使用各种华丽饰物，不得将金银制成金箔银箔，马鞍等不能使用金银装饰，不能用金、铜铸像，甚至不准织绣花裙，不准穿着锦鞋等。这种要求和做法"历代所未有"。

史书说，齐高帝萧道成亦善书法，擅长草书和隶书，自视水平不一般。建元中，萧道成召丹阳尹王僧虔来朝，提出要与他比试书法。两人各自写了一幅字，齐高帝问王僧虔道："朕与卿书法，谁是第一？"王僧虔深知齐高帝意思，答曰："臣书第一，陛下亦第一；臣书为群臣中第一，陛下书为帝王中第一。"回答十分巧妙，既不贬低自己，又保了高帝的面子，君臣双赢。

除了书法以外，萧道成还是一个围棋爱好者。他亲自撰写围棋著作，曾有《齐高棋图》二卷问世，是史载首位亲自著作围棋书的皇帝。

建元四年二月，齐高帝萧道成病重。三月初八，萧道成崩于临光殿，终年56岁，在位仅4年。四月，谥曰太祖高皇帝。据史书记载，齐高帝萧道成葬于武进泰安陵。

476年，西罗马帝国皇帝罗慕洛·奥古斯都被废除，西罗马帝国灭亡，西欧奴隶制度崩溃。

481～751年，法兰克墨洛温王朝。

481～511年，法兰克国王克洛维在位。

486年，苏瓦松战役，法兰克人击败西罗马残余军队。

南朝齐纪

位传东昏侯，荒淫好嬉戏。
荒废国家大事，过度贪图享乐

溺爱宠潘妃，所欲无不致。
想要的　　给予

剪金为莲花，使人布于池。

令妃步于上，观之以为喜。

北魏与争强，交兵无间岁。
间隔；间断

帝位难久居，朝立而暮废。
早上　　　晚上

位传七代亡，国属梁武帝。

宠妃潘玉儿：
　　自古以来，将三千宠爱集一身的
专情帝王大有人在，但像萧宝卷一样，
受虐狂式地乐于被潘妃驱使和奴役的
皇帝，实在是少之又少。萧宝卷为了安
抚潘妃，特别为她修建了神仙、永寿、
玉寿三座宫殿，极尽奢华。他甚至还突
发奇想，命工匠把黄金凿成莲花的形
状，一朵一朵地贴在地板上。当潘玉儿
赤裸脚踝，袅袅婷婷行走其上时，就营
造出了"步步生莲花"的梦幻图景。

永泰元年，齐明帝萧鸾去世，太子萧宝卷继位，成为南朝齐第六位皇帝。但他自幼口吃，整天只知道玩闹。

公元 499 年，萧宝卷封潘妃之侄女潘玉奴为贵妃。南朝皇帝多奢侈腐靡，萧宝卷尤甚。后宫失火被焚，就新造仙华、神仙、玉寿三座豪华宫殿。萧宝卷又极其吝啬钱财，他特别喜欢干屠夫商贩之类的事情。曾在宫苑之中设立市场，让太监杀猪宰羊，宫女沽酒卖肉。潘妃充当市令，自己担任潘妃的副手，遇有急执，即交付潘妃裁决。

萧宝卷在位的时候，他一月中有 20 多天要出外，有时白天，有时夜晚，他又不愿秉承父训，宰辅大臣，稍不如意，立即加以诛杀，逼得文官告退，武将造反。齐宣德太后下懿旨中指斥他。萧宝卷也杀害不少的大臣，即位之后便杀害顾命大臣右仆射江佑、司空徐孝嗣、右将军萧坦之、领军将军刘喧等人。也由于萧宝卷的昏暴，导致始安王萧遥光、太尉陈显达与将军崔慧景先后起兵叛乱，但都兵败被杀。

萧宝卷平定叛乱之后更加昏暴，除了与潘玉奴、宦官梅虫儿等人日夜玩乐之外，还派人毒杀平定叛乱最有功的尚书仆射萧懿，结果导致萧懿之弟萧衍发兵进攻建康，并且改立南康王萧宝融于江陵称帝。

491 ~ 529 年，伊朗玛兹达克运动。

496 年，克洛维皈依基督教。

约 505 ~ 565 年，拜占庭统帅贝利萨留在世。

493 ~ 555 年，意大利东哥特王国，都拉文纳。后被拜占庭所灭。

500 ~ 1000 年，秘鲁瓦里帝国时期，修建帝国大道。

约 517 年，哒王摩醯逻矩罗登基。

南朝梁纪

梁王登金阶，素性好持斋。
　　　代指皇位　　　　　　吃素

舍身为佛寺，佛法得喧豗。
出家当和尚　　　　　响亮。这里指影响扩大 huī

具膳以蔬素，决狱为悲哀。
皇帝的饭食　　　　　案件

停征罢战士，节用惜民财。

江南赖安康，民号小无怀。
　　　　　　　无怀氏，上古一个贤明的帝王

后被侯景逼，饿死台城灾。

讲故事懂道理

公元527年，梁武帝萧衍亲自到了同泰寺，做了三天的住持和尚。还下令改年号为大通。信佛之后，他不近女色，不吃荤，不仅他这样做，还要求全国效仿：以后祭祀宗庙，不准再用猪牛羊，要用蔬菜代替。他吃素，要神灵也吃素。老人皇帝做事总是和年轻时、壮年时不一样。这个命令下达之后，大臣议论纷纷，都反对。最后，萧衍允许用面捏成牛羊的形状祭祀。

后来，萧衍又几次入寺做和尚，还精心研究佛教理论，这使得他没有精力再理朝政，重用的人也出现了奸臣，造成朝政昏暗。老年的萧衍也是刚愎自用，乱建佛寺，不听劝谏，导致后期的政绩下降。

后来，归顺的侯景以诛杀朝中弄权的朱异为借口，发动叛乱，最后，围困都城，本来侯景已经元气大伤，但守城的将领也没了斗志，开城把侯景放了进来。侯景带着五百甲士去见萧衍。

见过萧衍后，侯景对身边的亲信王僧贵说："我多年征战疆场，从没有胆怯过。这次见萧衍竟然有点害怕他，莫非真是天子威严不容侵犯吗？"其实，侯景一是作乱心虚，二是萧衍本来也是战场勇将，侯景肯定早就有敬畏之心，加上当时迷信思想严重，认为天子都是神灵下凡。还有萧衍信佛后，看清权势，他的镇静无疑更让侯景心虚。

503～935年，朝鲜半岛新罗时期。545年，新罗开始有历史记载。

531～579年，伊朗萨珊王朝国王胡斯洛一世及其改革。

535～555年，哥特战争，拜占庭征服东哥特王国。

528年，《罗马民法大全》制定。

532年，君士坦丁堡尼卡起义。

南朝梁纪

侯景篡帝位，三月玉山颓。
<small>cuàn</small>

落在中兵手，身尸四散开。

北齐连入寇，天下已殆哉。
<small>kòu</small>
入侵　　　　　危险

相传才四帝，国祚废沉埋。
<small>zuò</small>
皇位

玉山颓：
　　本义是指人喝醉了酒倒在地上，这里指彻底失败灭亡。

中兵：
　　指沈恪。他在广州担任过"中兵参军"的官职，"中兵"是这一官职的简称。

梁太清三年（公元549年），侯景攻破建康（南京），梁武帝萧衍被困饿死，侯景又立太子萧纲为皇帝，侯景自封为大都督，迫使美貌的溧阳公主嫁给他为妻；后又自封（逼皇帝封其）为"宇宙大将军"。梁大宝二年（公元551年），侯景废萧纲，再立豫章王萧栋为帝，改元天正。同年，再命萧栋禅让，侯景登基为帝，国号汉，改元太始。梁承圣元年（公元552年），侯景被陈霸先、王僧辩击败。侯景企图逃亡，被部下所杀。王僧辩将他的双手截下交给高洋，头颅送至江陵，尸体在建康街头暴露。当地百姓将尸体分食殆尽，连其妻溧阳公主也吃他的肉，尸骨烧成灰后有人将其骨灰掺酒喝下。

可这时候的梁朝已经是支离破碎，即将土崩瓦解了。西魏趁梁朝大乱，出兵攻占了当时的梁都江陵，俘虏了梁元帝萧绎，不久将萧绎杀死。后来，广州都督陈霸先趁势发展壮大自己的势力，经过近十年的战争，陈霸先基本控制了长江下游地区。他见时机已经成熟，便在公元557年废掉他立的梁敬帝萧方智，自己在建康称帝，建立陈朝。自此，梁朝灭亡，共历四帝，五十五年。虽然萧氏后代在北周的羽翼下在江陵建立后梁，延续着萧氏的国统，但后梁实际上只是附属于北周的一个政权，国小力弱，仰人鼻息，最终在公元587年被隋朝废除。

549年，拜占庭皇帝查士丁尼派兵援助黑海东岸反抗波斯的拉奇卡人，再度引发与波斯的战争。

6世纪~10世纪，美洲蒂亚瓦纳科文化，建太阳门。

537年，土耳其的圣索菲亚大教堂始建。

554年，拜占庭收复意大利南部，东哥特王国灭亡。

558年，拜占庭军队大败进犯君士坦丁堡的匈奴人和斯拉夫人。

南朝陈纪

陈主灭侯景，得志登帝庭。
　　　　　　如愿以偿

位继兄子立，勤俭抚黎民。

四境颇淳治，邻国交相侵。
　　　　纯朴　chún

后周争比势，连岁困三军。
　　　　　　　　　　艰难

永宁陵：
　　陈文帝的陵寝永宁陵，位于今江苏省南京市。陵墓前200米处有石兽二只，东西相对。双角者为天禄，独角者为麒麟。两兽眦目张口，舌尖上翘，状极獠戾，振爪欲攫。额须下垂，耳如削竹，额镌螺旋纹，翼膊及冠刻鳞纹衬以鸟翅纹，遍身饰花瓣纹和云纹，形象威猛，雕技娴熟，从造型到技法均达南朝石刻的高峰，堪称南京地区现存南朝陵墓石兽中最为矫健玲珑的一对石刻。

讲故事懂道理

陈文帝陈蒨少年时就沉稳机敏有胆识气度，仪容秀美，研读经史，举止大方高雅，行为符合礼教法度。陈霸先十分喜爱他，经常称赞陈蒨是家族中的优秀人物。

侯景之乱时，陈蒨的同乡之人大多倚凭山湖之险掠夺强取，唯独陈蒨保护家族不受侵扰。太平二年，陈霸先篡位称帝，建立陈朝，是为陈武帝。封陈蒨为临川郡王，永定三年六月二十一日，陈武帝去世，遗诏陈蒨入京继承帝位，是为陈文帝。

陈文帝在位时期，励精图治，整顿吏治，注重农桑，兴修水利，使江南经济得到了一定的恢复。这时陈朝政治清明，百姓富裕，国势比较强盛。他是南朝历代皇帝中难得一见的贤明之君。

从陈蒨在位期间颁布的禁奢丽诏、种麦诏等也可看出其务实、仁爱的治国态度。天康元年四月，他在遗诏中写道："只是王业艰难，连年战争，百姓多难，不忘谨慎。现在国家安定，教化未行，我便要长辞人世，真是遗憾九泉啊！"

天康元年四月二十七日，陈文帝病重，当日在有觉殿去世，时年四十五岁，遗诏皇太子陈伯宗继承帝位。六月十九日，群臣为陈文帝上谥号为文皇帝，庙号世祖。六月二十一日，葬于永宁陵。

567年，突厥和萨珊王朝灭。

约570～632年，伊斯兰教创始人穆罕默德在世。

568～774年，意大利北部伦巴德王国。

南朝陈纪

位传陈后主，奢侈而荒淫。

花钱大手大脚，不加节约

张丽华得宠，宴饮无朝昏。

夜晚

韩擒虎入禁，投井受灾迍。

zhūn

皇宫　　　　　艰难

传代凡五世，民散国已倾。

总共　　　　　灭亡

南北昏至此，一百七十春。

动乱　　　　　　　年

天下归一主，四海无二君。

陈叔宝即皇帝位，就是陈朝末代皇帝——陈后主，册封沈婺华为皇后，张丽华为贵妃，孔氏为贵嫔。

张丽华很聪明，能言善辩，鉴貌辨色，记忆力特别好。起初只执掌内事，后来开始干预外政。后宫家属犯法，只要向张丽华乞求，无不代为开脱。王公大臣如不听从内旨，也只由张丽华一句话，便即疏斥。因此江东小朝廷，不知有陈叔宝，但知有张丽华。

陈叔宝喜爱诗文，因此在他周围聚集了一批文人骚客。他们这些朝廷命官，不理政事，天天与陈叔宝一起饮酒作诗听曲。他们所编的歌曲成为有名的亡国之音。君臣酣歌，连夕达旦，并以此为常。所有军国政事，皆弃置不问。

内外大臣专迎合为事。尚书顾总博学多闻，尤工五言七言诗，溺于浮靡，后主对他很宠信，游宴时总会叫上他。顾总好作艳诗，好事者抄传讽玩，争相效尤。山阴人孔范容止温雅，文章瑰丽，后主不喜欢听别人说他的过失，孔范在这方面善于为后主饰非，因此后主对他宠遇优渥，言听计从。从此带兵的将帅微有过失，就夺他们的兵权，刀笔之吏反而得势。边备因此越加松弛。此时文武懈体，士庶离心，覆亡即不远了。当时朝廷有狎客十人，以顾总为首，孔范次之。君臣生活穷奢极欲，国力却逐渐衰弱下来。

你如何评价三国乱世中的曹操？如果你是曹操，你选择怎么做？

你的回答

_____

_____

_____

你的反问

_____

_____

_____

群雄割据与大一统，哪种状态适合中国？秦始皇的出现，是中国之幸还是中国之祸？

你的回答

_____

_____

_____

你的反问

_____

_____

_____

历史的思辨

隋纪

杨坚登帝基，改国号为隋。

先夺北朝位，次绝南帝嗣。
<small>sì</small>

南北为一统，诸国罢兵师。

俭约治天下，风俗皆化之。
<small>教化</small>

劝课农桑业，民间粟有余。
<small>鼓励，督促</small>

严谨于政事，朝野赖无为。
<small>不用刑罚，用教化达到治理人民的目的</small>

因私被子弑，邦国悉分离。
<small>shì</small>
<small>古代称臣杀君、子杀父母为"弑"</small>

讲故事懂道理

隋文帝当上皇帝时，独孤皇后已经38岁，一直没有姜媵的文帝仍然无限纵容着独孤皇后作为女人和妻子的小心眼和小心思：不准他有嫔妃。隋文帝不仅本身六宫虚设、旁无姬侍，还由着独孤皇后在后宫制度上任性要小性子，皇后制定出了一份性忌妾媵、很不合理的内外命妇制度，以至于她去世后，隋文帝和后来的隋炀帝不得不重新修订后宫制度。

暮年失去爱妻的隋文帝悲苦无尽，溺情不能自拔。62岁的他冒着严寒亲自奔波了几百里路亲送亡妻到陵园下葬，又一反节俭作风，修建了一座极其奢华、天下规模最大的禅定寺为妻子祈祷冥福，还将释迦牟尼佛牙舍利供奉于此。

孤独寂寥的老年隋文帝虽然试图在陈、蔡贵人等青春美人那里找点人生欢乐忘却愁苦，但失去皇后的痛苦始终无法自拔，而且他也隐隐感悟到了对爱妻的伤害。文献（独孤）皇后去世刚刚一年多，隋文帝就一病不起，临终前对皇太子和负责山陵的官员说："我的丧事你们商量着办吧。唉，说这些有什么用，我实在忘怀不了皇后，如果灵魂真有知觉，一定要让我们夫妻在地下团聚。"

仁寿四年十月，隋文帝和皇后合葬太陵，夫妇二人相守已经历历千年。

600～870年，不列颠地区盎格鲁撒克逊进"七国时代"。

604～614年，日本四次派使者入中国隋朝。

614年，波斯萨珊人攻陷耶路撒冷，占领巴勒斯坦和叙利亚。

西欧格局基本形成，基督教在西欧广泛传播。

610～641年，拜占庭帝国第一人皇帝希拉克略在位。

隋纪

子号隋炀帝，即位何其愚。
<small>yáng</small>

政事弃不理，酒色行相随。

经营极奢侈，费用如崩夷。
<small>修建宫殿、园林等</small> <small>把……弄平</small>

剪彩悬林苑，运舟通康衢。
<small>平坦宽阔的大道</small>

流连而忘返，荒亡竟不归。

科举制：
　　科举制度是中国古代读书人参加人才选拔考试的制度。它是历代封建王朝通过考试选拔官吏的一种制度。由于采用分科取士的办法，所以叫科举。科举制从隋代开始实行，到清光绪三十一年（1905年）举行最后一科进士考试为止，605年开始经历了1298年。1905年9月2日，清政府废除科举制度。
　　科举考试是中国古代封建统治者为选拔人才资源，而设置的一种让读书人参加的人才选拔考试，学而优则仕的一种制度。

讲故事懂道理

　　隋炀帝特别喜欢外出巡游，从东都到江都的运河刚刚完工，隋炀帝就带着二十万人的庞大队伍到江都去巡游。

　　隋炀帝早就派官员造好上万条大船。为了满足船队大批人员的享受，隋炀帝命令两岸的百姓，给他们准备吃的喝的，叫作"献食"。那些州县官员，就逼着百姓办酒席送去，有的州县，送的酒席多到上百桌。别说隋炀帝吃不了那么多，就连他带的宫妃太监、王公大臣一起吃，也吃不完。留下的许多剩菜，就在岸边掘个坑埋掉。可是那些被迫献食的百姓，却弄得倾家荡产了。

　　打这以后，隋炀帝几乎每年出巡。有一次，他从陆路到北方去巡视，征发了河北十几个郡的民工，开凿太行山，铺一条巡行的道路；为了保护他巡行的安全，又征发了一百多万人修筑长城，限期二十天筑成。这样，他才在五十万将士的护卫下，在北方边境上巡行了一转。北方没有现成的宫殿，好在隋炀帝身边的宇文恺是个巧匠，专门为他造了一个活动宫殿，叫"观风行殿"。这种行殿上面可以容纳侍卫几百人，使用的时候装起来，不用的时候可以拆卸装运；下面装着轮子，可以随意转动。这在当时可算是一种发明，可惜只是供隋炀帝一个人享乐罢了。

610年，穆罕默德在麦加创立伊斯兰教。

612～647年，印度戒日王都曲女城，戒日王统一印度北部。

610～641年，拜占庭皇帝希拉克略及其军政改革。

611年，波斯攻陷拜占庭帝国叙利亚首府安提阿城。

616年，拜占庭帝国在西班牙的领土大部分为西哥特人所夺。

隋纪

兴兵号**侵侮**，招祸惹灾虞。
讨伐　不尊敬

卒岁无休息，民困国空虚。
整年

贼盗如蜂起，帝业一朝**隳**。
huī
毁灭

鄱阳士弘起，兵将数万**骑**。
pó
一人一马为一骑

僭号称楚帝，立位在江西。
jiàn
冒用帝王的称号

林士弘（？～622年），饶州鄱阳（江西鄱阳）人，隋末南方农民起义军领袖。林士弘豪迈爽直，好武功，通谋略。大业十二年（616年），林士弘随同乡操师乞率众起义，任大将军。后操师乞死，林率众大败隋军于鄱阳湖。618年称帝，国号楚，定都豫章，年号太平。武德五年（622年），战败投降，不久病死。

讲故事懂道理

　　隋炀帝杨广继位后，大兴徭役，发动大量的民丁营建洛阳，开凿运河，又屡次地进行对高句丽的远征，搞得民穷财尽，怨声载道。大业七年，山东人王薄首先树起义旗，反对隋朝的压迫。接着，全国各地农民起义迅速展开，此伏彼起。

　　大业十二年，鄱阳贼帅操师乞起兵反隋，林士弘积极响应，很快成为义军的中坚力量。操师乞率军攻陷豫章郡，任命林士弘为大将军。唐武德元年，汉阳太守冯盎以苍梧、高凉、珠崖、番禺等地归附林士弘。武德三年，广州和新州的贼帅高法澄、沈宝彻杀死隋朝的州官，占据二州，归附于林士弘。

　　武德四年，萧铣兵败被杀，萧铣的散兵大部分投靠了林士弘，林士弘的军队因此重振势力。同年，唐朝荆州总管、赵王李孝恭派遣使者前去招抚，林士弘所辖的循州、潮州二州都投降唐朝。

　　武德五年十一月，林士弘派遣他的弟弟鄱阳王林药师率兵二万围攻循州，唐朝循州刺史杨略与林药师交战，杨略大败林药师军，将林药师杀死，林药师的将领王戎以南昌州投降唐朝。十一月二十一日，林士弘也向唐朝请求投降。随即又逃入安城的山洞，袁州百姓相互聚合响应林士弘，唐朝洪州总管若干则派兵打败了他们。林士弘就在此时病逝。

615～627年，西突厥汗国统叶护可汗在位。

622年，阿拉伯半岛统一。穆罕默德从麦加出走麦地拉，伊斯兰教教义元年。

619年，波斯萨珊人占领埃及。

隋纪

李密幼好学，牛角挂汉书。

至是兵亦起，据洛称魏都。

梁萧铣^{xiǎn}称帝，立都江陵居。

帝日淫虐甚，出被乱兵诛。
一天天　淫荡残暴

国败民离散，隋乃绝皇图。
断绝

传位未三世，三十七年祛。
本义是除去，这里指灭亡

> 萧铣（583～621年），南梁帝萧衍后人，安平文宪王萧璇之子，西梁靖帝萧琮堂侄，汉朝相国萧何的二十九世孙。隋末唐初地方割据势力首领。605年隋炀帝册立萧皇后（萧铣的叔伯姑母），萧铣做了罗县县令。12年后，萧铣起兵，次年（618年）在岳阳称帝，国号梁，循梁朝故制。唐武德四年（621年），萧铣兵败降唐被斩首。

讲故事懂道理

李密的曾祖父为西魏八柱国将军之一的李弼。年少好学的祖父李曜，为北周的邢国公。父亲李宽为隋朝的上柱国，封蒲山郡公。李密擅长谋划，文武双全，志向远大，常常以救世济民为己任。

越国公杨素途经李密隐居之处，看见李密在勤奋读书，拉紧马缰轻声慢步紧紧跟在后头，赶上他后，问道："哪里的读书人，这样好学？"李密认识杨素，连忙下牛拜了两拜，通报了自己的姓名。杨素又问他读的什么，李密回答说《项羽传》。杨素对他感到惊异，跟他谈得非常愉快，对自己的儿子杨玄感等人说："我看李密的学识气度，你们都赶不上。"杨玄感遂与李密倾心相交。

公元613年（大业九年），隋炀帝征讨高句丽，派杨玄感在黎阳监理军需运输。这时天下动乱，杨玄感筹划起兵，暗中派人到长安迎接李密，让他主持谋划工作。李密到了以后，向杨玄感献上、中、下三策：上策是袭据涿郡，扼临榆关，使隋军溃散关外；中策是攻占长安，占据关中和隋炀帝对抗；下策是攻打洛阳。

杨玄感听了三策后说："您说的下策，才是上策。现在朝臣们的家属都在洛阳，如果不攻取它，怎能影响世人？并且经过城镇却不攻打，用什么显示威力？"李密的谋略就没有执行。

622年，伊斯兰教创始人、先知穆罕默德亲自参与建造麦地那先知寺。

印度北方拉其普特人建立小王国长达400年。

唐纪

唐高祖即位，策马收隋疆。
策 骑，驾

曾因讨突厥，恐祸来相伤。
jué

其子劝父意，乘乱效翦商。
jiǎn
翦 翦除，消灭

一鼓而西往，豪杰悉来降。
一鼓 一鼓作气，全力以赴　　悉 都

由斯成大业，尊父为帝王。
斯 此，这

唐公阿婆：

　　唐高祖李渊之妻窦氏是京兆平陵人，父亲窦毅在北周是上柱国，母亲是北周武帝的姐姐襄阳长公主。

　　窦毅在选佳婿时想了一个办法：让人在门屏上画了两只孔雀，凡是两箭各射中一只孔雀眼睛的，就招为女婿。前边的人都没有射中，李渊两箭都射中了。窦毅便让女儿嫁给了李渊。

　　隋炀帝看到李渊的脸上皱纹多，便戏称李渊是"阿婆"，李渊很不高兴，窦氏道："这是吉兆啊，你继承的是唐国公，'唐'便是'堂'，'阿婆面'就是指'堂主'啊！"窦氏指的是李渊将来要做皇帝，取代隋炀帝。

讲故事懂道理

　　李渊出生在隋王朝的一个贵族家庭。公元617年，隋炀帝派他去太原当留守，镇压农民起义。尽管李渊镇压农民起义很卖力气，但是隋炀帝还是不信任他，派自己的心腹王威、高君雅做太原副留守来监视他。当时反隋的农民起义不断爆发，李渊和他的二儿子李世民分析当时的形势，认为隋朝的统治不会长久，只有趁天下大乱的机会，夺取政权，才能保住家族的地位和利益。

　　同年，李渊父子在太原起兵，迈出了兴唐灭隋的第一步。随后，李渊做出了富有政治远见的重大决策：他派人出使突厥议和，表示愿意永远结为盟好，并请求出兵协助伐隋。这不仅消除了他挥师南下的后顾之忧，还得到外来的援兵，壮大了自己的声势。进而他又招募兵员，制造弓箭，蓄养马匹，积极扩大自己的武装力量。

　　李渊攻进长安以后，立隋炀帝的孙子、13岁的代王杨侑做皇帝，就是隋恭帝，尊当时在江都的隋炀帝为太上皇，自己做大丞相。这样，他既取消了隋炀帝的帝位，又可以利用杨侑这块招牌去招降隋朝的文武官员，全部大权操纵在自己手里。

　　618年隋炀帝死后，李渊废掉隋恭帝，改国号为唐，自己当上了皇帝，称为唐高祖，定都长安。经过一段时间的东征西讨，终于统一了天下。

623～658年，西斯拉夫人萨摩公国。

约627年湄公河下游的扶南为真腊所灭。

626年，柔然人的阿瓦尔人进攻君士坦丁堡，未果。

唐纪

父老太宗继，天下为一宇。

发狱出死囚，开宫放怨女。
打开

饥人卖子孙，分金赐其赎。

亡卒有**遗骸**，散**帛**收归土。
　　　没有埋葬的尸骨　一种丝织品

烧药赐功臣，杀身思报补。

吮**疮**抚战士，**衔恩铭肺腑**。
shǔn 创伤　　　　　怀着　记在心中

竭力**劳**万民，民各得其所。
　　　慰问

《全唐文○李百药○请放宫人封事》自陛下受命已来，诏示天下，薄赋轻徭，恤刑慎狱，躬行节俭，减损服御，虽尧舜德音，无以过此。然阴气都积，亦恐是旱之咎徵。往年虽出宫人，未为尽善。窃闻大安宫及掖庭内，无用宫人，动有数万。衣食之费，固自倍多，幽闭之冤，足感和气。亢阳为害，亦或由兹。

讲故事懂道理

　　贞观十五年，有人向唐太宗李世民奏报说，他最为倚重的一员大将突然得了暴病，生命垂危。太宗听了，如坐针毡，急得不得了，询问治疗的方法，御医回复说有一个古方，但需用胡须灰作药引子。太宗闻言，二话不说，拔出刀来就把自己漂亮的长须割了下来，吩咐赶紧去调制。这一举动让满朝皆惊，因为按照儒家礼仪，身体发肤受之父母，一般人都不能随意损伤，更何况是贵为九五之尊的天子呢？大约是太宗的诚意感动了上苍，在用过"龙须"为药引子的中药后，没过多久，这员大将的病果然好了。他在得知真相后，感动得一塌糊涂，上殿叩谢太宗，额头都磕出了鲜血。太宗微笑着以手相搀，说："不用如此深谢，我只是为了江山社稷罢了！"这个让太宗不惜割掉龙须相救的人，就是唐朝历史上著名的军事家、政治家李勣。

　　贞观二十三年，太宗临终时，把太子李治召到床前，吩咐他说："李勣才智有余，然而你对他无恩，恐怕不能令他怀服。我现在将贬黜他，如果他马上起行，等我死后，你把他召回来，亲自启用他为仆射，如果他徘徊顾望，找托词不肯离开，就杀了他。"后来高宗李治依言将李勣调回朝廷，提拔他为尚书左仆射。李勣殚精竭虑，辅佐李治，以报太宗的知遇之恩。

630年，拜占庭战胜波斯萨珊人，收复耶路撒冷，一个世纪的战争结束。

630～894年，日本前后18次派遣唐使入中国。

632～634年，伊斯兰教第一任哈里发伯克尔在位。

唐纪

委政问大夫，商议共裁处。

踏雪破匈奴，栉风灭夷虏。
　　　　这里指突厥　　　zhì　　　lǔ
　　　　　　　　　　这里指薛延陀。薛延陀部落
　　　　　　　　　　的首领名叫夷男，所以用"夷
　　　　　　　　　　虏"做这个部落的代称

雪耻酬百王，除凶报千古。
　　　接待　形容很多

胡越共一家，习文不习武。

开馆召贤儒，讲论文章祖。

学士十八人，同把朝纲辅。

　　唐王朝建立之初，东有稽胡的扰边，西有吐谷浑的威胁，北有突厥的侵袭，尤其是奴隶主贵族统治的突厥武装曾直逼唐廷首都长安的近郊，成为当时的主要威胁，李世民即位后，经过三四年的认真努力，国家的经济实力有了明显的好转、政权得到一定的巩固，便对突厥的骚扰从防御转入反击。但是同时对周边的少数民族采取怀柔政策。

　　唐太宗的这种认识和思想，显示了处理民族关系和中外关系的仁和宽厚的胸怀。在这种思想和胸襟指导下，贞观时期推行了十分开明友善的民族关系和中外关系政策。

　　公元647年，唐太宗被回纥等族拥戴为"天可汗"，成为各族的共主和最高首领，各族在回纥以南、突厥以北建立了一条"参天可汗道"，"置六十八驿，各有马及酒肉，以供过使"。唐太宗还实行了与吐蕃等少数民族政权和亲的政策，以婚姻亲情的方式协调强化与周边各民族的关系。开明友善的民族关系政策和制度在唐代的长期实施，大大减少了汉族和少数民族间的隔阂，增强了各民族间的广泛互补和血肉融合，实现了多民族共同发展进步的宏大局面。正是在唐代，中华民族新的代称——"唐人"形成，奠定了现代中华民族的基础。

634～644年，第二任哈里发欧麦尔一世在位。

637年，阿拉伯人征服巴勒斯坦。

644～656年，《古兰经》逐渐成熟。

636年，阿拉伯人征服叙利亚。

642～1517年，埃及被阿拉伯人长期统治，伊斯兰教逐渐传入北非。

唐纪

作乐宴群臣，尝为七德舞。
曾经

魏征为丞相，治国如安堵。
安定，安居

定乱不言功，帝独称房杜。

惟献大宝箴，谏臣张蕴古。
语助词，   比喻皇位
用在句首

zhēn

惟献大宝箴，谏臣张蕴古：
　　指唐太宗即位时，张蕴古献《大宝箴》一篇。
　　帝王之位曰"大宝"，箴是一种文体，即劝诫讽喻的箴言。所谓《大宝箴》就是张蕴古上书给唐太宗的一篇劝诫书，希望唐太宗做个有为的圣明君主，并提出为此所要注意的各项事件的纲要。张蕴古的直言得到了太宗的赏识，由此提拔到中央，入直中书省，不久升为大理寺丞。贞观五年（631年），由于李好德案，被太宗明令诛杀，在不到四年的时间里，这位以直言闻名的张蕴古就像一颗明星，从天上陨落到地下。

　　七德舞是唐朝贞观年间的舞蹈。唐初有《秦王破阵乐曲》，至贞观七年，唐太宗李世民作曲，制《破阵乐舞图》，由魏征、虞世南制词，更名《七德》之舞。"七德"语出《左传·宣公十二年》所谓禁暴、戢兵、保大、定功、安民、和众、丰财七件事。七德舞从武德年间传至元和，由白居易做诗《七德舞》，让人们听歌看舞之后，陈述太宗事迹，歌颂太宗之德。

　　太宗18岁开始打天下举义兵，以他的神武英才，持白旄黄钺攻取两京，生擒王世充杀死窦建德，四海清平；24岁统一天下，29岁登基为帝。太宗平定乱世，建立大业为什么如此神速？原因便是他的真诚待人：安葬阵亡将士遗骸，官府散帛将零星遗骸收；饥贫被变卖的老百姓子女，太宗帮忙用重金回赎；良臣魏征及张公谨去世，太宗亲自治丧为之痛哭；放大量的宫女出宫，让她们自由婚配；四百囚犯尽数归来无一私逃，得特赦；太宗剪自己的胡须烧药为功臣，大将李勣感激涕零报之以身；太宗帮忙吮血治箭伤安抚将士，大将军李思摩感动高呼誓死效忠。

　　太宗不仅善战而且善于利用天时，更重要的是，他用真心来感动人，使人心回归。这些事迄今已经有190年，朝廷、国民都还载歌载舞的纪念。歌七德，舞七德，圣主的言行，应是后世无穷的典范。

645～654年，日本孝德天皇在位。

646年，日本孝德天皇以中国唐代集权制国家为典范，颁布诏书改革国制，史称"大化改新"。

641年，阿拉伯人征服埃及。

645～656年，第三任哈里发奥斯曼·伊本·阿凡在位。

唐纪

传位立高宗，政由李义府。

废正皇后王，宠立昭仪武。

zhèn
鸩杀太子弘，因为耻其母。
用毒酒杀人

唐祸自此萌，**朝纲**归女主。
国家大事的决定权

中宗皇帝立，却被武后废。

zhé
谪为庐陵王，而复立其弟。
官位或爵位被降

当王天下：
　　当武则天还在幼年襁褓中时，袁天罡一见到武则天的母亲杨氏便吃惊地说："夫人法生贵子！"武则天的母亲便把两个儿子领出让袁天罡相面，可是袁天罡一看说可以官至三品，但还不算大贵。杨氏又唤出武则天的姐姐让袁天罡相，袁天罡称："此女贵而不利夫！"最后由保姆抱出穿着男孩衣裳打扮的武则天，袁天罡一见襁褓中的武则天便大为震惊，但又遗憾地说："可惜是个男子，若是女子，当为天下主！"

讲故事懂道理

　　永徽元年五月，唐高宗在太宗周年忌日入感业寺进香之时，又与武则天相遇，两人相认并互诉离别后的思念之情。

　　永徽二年五月，唐高宗的孝服已满，武则天便再度入宫，封为昭仪。武则天工于心计，兼涉文史。永徽五年，武则天产下长女安定思公主，在安定思公主出生后一月之际，王皇后来看望，怜爱并逗弄公主玩，王皇后走出去后，武则天趁没人将女孩掐死，又盖上被子。正好李治来到，武则天假装欢笑，打开被子一同看孩子，发现女儿已经死了，武则天啼哭。问身边的人是怎么回事，身边的人都说："皇后刚刚来过这里。"李治勃然大怒，说道："皇后杀了我的女儿！"武则天于是哭泣着数落王皇后的罪过。王皇后无法解释清楚，李治从此有了"废王立武"的打算。

　　永徽六年六月，在后宫有谣言说王皇后与其母柳氏行厌胜之术，李治得知后，大怒之下将其母柳氏赶出皇宫，不久，中书舍人李义府首个支持"废王立武"，得到李治和武则天的重赏，很多中层官员看到支持"废王立武"有利可图，纷纷向李治投递了请求立武昭仪为后的表章。李治看到有不少人支持，废立之意再次萌生。同年十月十三日，李治终于颁下诏书：以"阴谋下毒"的罪名，将王皇后废为庶人。七天以后，李治再次下诏，将武则天立为皇后。

7世纪中叶，苏门答腊古国室利佛逝兴起。

651年，波斯萨珊帝国被阿拉伯人所灭。

650年，不列颠进入历史上的"七国时期"。

7世纪，印度大乘佛教部分与婆罗门教结合为密教。

唐纪

后名武则天，临朝自称制。
行使皇帝权力

淫乱无所规，宠爱僧怀义。
约束

昌宗张易之，出入皇宫里。

内臣不敢言，外人以为耻。

骆宾王的《讨武曌檄》：

骆宾王（约 638 ～ 684 年），字观光，生于义乌，与王勃、杨炯、卢照邻并称初唐四杰。骆宾王出身寒门，七岁能诗，号称"神童"。据说《咏鹅》就是此时所作。尤擅七言歌行，名作《帝京篇》为初唐罕有的长篇，当时以为绝唱。武则天当政，骆多次上书讽刺，得罪入狱。684 年，武则天废中宗自立，九月，徐敬业（即李敬业，李勣之孙）在扬州起兵，骆宾王为幕僚，他起草著名的《为徐敬业讨武曌檄》。他以封建时代忠义大节作为理论根据，号召人们反对武周。慷慨激昂，气吞山河。据说，武后读到这两句，蹩然为之动容，连目空一切的武则天也为之折服。敬业失败，骆宾王下落不明，或说被杀，或说亡命，甚至说在灵隐寺为僧。

薛怀义，原名冯小宝，是武则天的第一个面首。早年闯荡江湖（主要是贩卖药材），练就了健壮的身体，长得粗犷但不失几分英俊。

唐高祖李渊的女儿千金公主偶然发现了这位伟岸壮士，马上派人把他召到宫中，亲自为他沐浴更衣，留待数日，把他献给寡居多年正寂寞上火的武则天，深得武则天的宠爱。武则天遂接受公主计策，将冯小宝安置于洛阳的名刹——白马寺，让他出任住持，并学习佛教经典，既可掩饰身份，又可陶冶性情，培养参政的能力。又将其改名为怀义，赐薛姓。

冯小宝是武则天的第一个男宠，本来就是唯我独尊，缺乏各类知识。可是，随着武则天从太后变成皇帝，她的胃口也变大了，不再满足于只有一个"后宫佳丽"了，她身边的男宠逐渐多了起来。皇帝身边多了一个人，这对冯小宝的打击可太大了，冯小宝一气之下，耍起了小性子，干脆不进宫见武则天了，整天待在白马寺里，每天也不在寺里念经，跑到街上去，骑着高头大马，在洛阳城里横冲直撞，路上行人纷纷躲避。谁要是躲得不够及时，马上就被他们打得头破血流。后来御医沈南璆成为武则天新的男宠，薛怀义受到冷淡，这使他妒火难忍，一把火烧掉了自己督造的耗资巨万的明堂。薛怀义日益骄横，终于武则天派人将其暗杀。

唐纪

李敬业起兵，直入京城地。

越王贞亦起，同救唐宗室。

谋复立中宗，忤触武后肺。

wǔ

违反，违抗　　心思，心意

大杀唐子孙，改国号周氏。

若非狄仁杰，唐室绝后裔。

狄仁杰：
　　唐朝著名大臣，官至丞相，对治理国家、维护唐朝的统治做出了重大贡献，而且善于断案。

武则天：
　　武则天，名武曌，并州文水人。中国历史上唯一的正统的女皇帝，也是即位年龄最大、寿命最长的皇帝之一。十四岁入后宫为唐太宗的才人，唐太宗赐号"武媚"。唐高宗时初为昭仪，后为皇后，尊号为天后，与唐高宗李治并称二圣。后自立为皇帝，定洛阳为都，改称神都，建立武周王朝。神龙元年正月，武则天病笃，宰相张柬之发动兵变，迫使武氏退位，史称神龙革命。唐中宗复辟，恢复唐朝，遵武氏遗命改称"则天大圣皇后"，以皇后身份入葬乾陵，唐玄宗开元四年，改谥号为则天皇后，天宝八年，加谥则天顺圣皇后。

讲故事懂道理

698年，武则天欲立梁王武三思为皇太子，询问宰相们的意见。狄仁杰道："我看天下人都还思念唐朝，若立太子，非庐陵王不可。"武则天大怒。狄仁杰回答道："太子是天下根本，根本一动，天下就危险了。姑侄与母子谁更亲？您立庐陵王，那您千秋万岁后可以配享宗庙。若立三思，从没听说有将姑姑配享宗庙的！"武则天醒悟，当天便派人到房州迎接庐陵王李显。

不久，李显到达洛阳，武则天把李显藏在帐后，召见狄仁杰。说起庐陵王之事，狄仁杰恳请恳切，哭泣不止，武则天让李显出来，狄仁杰跪拜叩头，又道："太子回来了，还没人知道，人言纷纷，怎么才能让人相信呢？"武则天便让李显住在龙门，按礼节迎接回宫，满朝文武、天下百姓都十分高兴。武则天对狄仁杰非常敬重，常尊称他为国老，从不直呼其名，对他的退休请求不予批准，还不让他行跪拜之礼，道："每当看到您跪拜的时候，朕的身体都会感到痛楚。"

700年，狄仁杰病逝，终年七十一岁。追赠文昌右相，谥号文惠，并废朝三日。此后，每当有朝廷大事不能决断时，武则天都叹道："老天为什么这么早夺走我的国老！"705年，李显复位，是为唐中宗，追赠狄仁杰为司空。唐睿宗继位后，又追封狄仁杰为梁国公。

672或673～735年，英国编年史学家比德在世。

676年，新罗统一朝鲜。

678年，阿拉伯与拜占庭签订"三十年和约"。

埃及人逐渐改信伊斯兰教，操阿拉伯语。阿拉伯人征服北非，迦太基落入穆斯林手中。

唐纪

中宗复为帝，人道再出世。

宠用帝后韦，专权秉朝政。
　　　　　　　　掌握

与武三思通，对围博陆戏。
　　　私通，有不正当关系　　古代一种棋类游戏

　　　　　　　　　　shì
人告韦后淫，帝怒而被弑。
　　　品行败坏

韦皇后：
　　韦皇后，唐中宗李显第二任皇后。神龙元年中宗复位，韦氏勾结武三思等专擅朝政，以其从兄韦温掌握实权，形成一个以韦氏为首的武、韦专政集团。纵容女儿安乐公主卖官鬻爵，又大肆修建寺庙道观，奢侈无度。景龙四年李显暴卒，韦氏立温王李重茂为帝，临朝称制。不久李隆基发动政变，拥其父相王李旦登基。韦氏被杀于宫中，并被追贬为庶人，称韦庶人。

　　唐中宗复位后，马上立韦氏为皇后，又不顾大臣的劝阻，破格追封韦皇后之父为王，并让韦皇后参与朝政，对张柬之等功臣却不加信任。将韦皇后的女儿安乐公主嫁给武三思之子武崇训。封上官婉儿为昭仪，教她专掌制命，负责起草皇帝的诏令，掌握生杀大权。

　　韦后同武三思关系暧昧，并以此结成了一股强大的政治势力左右着朝政。张柬之等大臣眼见又要重演武则天的旧事，力劝中宗除掉武三思。武三思和韦后反诬告张柬之等人图谋不轨，怂恿中宗明升暗降，将张柬之等人册封为王，调出京城。武三思又派刺客在途中将他们刺杀。安乐公主也野心勃勃，一心想做武则天第二。安乐公主希望母后临朝称制，自己当皇太女，效法武则天。母女俩便密谋害死唐中宗，韦皇后知道唐中宗喜欢吃饼，于是命令情夫马秦客配置了毒药，她亲自将毒药拌入饼中，蒸熟，命令宫女送入神龙殿。中宗正在翻阅奏章，见饼送来，随手取来就吃。不一会儿，忽然腹中绞痛，扑倒在榻上乱滚，太监急忙去报告韦皇后，韦皇后故意磨蹭，拖了许久才来，见唐中宗痛苦的样子，还假装问唐中宗怎么了。唐中宗已经说不出话来，只是用手指着嘴呜咽地哭泣，没多久便死于长安宫中的卧榻上。终年55岁，葬于定陵。

680～1018年，斯拉夫－保加利亚王国。

687～1797年，意大利威尼斯共和国。

唐纪

睿宗复临朝，重把三纲理。
ruì
整顿

姚宋总枢机，内清而外治。
shū
朝廷中的重要部门　　清静

帝立又三年，禅位居闲第。
shàn
特指帝王让位

唐明皇登基，左相姚元之。

宋璟为右相，中外乐雍熙。
和平安乐

韩休九龄继，帝范不逾规。
典范，引申为　　超越
皇帝的行为

三纲：
　　我国古代对朝廷、家庭秩序的概括，包括了君臣、父子和夫妻关系，强调绝对的服从。

张九龄幼时聪明敏捷，擅长写文章。棋也下得好。唐明皇不是九龄对手，却总是不服输，天天都要张九龄陪他下棋，一心要与张九龄比个高低。九龄见唐明皇迷恋下棋不理国事，心里焦急。

一日对弈，厮杀正酣时，张九龄忍不住地对唐明皇说："陛下，天天下棋不好。""不要紧。"唐明皇一面回答，一面提了"车"来捉张九龄的"马"。"陛下，老这样下棋，朝廷大事你怎顾得了啊？"张九龄又说。"不要紧。"唐明皇把对方的"马"吃掉了。"现在内则官吏贪污腐化，外则异族侵境，如不富国强兵，国有难，百姓就难安居。""不要紧，朝廷有文武百官料理，你快下棋吧。"唐明皇仍摆弄棋子。张九龄便不再说话，他一边下棋，一边想法让唐明皇把"车"腾了出来。唐明皇以为得势，拿起"车"横冲直撞，连扫几子后，又在中宫线上叫"将军"。张九龄没有起"仕"保"帅"，只上一步卒。唐明皇见走法奇怪便提醒九龄。"不要紧。"张九龄若无其事。"你不顾将军，吃帅你就输了，还说不要紧。"九龄此时大笑说："陛下，下棋好比管理国家大事，如帅一动不动，与各子不齐心，各子也不保护他，这局棋当然输啰。下棋是娱乐，国事才要紧。"一席话说得唐明皇面红耳热。

700～1200年，阿拉伯人统治印度，伊斯兰教传入印度。

705年，耶路撒冷阿克萨清真寺始建。麦加大清真寺、麦地那先知寺始建。

711年，阿拉伯人占领安达卢西亚。

701年，日本制定《大宝律令》。

710～794年，日本奈良时代。

唐纪

明皇后奢欲，宠爱杨贵妃。

贵妃内淫乱，禄山养作儿。

昼夜居宫掖，帝心无所疑。
　　　ye
　　　宫廷

丑声闻于外，黜职任边夷。
　　　　　　　chù
　　　　　　　降职外调

负恩而造反，举寇犯京师。
辜负　　　　　强盗，这里指叛军

古代四大美女：
　　中国古代四大美女为西施、王昭君、貂
蝉、杨玉环，并称"沉鱼落雁之容，闭月羞
花之貌"。西施居首，王昭君次之，貂蝉再次，
杨玉环为末，不过这只是古代的排法。其中
西施是美的化身和代名词。
　　"沉鱼"，讲的是西施浣纱的故事。"落
雁"，指的就是昭君出塞的故事。"闭月"，
是述说貂蝉拜月的故事。"羞花"，谈的是
杨贵妃醉酒观花的故事。

杨贵妃喜欢吃荔枝，到了成熟的季节，要求每天都能吃到新鲜荔枝。但荔枝产于南方的四川等地，唐朝的都城却在西安，离最近的荔枝产地尚有千里之遥，而且鲜荔枝难以保存。荔枝离开枝条，一天变了颜色，两天香气也减了，三天后味道发生变化，到了第四天第五天之后，色香味已经消失殆尽。但万人之上的唐玄宗为了博得杨贵妃的欢心，每逢荔枝季节总要委派专人通过每五里、十里的驿站从四川驰运带有露水的新鲜荔枝，快马日夜不停地运送，常常味道不变就已达京师。宫中的享受又是极其奢侈，越是难得的山珍海味、稀世奇宝越要进贡，除荔枝外，另有一美酒更是让唐玄宗封为宫廷御酒，其酿酒用的水是高山上的清晨甘露，此酒具得天独厚的四川兴农酿酒之地利优势，酿出来的美酒醇香芬芳，清而不淡，浓而不艳！

"一骑红尘妃子笑，无人知是荔枝来"。当时杨贵妃在华清宫里品尝荔枝时是怎样的一番动人情景，唐玄宗每每以此美酒与其对饮，杨贵妃在唐玄宗的心目中当然更是"回眸一笑百媚生，六宫粉黛无颜色"了。从此便有这历史上这著名的一笑。"华清笙歌霓裳醉，贵妃把酒露浓笑"！那作为贡品进入宫廷的美酒，也取名为：露浓笑。

714～741年，法兰克查理·马特当政。

717～741年，教皇利奥三世在位。

723年，日本颁布《三世一身法》。

711～1492年，阿拉伯人灭西哥特王国，占领伊比利亚半岛（今西班牙）。

717～802年，拜占庭伊苏里亚王朝。

718～1492年，西班牙收复失地运动。

唐纪

六部军不发，帝惧出城西。

贵妃赐帛死，禄山兵始归。

奸臣李林甫，养祸乱邦畿。
<small>国土，国家</small>

忠臣颜杲卿，许远与张巡。

舍身讨反贼，死节报朝廷。

三十六大将，同死睢阳城。

杨贵妃之死：

　　天宝十四年，安禄山以清君侧为名起兵叛乱，兵锋直指长安，唐玄宗带着杨贵妃与杨国忠逃往蜀中。行至马嵬驿，禁军士兵一致要求处死杨国忠跟杨贵妃。

　　唐玄宗言国忠乱朝当诛，然贵妃无罪，本欲赦免，无奈禁军士兵皆认为贵妃乃祸国红颜，安史之乱乃因贵妃而起，唐玄宗接受高力士的劝言，为求自保，不得已之下，赐死了杨贵妃。最终杨贵妃被赐白绫一条，缢死在佛堂的梨树下，时年三十八岁。

讲故事懂道理

　　唐代经历了"贞观之治""永徽之治"及"开元盛世"后，成了一个国富民强的国家，可因为和平时间长久，国家无事，在开元之治的晚期，唐玄宗几乎丧失了向上求治的精神。唐玄宗改元天宝后，政治愈加腐败，而且耽于享乐，曾把国政先后交由李林甫、杨国忠把持。李林甫是口蜜腹剑的宰相，专权达十九年；杨国忠只知搜刮民财，以致国事日非，朝政腐败，加深了统治阶级内部的矛盾，尤其是杨国忠与安禄山之间争权夺利，成了安史之乱的导火线。

　　安史之乱初期，叛军短时间内，就控制了河北大部郡县，并意图突破洛阳、潼关这两个重镇而直取长安！后来洛阳沦陷，但天险潼关却因为高仙芝、封常清的有力固守，使得安史叛军久攻不下。后来因为唐玄宗听信谗言，杀死忠臣良将，导致潼关失守。

　　后来长安失陷，君储逃亡，一路上六军将士饥饿疲惫，愤怒之情日益严重。众将认为正是因为杨国忠作乱才导致安禄山谋反，必须杀死杨国忠。杨国忠骑马逃跑，被众人追上杀死，唐玄宗的宠妃杨贵妃也被下令缢死。安史之乱进入最高峰。

　　761年3月，叛军内讧，屡为唐军所败。

　　763年春天，历时七年又两个月的安史之乱结束。此后唐朝进入藩镇割据的局面。盛唐开始走下坡路。

726～843年，拜占庭圣像破坏运动（中断26年）。

731～741年，教皇格里高利三世在位。

750～1258年，阿拉伯帝国阿拔斯王朝。

伊斯兰教传入中国。

732年，普瓦提埃战役，阿拉伯人被法兰克人击败。

唐纪

禄山<ruby>僭<rt>jiàn</rt></ruby>称帝，将用史思明。
超越自己的身份，冒用在
上者的职权、礼仪行事

禄山被子弑，思明被子刑。
　　　　　　　　　　　　杀

父子相杀伐，其党自完尽。

肃宗居朝廷，否极泰将升。
　　　　　　厄运　好运

郭子仪入相，中外自清平。
　　　　　　　　　太平

李光弼继相，守法犹准绳。
　　　bì　　　　　　测量用具

兴衰如转毂，世否遇谗臣。
　　　gǔ
车轮转动，形容非常快　　说别人的坏话

　　唐玄宗天宝十四年，安史之乱爆发。数月后，安禄山洛阳称帝，国号为"大燕"。

　　肃宗至德元年（756年）二月，令狐潮率领燕军攻打雍丘，唐朝名将张巡驰骑决战，身上被创无数，但仍然力战退敌。在张巡指挥下，击退燕军多次冲锋，累计杀伤近万人。燕军随后又有几次大举进攻，张巡身先士卒，直冲敌阵，令雍丘守军士气大振。

　　为了抵抗燕军进攻，雍丘守军很快就把准备的箭都射光了。在此危急之际，张巡在晚上，令士兵们把事先准备好的稻草人穿上黑衣，用绳子绑好，从城上慢慢放下。燕军隐隐约约看见有成百上千个穿着黑衣服的士兵，沿着绳索爬下墙来，报知令狐潮。令狐潮断定是张巡派兵偷袭，于是命士兵向城头放箭，射杀唐军。一时间，燕军兵士争相施射，一直放到天色发白。待到天色大亮，燕军这才发现城墙上所挂的全是草人。草人身上插满了箭。这解决了军中缺箭的问题。

　　几天后，张巡挑选了五百勇士，并在夜里把他们放下城去。燕军士兵以为这次城上吊下来的仍是草人，没有防备。五百勇士乘敌毫不防备，突然杀向令狐潮的大营。燕军顿时大乱，自相冲撞践踏，不辨敌我，被唐军杀得四散走避。

阿拉伯帝国与中国唐朝爆
发恒罗斯战役。

754年，唐高僧鉴真和
尚到达日本。

751年，矮子丕平当政，建法
兰克加洛林王朝。

756～1031年，西班牙后
倭马亚王朝。

下唐纪

代宗登朝堂，自此号下唐。

初诛李辅国，众贼悉逃亡。

复窜程元振，祸乱尽消藏。

流放

杨绾为相国，常衮同平常。

wǎn   gǔn

绾相三月卒，帝泣而悲伤。

元载被诬陷，抄没其家囊。

                        náng

胡椒八百斛，他物不可方。

      hú

古代一种计量单位   计算

杨绾：（？～777年8月27日），字公权，华州华阴（今陕西华阴）人。唐代名相，醴泉令杨侃之子。

常衮：（729～785年），唐玄宗天宝十四年（755）乙未科状元及第。累官至宰相后贬为福建观察使。性情孤傲，办事谨慎，曾主科考，常衮注重教育，增设乡校，亲自讲授，闽地文风为之一振。

讲故事懂道理

李辅国想当宰相，但受到萧华的抵制，没有得逞。元载是李辅国的人，他不满一项任命，就跑去跟李辅国辞职，表示坚决不干。李辅国很清楚，元载这个户部侍郎衔是个分管财政赋税的肥缺，李辅国眼珠子一转，忽然有了主意。当天他就向肃宗李亨提出，萧华专权跋扈，不适合当宰相，应该罢免，改任元载。天子迫不得已，只好点头。几天后，罢免萧华的宰相之职，改任礼部尚书；同时擢升元载为同平章事，原职务照旧。

大历五年，久典禁兵、势倾朝野的宦官鱼朝恩日益骄纵，每回奏事，代宗皆不得不应允，朝廷政事偶有不提前知会他的，必疯狂叫嚣："天下事有不由我者也？"

代宗李豫终于愤怒了。同时一贯与鱼朝恩不睦的宰相元载趁机奏请诛除鱼朝恩，遂以重金贿结其左右心腹，而后代宗以寒食赐宴为名，邀鱼朝恩至禁中，趁其不备将其诛杀，随即下诏罢免他的"观军容使"一职，并对外宣称鱼朝恩受诏当日自缢身亡。

可谁曾想到，刚刚摆平了这个弄权自专、不可一世的奴才，自诩除恶有功的宰相元载又复坐大，从此结党营私、卖官鬻爵，其丑恶嘴脸比鱼朝恩有过之而无不及。

大历十二年，代宗李豫决意整肃，遂下诏赐死元载，同时籍没其家财。

762年，阿拔斯王朝定都巴格达。

772～804年，查理大帝征服萨克森地区。

778年，查理大帝合并巴伐利亚。

768～814年，查理大帝在位。

776～786年，波斯蒙面人起义。

下唐纪

德宗皇帝立，祐甫摄朝纲。
　　　　　　　　　掌管

帝命收时望，逾月满朝堂。
　　　有名的人　　超过　　　yú

刘晏总民赋，杨炎同平章。
　　　　税务，这里指财政

始建两征法，夏税与秋粮。

良臣白居易，名相杜黄裳。

为邦治大节，作事多周祥。
治理国家　紧要的事

刘晏（715～780年），唐代著名的经济改革家和理财家，信奉道家。字士安，曹州南华（今山东东明县）人。幼年才华横溢。

杨炎（727～781年），字公南，凤翔府天兴县人（今陕西凤翔县），中国唐朝中期的政治家，两税法的创造和推行者。

杜黄裳（738～808年），字遵素，京兆万年（今陕西西安）人，唐朝宰相。进士及第，早年曾入郭子仪幕府。

讲故事懂道理

　　白居易出生于一个"世敦儒业"的中小官僚家庭。他五六岁便开始作诗，九岁时对诗的声韵就非常熟悉了。他的母亲是个慈爱、严格又有文化的妇女，充当他的启蒙教师。

　　不论白天还是黑夜，她总是拿着诗书教导儿子，不过，孩子毕竟是孩子，也有偷懒的时候。这时，母亲不去打骂他，而是讲道理，督促他把漏下的学习任务一点一点补上。

　　就这样，白居易渐渐养成了勤奋学习的好习惯。

　　有一次，他拿着自己的几首新作，来到在当时很有名望的诗人顾况府前，顾况的门人把白居易领入府中，他呈上自己的诗作。顾况一见白居易是个乳臭未干的年轻人，心里就已经不以为然了。顾况漫不经心地瞟了一下名帖，等他一翻开，眼神就像被磁石吸住了，禁不住韵味十足地吟诵起来："'野火烧不尽，春风吹又生。'好哇，好！能写出这样诗句的人，想在任何地方住下去，都不是难事！快请进！快请进！"

　　看到写诗的人竟然是一位少年，就高兴地与他谈起作诗来，这一年白居易才16岁。

　　从此这个会写诗的少年天才的名字，一下子在长安城传开了。成名后，白居易对自己的要求更严格了。他还是一天天不停地读了写，写了读……白居易给后世留下了3千多首诗歌，成为唐代写诗最多的诗人之一。

786～809年，阿拔斯王朝哈里发哈伦·拉西德在位。

794～1192年，日本平安时代。

797～802年，拜占庭帝国伊琳娜女皇在位。

785年，西班牙修建科尔多瓦大清真寺。

793年，来自北欧的维京人袭击英格兰，开始海盗时代。

8世纪，中国造纸术传入西方，阿拉伯炼金术获得发展。

下唐纪

顺宗居帝陛，八月禅位亡。
    shàn

宪宗迎佛骨，韩愈贬潮阳。
            降职

穆宗立四载，守制无损伤。

敬宗好游宴，流连而荒亡。
          高兴得忘了返回

谏迎佛骨：

谏迎佛骨，是中国历史上儒佛矛盾斗争的一个重大事件。外来宗教通常与本土的传统思想不相适应，经过几百年的磨合，佛教才逐渐被中国人所接受。晚唐几个皇帝都是佛教的信仰者，佛教盛极一时。当时有识之士为了国家和人民的利益，依据儒学思想，提出反佛的意见。元和十四年是开塔的时期，唐宪宗要迎佛骨入宫内供养三日。韩愈听到这一消息，写下《谏迎佛骨》，上奏宪宗，极论不应信仰佛教。但韩愈不但没能阻挡宪宗迎佛骨，还险些丧命。

讲故事懂道理

韩愈曾与柳宗元、刘禹锡同被任命为监察御史。贞元十九年，关中地区大旱。韩愈查访发现，灾民流离失所，四处乞讨，关中饿殍遍地。目睹严重的灾情，韩愈痛心不已。而当时负责京城行政的京兆尹李实却封锁消息，上报朝廷说，关中粮食丰收，百姓安居乐业。这激起了韩愈的一腔怒火。他奋笔疾书，向皇上反映真实情况，并请求减免这一地区的赋税。韩愈这一举动不仅没有引起唐德宗的重视，反而在小人谗言之下被贬为连州阳山令。

元和十四年，早已被调回长安的韩愈又以一篇《论佛骨表》上疏直谏，对兴师动众、耗费巨资，掀起迎拜佛骨狂潮的宪宗加以劝诫。可唐宪宗读后大为震惊，要对韩愈处以极刑。多亏一众官员为韩愈求情，他才幸免一死，被贬为潮州刺史。"文死谏，武死战"，这是中国古代为官者的最高境界。韩愈曾写道："愿辱太守荐，得充谏诤官。"可见，他的仕进理想就是做好一名谏官。要做好谏官，就不能怕得罪人——哪怕是皇帝。"欲进短策，无由至彤墀。刳肝以为纸，沥血以书词。"虽然他最终并没能做成谏官，但还是以自己的实际行动践行了这一信条。

800年，查理大帝加冕为罗马人皇帝。

800～1319年，北欧海盗时代。

拜占庭文化形成。

摩尼教传入中国。

9世纪早期，英吉利王国形成。

公元8～9世纪之交，出现《一千零一夜》的早期手抄本，是阿拉伯民间故事集。

下唐纪

文宗信宦者，乱政害贤良。
宦官，太监 *huàn*

刘蕡李德裕，献策谏君王。
fén

文官闲阁笔，宦者总朝纲。
停下

帝与李郑议，密谋诛宦郎。

宰臣王贾等，无辜剑下亡。

裴度知时势，告归绿野堂。
以年老多病为理由辞职

裴度（765年至839年）唐代文学家、政治家。字中立。河东闻喜（今山西闻喜）人。贞元五年（789年）进士。宪宗元和时拜相，率兵讨平淮西割据者吴元济，封晋国公，世称裴晋公。后又以拥立文宗有功，进位至中书令。死后赠太傅。

讲故事懂道理

唐文宗李昂，汉族，本名涵。文宗在位期间，朝臣分为牛、李两派，各有朋党，互相攻击。官员调动频繁，政权乃至皇帝的生死废立全操纵在宦官的手中。

文宗一心想铲除宦官势力，夺回政权，便从下层分别提拔了郑注、李训为御史大夫和宰相作为心腹。公元835年的一天，文宗上朝，李训指使手下官员奏称，左金吾大厅后的石榴树上有甘露，李训说这是祥兆，就带领文武百官向文宗道贺。文宗命李训率领百官去察看，李训回来又说这不像真的甘露，文宗故意表示惊讶，命众宦官去复看。李训事先已经在左金吾衙门埋伏了亲兵几百人，当仇士良等宦官走到左金吾门口时，产生了怀疑。这时，一阵风吹动了门边的布幕，仇士良等见里面埋伏了许多兵士，知道不妙，退身逃回，将文宗推入软轿抬着就走。李训追上去拉住轿子不放，被一个宦官当胸一拳打倒在地，仇士良等便簇拥着轿子逃入宫内。李训见计谋败露，化装逃出京城。这就是史称的甘露之变。

事变以后，文宗就被宦官软禁，国家政事由宦官集团操纵，朝中宰相只是行文书之职而已。宦官气势凌人，威胁天子，藐视宰相，欺凌朝臣有如草芥。文宗对此一筹莫展，只是饮酒求醉，赋诗遣怀，自叹受制于家奴，还不如周赧王、汉献帝两个亡国之君。

821～825年，拜占庭督马起义。

832年，缅甸古国骠国为南诏所灭。

南斯拉夫人迁徙到巴尔干半岛，形成保加利亚、塞尔维亚、克罗地亚三国。

827年，埃格伯特统一英格兰，结束七国时代。

约833年，西斯拉夫人建立大摩拉维亚公国。包括波西米亚（今捷克）、斯洛伐克、波兰。

下唐纪

武宗皇帝立，贬削仇士良。
bián
剥夺权力

宣宗威命重，中外两安康。
威信，威望

懿宗皇帝立，天下盗猖狂。
yì
这里是对农民起义军的贬称

沙陀臣讨贼，赐名李国昌。

僖宗皇帝立，世乱岁饥荒。
xī

黄巢贼作乱，天下莫敢当。
这里指起义   没有   抵抗

举兵犯帝阙，帝出奔蜀邦。
què
国都   逃跑

> 黄巢起义：
> 　　黄巢（820～884年），曹州冤句（今山东菏泽西南）人，唐末农民起义领袖。乾符二年（875年）六月，黄巢与兄侄八人响应王仙芝，王仙芝死，众推黄巢为主，号称"冲天大将军"，改元王霸。879年正月，兵围广州，880年十二月，黄巢率兵进长安，于含元殿即皇帝位，国号"大齐"，建元金统，大赦天下。中和四年（884年）六月十五日，黄巢败死狼虎谷，从子黄皓率残部流窜，在湖南为湘阴土豪邓进思伏杀。

讲故事懂道理

公元840年文宗病死，他诏令敬宗子太子李成美继位，仇士良因为太子不是他立的，就杀了太子，另立文宗弟李炎为皇帝，即唐武宗，年号会昌。因武宗是自己立的，仇士良更加猖獗，竟对武宗指手画脚，凡武宗所宠的人，无论乐工，还是内侍，皆诛杀贬谪。武宗刚毅果断，喜怒不行于色，任用李德裕为相来排斥仇士良。

仇士良已感觉出自己被武宗疏远，于是就用鼓动禁军闹事的阴谋妄图挤走李德裕，夺回自己的地位。

公元842年10月，仇士良见李德裕起草赦书，减禁军衣粮及马刍粟，便鼓动禁军哗变，围攻李德裕。李德裕看穿了仇士良的阴谋，仇士良未得逞，至此后，仇士良日夜不安，自知作恶多端，说不定哪天就大祸临头。不久，武宗就把他削为内侍监，知省事。

843年，他请求告老还乡，太监送他走，他还向党羽们传授驾驭皇帝的经验："不要让天子闲着，应该常常以奢靡来掩住他的耳目，使他沉溺于宴乐中，没工夫管别的事情，然后我辈才能得志。千万不要让他读书，不让他接近读书人，否则，他就会知道前朝的兴亡，内心有所忧惧，便要疏斥我辈了。"

武宗并没有放过他，第二年，削去他的官爵，抄了他的家，仅留下他一条性命，不久，仇士良病死。

843年，《凡尔登条约》签订查里曼帝国分裂，法兰西、德意志、意大利雏形产生。

9世纪，阿拉伯－伊斯兰文化、艺术、建筑的黄金时代。伊斯兰教传播至欧、亚、非三大洲。

862年，东斯拉夫人建立留里克王朝。

869～883年，阿拉伯巴士拉辛吉起义。

下唐纪

能臣李克用，讨贼救晋阳。

昭宗皇帝立，有志复朝纲。

宦者季述乱，帝出奔凤翔。

朱温讨贼乱，宦者尽遭殃。

传代二十四，国绝于哀皇。
（灭亡）

前后三百载，一旦归后梁。

> 朱温（852～912年），即梁太祖朱晃，宋州砀山人，五代十国梁朝开国皇帝。早年参与黄巢起义，后脱离黄巢大齐政权归唐，被唐廷赐名朱全忠，篡唐建梁后又改名朱晃。
>
> 开平元年（907年），朱温废唐哀帝李柷，自行称帝，建都开封，国号为"大梁"，是为梁太祖，改元开平，自此唐朝结束了它289年的统治，中国历史进入五代十国时期。朱温在位时颇重视农业发展，下令两税之外不得妄有科配。912六月，朱晃被亲子朱友珪所害，终年61岁。庙号太祖，谥号神武元圣孝皇帝。

讲故事懂道理

刘季述虽然囚禁昭宗，拥立太子，挟制皇帝，大施淫威，但未得到地方藩镇的支持，一些有志之士纷纷致书节帅兴兵勤王。刘季述为了稳定政局，派自己的干儿子刘希度到大梁，找到镇守河南、握有重兵的朱全忠，说明废立皇帝的原因，并许诺把唐政权交给朱全忠，又派遣供奉官李奉本将伪造的太上皇的退位诏书给朱全忠看，以求得朱全忠的支持。而宰相崔胤为了挽救残局，也私下给朱全忠修书一封，请他带兵攻打刘季述，靖君难，清君侧。

朱全忠反而把崔胤的信交给了刘季述，并说崔胤反复无常，应及早除掉。刘季述看了信后，立即把崔胤找来进行责问。崔胤急中生智，推说信件是奸人伪造，同时又与刘季述订立了共同对付朱全忠的盟约。事后，崔胤又给朱全忠写信，请他带兵攻打刘季述，靖君难，清君侧。

朱全忠在双方的争取下，一时也犹豫不决，不知如何是好。于是，朱全忠召集僚佐商议去就，随后坚定了讨伐宦官的决心，立即派李振到京城与崔胤密谋讨伐短逆之事。

之后刘季述被抓，二人在长乐门前被活活地打死。他们的家属和族人皆受株连被杀。

五代梁纪

梁兴号五代，**国祚**不久长。
国家的命运，存在时间

群雄皆僭号，诸镇并称王。

均王**践**帝位，将用王彦章。
jiàn
继承

传位才一世，**委**国付后唐。
将国家政权交给别人

五代梁朝：

朱梁（907～923年），五代十国之一，是五代的第一个朝代。907年，梁王朱全忠（朱温）篡唐称帝，国号"大梁"，建都开封，史称后梁，唐朝正式宣告灭亡，中国历史进入纷乱的五代十国时期。后梁自梁太祖朱温开国之前就长期与后唐前身即河东的晋国争霸直至亡国，共历三帝，前后17年。因为皇帝姓朱，为与南北朝时的南梁相区别，故又称朱梁。923年11月19日唐军达开封城下，开封随即降唐，梁亡。梁末帝自杀。

讲故事懂道理

朱温的霸业之所以能够成功，主要得益于两个人，一个是他的军师敬翔，另一个就是他的妻子张惠。

张惠既有温柔的一面，又有英武的一面，体贴照顾朱温的同时常有让朱温钦佩的计谋。凡遇大事不能决断时就向妻子询问，而张惠所分析预料的又常常切中要害，让朱温茅塞顿开。因此，朱温对张惠越加敬畏钦佩。有时候朱温已率兵出征，中途却被张惠派的使者赶上，说是奉张夫人之命，战局不利，请他速领兵回营，这位就立即下令收兵返回。

张惠和朱温共同生活了二十余年，在朱温灭唐建后梁前夕却染病去世。临终前，张惠还对朱温劝道："既然你有这种建霸业的大志，我也没法阻止你了。但是上台容易下台难，你还是应该三思而后行。如果真能登基实现大志，我最后还有一言，请你记下。你英武超群，别的事我都放心，但有时冤杀部下、贪恋酒色让人时常担心。所以'戒杀远色'这四个字，千万要记住！如果你答应，那我也就放心去了。"

张惠的死，不仅朱温难过流泪，就连众多将士也是悲伤不已。张惠死后，朱温却放纵声色，忘了妻子临死时的忠言，终于惨死刀下，遭了报应。张惠为朱温生有一子，即梁末帝朱友贞，等到梁末帝即位时，才将母亲追加谥号为"元贞皇后"和"元贞皇太后"。

阿拉伯花剌子模发表《印度计数算法》，使西欧人熟悉了十进位制，他也是代数学的奠基人。

909～1171年，北非法蒂玛王朝（绿衣大食）。

900～1156年，南墨西哥的托尔特克文化时期。

五代唐纪

唐主庄宗立，岁岁刀兵竞。
李存勖　　　　　　　竞争

忠臣郭崇韬，受害于继岌。
tāo　　　　　　　　jí
庄宗的儿子，封为魏王

帝性爱风流，好与优人戏。
唱戏的人

在位仅三年，却被叛臣弑。

五代唐朝：

后唐是五代政权之一，李存勖所建，定都洛阳，历三世四帝，共十四年。取代了后梁，不久为后晋所取代。891年，河东节度使李克用被封为晋王，建立晋国，定都太原。907年，朱温篡唐建立梁朝，晋国至此全面独立，成为北方最大的割据政权。908年，李克用去世，子李存勖继位。923年，晋王李存勖在魏州称帝，改国号大唐，史称后唐，同年底，灭梁，迁都洛阳。936年，石敬瑭称帝，建立后晋，并以燕云十六州为代价，借助契丹兵攻入洛阳，后唐灭亡。

就在后梁矛盾重重国势日益衰微之时，李存勖却步步得胜，集中力量灭掉了刘守光。刘仁恭在朱温灭唐之前取得了沧州，便命长子刘守文为沧州节度使，接着进兵镇州和定州与魏博，被朱温打败后向李克用求救。朱温领兵大举进攻沧州，共得兵二十万，但战斗力很差。沧州被围困得出现了吃土吃人的惨相，最后由于梁将丁会降晋，削弱了梁军，加上朱温急于称帝而退兵，刘仁恭才得以维持其势力。但回到幽州后，刘仁恭却一下子昏庸起来，儿子刘守光在后梁军再次侵扰时趁机领兵进入幽州城，派人将父亲抓回来，囚禁在幽州城。刘守文从沧州起兵讨伐大逆不道的弟弟，最后被心狠手辣的弟弟杀死。在刘守光妄自尊大、想要当北方的盟主的时候，李存勖便施了骄兵之计，和王熔、王处直一起尊刘守光为"尚父"，但刘守光并不满足，最后竟登基称帝。在刘守光派兵南下时，李存勖便趁机派周德威端了他的老巢，将刘守光和父亲刘仁恭一并抓获，押回河东处死。一对反复无常的父子得到了应有的下场。

李存勖灭掉幽州和沧州后，在他正要南下夺取魏博时，恰好魏博发生了兵变，李存勖借势出兵，唾手而得魏博。从而使河东的势力逼近了后梁的生命线：黄河。

911年，诺曼人在塞纳河下游建立诺曼底公国。

910年，西欧天主教克吕尼运动兴起。

912～1066年，伊比利亚半岛犹太艺术的黄金时期。

五代唐纪

明宗皇帝立，持身以清俭。
清俭 公正俭朴

每夜于宫中，焚香告上帝。
每 常常 焚 fén

某本系胡人，因乱众所立。
因 趁着

愿天生圣人，救拔生灵命。
圣人 特指圣明的君主 救拔 拯救

闵帝与潞王，自暴而自弃。
潞 lù

叛将夺主权，灭唐为后晋。

讲故事懂道理

后唐明宗李嗣源在修广寿殿时，非常节俭。为节省国家开支，李嗣源下诏在边疆设置马匹买卖场所，不许少数民族再直接到宫殿前来献马。先前，党项族人和其他部落总是以献良马为名将良莠不齐的马匹送到京城来。后唐就照价给他们钱，但再加上他们住宿、吃喝以及得到的赏赐，每次都要花费不少钱物，浪费极为严重，给国家带来很大的经济负担。李嗣源了解情况后，当即下诏禁止他们再到京城来献马，只在边疆一带设马场交易，这样就大大节省了开支。对于一些其他皇帝很看重的虚名李嗣源也不追求，冯道多次请求给他上尊号，这对于一些好大喜功的昏君来说，很容易就会接受，但李嗣源好几次都拒绝了。

在李嗣源统治时期，掌权的基本上是安重海和任圜两个人。这两个人对李嗣源很忠诚，办事也很认真。李嗣源是一个有道的明君，他虽然政绩很高，但也很谦逊，他时常教导儿子李从荣："我少年时遇上乱世，在马上取得功名，没有时间读书。你要用心读书，不要像我这样目不识丁，成了个文盲。我已经老了，也没法再读书了，只是听别人讲明白些道理罢了。"书本上的知识虽然很少，但李嗣源安邦治国却做得很好。

10世纪，阿拉伯人占领西西里，并向南意大利进攻。

约10世纪，诺曼人（维京人）、阿拉伯人、马扎尔人（突厥人的一支）入侵西欧。

918年，高丽建国。

五代晋纪

晋王平唐乱，将用桑维翰。

割地献契丹，相依为邻岸。

出帝**背**父盟，却与契丹叛。
_{背弃}

契丹兵入疆，晋祚被其**篡**。
_{cuàn}
_{夺取，特指臣子夺取君位}

传位二世亡，天下归后汉。

出帝：
　　晋王石敬瑭的侄子，名叫石重贵。

儿皇帝：
　　五代时石敬瑭借契丹太宗耶律德光之助建立后晋，与其他政权抗衡。他虽为皇帝，仍向契丹称臣，石敬瑭虽然比耶律德光年长十岁却称耶律德光为父，自称儿皇帝。此后北汉附辽，则称侄皇帝。后世因作为叛臣的代称。

天福九年，晋出帝石重贵继位后，桑维翰被调回朝廷，任命为侍中，但是实权在主张与契丹绝盟的大将景延广手中。桑维翰多次上言与契丹请和，都被否定。由于后晋不"恭顺"的态度，天福九年契丹大举南侵，劫掠贝州等地后北返，造成后晋不少损失。桑维翰乘机让人在石重贵面前说："制契丹而安天下，非用维翰不可。"于是石重贵就把景延广调离朝廷出守洛阳。桑维翰得以重返宰相之位，再度成为后晋最有权势的人物。

桑维翰第二次掌权，充分发挥了他的政治才能，达到了"数月之间，百度浸理"的效果。可是他凭借权势，广收贿赂，引起朝野非议。桑维翰被贬谪以后，后晋向契丹称臣的政策发生改变，这直接为后晋政权带来灭顶之灾。开运三年十二月，契丹出兵将灭后晋，桑维翰四处奔走，求见当政者冯玉及出帝石重贵，但都被拒不接见。随后契丹攻入开封灭晋，桑维翰被降将张彦泽缢杀。关于桑维翰的死因，《旧五代史·桑维翰传》的记载是石贵重为了避免耶律德光追究他背叛契丹的责任，便密令张彦泽杀桑维翰以灭口，而在《旧五代史·张彦泽传》及《新五代史·晋臣传》中的记载则是桑维翰大义凛然地斥责张彦泽，张彦泽羞愧难当，加上挟私怨，因而缢杀桑维翰，并对外宣称他是自缢的。

929～1031年，阿拉伯人在西班牙建立的科尔多瓦哈里发国家。

919～1024年，德意志萨克森王朝。

935年，高丽灭新罗。

五代汉纪

汉主刘知远，事晋威名煊。
侍奉，做官　　显赫

至是登帝畿，契丹遭逐遣。
　　皇帝宝座

在位一年卒，甲兵犹未冷。

隐帝秉皇猷，二帝共四秋。
继承　皇位

信谗杀宰辅，内乱外生忧。
宰相和重臣

诸将不平服，灭汉归后周。
归向，归附

刘知远由于生活困难，不得已只好到一个姓李的大户人家去当上门的女婿，在封建社会，这种女婿叫赘婿，社会地位几乎到了最底层，备受歧视。刘知远不甘心这样下去混一辈子，就寻找时机出去干一番事业。

不久刘知远就投到李嗣源的手下当了兵，由于作战勇敢，被升为偏将，和石敬瑭一起共事。石敬瑭当了七年儿皇帝，于公元942年死去。养子石重贵即位，是为晋出帝，刘知远也迁检校太师，进位中书令。公元947年，契丹进犯京师，刘知远带着少帝北出，遣牙将王峻向契丹奉表投降，晋朝灭亡。王峻回来后，对刘知远说契丹政治混乱一定不能攻占中原，于是便商议建国。

同年，刘知远看准时机，在太原称帝，建立了汉政权。起初，他不改国号，而是延用石敬瑭的年号，称天福十二年。接着，契丹在中原人民抗击下退出后，刘知远又乘机进入开封并建都，改名字为暠，改国号为大汉，改天福十三年为乾祐元年，蠲免赋税，大赦天下，称帝。

公元948年正月，刘知远病危，其子刘承佑继位，是为后汉隐帝。

936年，高丽灭后百济，统一朝鲜半岛。受中国儒家思想影响，设国学、建立科举制度。

939年，越南吴朝建立。

936～973年，德意志国王奥托一世在位。

945～968年，越南十二使君之乱。

五代周纪

周王传三代，国祚又更改。

世界似瓜分，人民如瓦解。

五代相继承，速成还速败。

非关气运衰，帝道难承载。
德行

借问几多年，共计五十载。

后周军事：
　　后周首先在首都设龙捷左右军、虎捷左右军。后周世宗时改革军事，实施练选制度，精简中央禁军，补充强健之士，设有殿前都指挥使、水陆都部署、殿前都点检等高级军官，形成"殿前诸班"的禁军。其中殿前都点检掌握军事实权，后来担任此职的赵匡胤在后周世宗去世后发动陈桥兵变，篡位建宋朝。其次是严明军纪，命兵部尚书张昭远制定新的军法。最后是限制藩镇权力，例如禁止造军器、干预民政等。

　　五代十国，是中国历史上的一段时期，自唐朝灭亡开始，至宋朝建立为止；也可以定义为到宋朝统一十国剩余政权为止。这一时期包括五代与十国等众多割据政权。这一时期时常发生地方实力派叛变夺位的情况，使得战乱不止，统治者多重武轻文。中国的内乱，也带给契丹国南侵的机会，辽国得以建立。五代十国是中国历史的重要时期，其间定难军和静海军逐渐独立，而静海军自此永久脱离中国。

　　五代依次为梁、唐、晋、汉、周五个朝代，史称后梁、后唐、后晋、后汉与后周。公元907年，朱温篡唐建立后梁，这是五代十国的开始。公元923年，盘踞太原的晋王李克用之子李存勖灭后梁，后唐建国。后唐之后的五代君王均出自李克用的子孙与部属。后唐历经后唐明宗的扩张与整顿，国力强盛，但发生内乱后，被石敬瑭引契丹军攻灭，后晋建立。不久契晋关系恶化，契丹军南下灭后晋，建立辽朝。同时刘知远在太原建立后汉，收复中原。郭威篡后汉建后周，后周世宗柴荣苦心经营，使后周隐隐有一统天下的希望，但柴荣在北伐燕云十六州时不幸病亡。后周随后被赵匡胤所篡，建立北宋，五代结束。

10世纪，基辅罗斯形成统一的字母体系。

955年，德意志、捷克联军打败马扎尔人。

945～1055年，伊朗布韦希王朝。

汉唐盛世，世界来和，却依然无法避免王朝毁灭，为什么？

你的回答

_____

_____

_____

你的反问

_____

_____

_____

五代十国乱世的形成，谁是罪魁祸首？你认为能否避免？

你的回答

_____

_____

_____

你的反问

_____

_____

_____

宋纪

宋祖赵匡胤^{yìn}，万民之纲领。
比喻关键

致力平中原，四海为一并。

饥者得加飧^{sūn}，困者得苏醒。
食物　　　贫困

颠者得扶持，危者得安稳。
跌倒

胡虏息驰驱，蛮夷罢锋刃。
指北方的契丹族　　　　刀剑

苍生睹太平，终夜得安寝。
百姓　　　　整夜　　　睡觉

天生德于斯^{jì}，社稷得长永。
代词，指宋朝

讲故事懂道理

赵匡胤本来是周世宗手下得力大将，跟随周世宗南征北战，立下不少战功。周世宗在世的时候，十分信任赵匡胤，派他做禁军统帅，官名叫殿前都点检。禁军是后周最精锐的一支部队。

五代时期，武将夺取皇位的事情多得很，所以，人们有这种猜测也是不足为奇的。公元960年春节，后周朝廷正在举行朝见大礼的时候，忽然接到边境送来的紧急战报，说北汉国主和辽朝联合，出兵攻打后周边境。

赵匡胤接到出兵命令，立刻调兵遣将，过了两天，就带了大军从汴京出发。跟随他的还有他弟弟赵匡义和亲信谋士赵普。

当天晚上，大军到了离开京城二十里的陈桥驿，赵匡胤命令将士就地扎营休息。兵士们倒头就呼呼睡着了，一些将领却聚集在一起悄悄商量，说："现在皇上年纪那么小，我们拼死拼活去打仗，将来有谁知道我们的功劳？倒不如现在就拥护赵点检作皇帝吧！"

赵匡胤隔夜喝了点酒，睡得挺熟，一觉醒来，只听得外面一片嘈杂的人声，接着就有人打开房门，高声地叫嚷，说："请点检做皇帝！"

赵匡胤赶忙起床，还没来得及说话，几个人就把早已准备好的一件黄袍，七手八脚地披在赵匡胤身上。大伙跪倒在地上磕了几个头，高呼"万岁"。

962～1806年，神圣罗马帝国即德意志第一帝国时期。奥托一世加冕为第一位皇帝。

955～963年，教皇约翰十二世在位。

962～1186年，年中亚伽色尼王朝。

约963～992年，波兰皮亚斯特王朝国王梅什科一世在位。

宋纪

开宴宴功臣，杯酒释兵柄。
解除

择便好田庐，安置石守信。
适宜

曹彬总兵权，士卒无伤损。

赵普辅国政，帝有为必请。
询问

普或告养亲，辄举吕馀庆。
有时候   zhé   yú   就

上下悉调停，中外皆敬谨。
协调，和谐   严肃认真

> 石守信（928～984年），浚仪（今河南开封）人，北宋开国将领。
> 曹彬（931～999年），字国华，真定灵寿（今属河北）人，北宋开国名将，在北宋统一战争中立下汗马功劳。

> 赵普（922～992年），字则平，幽州蓟人，后徙居洛阳，北宋著名的政治家。与赵匡胤发动陈桥兵变，建立宋朝。任宰相，协助太祖筹划削夺藩镇，罢禁军宿将兵权，实行更戍法，改革官制，制定守边防辽等许多重大措施。

建隆二年七月初九日晚朝时，宋太祖把石守信、高怀德等禁军高级将领留下来喝酒，当酒兴正浓的时候，宋太祖突然屏退从叹了一口气，讲了一番自己的苦衷，说："我若不是靠你们出力，是到不了这个地位的，为此我从内心念及你们的功德。但做皇帝也太艰难了，还不如做节度使快乐，我整个夜晚都不敢安枕而卧啊！我这个皇帝位谁不想要呢？"

石守信等人听了知道这话中有话，连忙叩头说："陛下何出此言，现在天命已定，谁还敢有异心呢？"

宋太祖说："不然，你们虽然无异心，然而你们的部下想要富贵，一旦把黄袍加在你的身上，你即使不想当皇帝，到时也身不由己了。你们不如释去兵权，到地方去，多置良田美宅，日夜饮酒相欢，以终天年，朕同你们再结为婚姻，君臣之间，两无猜疑，上下相安，这样不是很好吗！"

石守信等人见宋太祖已把话讲得很明白，再无回旋余地，当时宋太祖已牢牢控制着中央禁军，几个将领别无他法，只得俯首听命，表示感谢太祖恩德。

第二天，石守信等上表声称自己有病，纷纷要求解除兵权，宋太祖欣然同意，让他们罢去禁军职务，到地方任节度使。这就是历史上著名的"杯酒释兵权"。

挪威人到达北美洲东北部。

969年，北非法蒂玛王朝占埃及。

968～1054年，越南大瞿越国。

973～1048年，伊斯兰世界学者比鲁尼在世。

宋纪

太宗太弟立，遵奉太后令。

治国用长君，社稷终无损。

首举张齐贤，复相薛居正。
　　　　　　　让……当宰相

可惜昭与芳，不得行父政。

吕蒙正为相，贤士叨荐引。
　　　　　　　　　　　得到

ᵞᵒᵘ　　　　　　　　　ᵈⁱⁿᵍ
王祐种三槐，四世登台鼎。
　　　　　　　　　　比喻重要的官职

> 张齐贤（942～1014年），字师亮，曹州冤句（今山东菏泽南）人，宋代著名政治家。进士出身，官至宰相，还曾率领边军与契丹作战，颇有战绩。对北宋初期政治、军事、外交各方面做出极大贡献。

> 薛居正（912～981年），北宋大臣、史学家。监修国史和《五代史》。喜好读书，死后其子整理手稿30卷上奏朝廷，太宗赐名《文惠集》。

讲故事懂道理

赵光义长子赵元佐自幼聪明机警，长得又像赵光义。赵元佐有武艺，善骑射，还曾经随赵光义出征过太原、幽蓟。雍熙二年重阳节，赵光义召集几个儿子在宫苑中设宴饮酒作乐，因赵元佐病未痊愈，就没有派人请他。散宴后，陈王赵元佑去看望赵元佐。赵元佐得知设宴一事，怒气难平，一个劲喝酒。到了半夜，索性放了一把火焚烧宫院。一时间，殿阁亭台，烟雾滚滚，火光冲天。赵光义得知后，猜想可能是赵元佐所为，便命人查问，赵元佐予以承认。于是赵元佐被废为庶人。

雍熙三年农历七月，赵元佑改名赵元僖，并任开封府尹兼侍中，成了准皇储。端拱元年，赵普第三次为相，威权一时又振。竭力支持和拉拢赵普的陈王元僖也晋封许王，更加巩固了皇储地位。赵普罢相后，赵元僖又与另一位宰相吕蒙正关系密切。

淳化三年农历十一月，赵元僖早朝回府，觉得身体不适，不久便去世了。赵元佐被废，赵元僖暴死，后来，赵光义被箭伤所扰，便就此私下询问寇准。在寇准的支持下，襄王赵元侃被立为太子，改名赵恒。

赵光义册立太子，大赦天下，京师之人见到太子都欢呼。

宋纪

真宗皇帝立，以德行仁政。

兴学**劝**农桑，五谷**陈仓廪**^{lǐn}。
鼓励 堆积

台谏向敏中，**平章**李文靖。
御史，负责向皇
帝提意见的官　这里指宰相

寇准与丁谓，拂须成仇**衅**。
仇恨

王曾中三元，**持**身愈清谨。
约束

> 寇准（961～1023年），字平仲，华州下邽（今陕西渭南）人。北宋政治家、诗人。两度入相，一任枢密使，1022年被贬谪，病逝于雷州。

> 李沆（947～1004年），别称李文靖，字太初，洺州肥乡（今属河北）人。北宋名相、政治家、诗人。

历史上所谓"连中三元"，即乡试中第一名，为"解元"，会试中第一名为"会元"，殿试中第一名为"状元"。连中三元者甚少，王曾是宋代继孙何之后的第二个连中三元的状元。

王曾，字孝先。宋咸平四年春，24岁的王曾在第二故乡青州参加了"发解试"，高中榜首，夺得了"解元"。当年秋，他又赴京城开封参加礼部的会试，一举夺魁，成为"会元"。咸平五年三月，赴殿试，宋真宗钦点王曾为状元。王曾乡试、会试、殿试皆第一，连夺三元，成为北宋第27名状元。科举制度推行1300多年来，连捷三元者仅见17人。

王曾中了状元后，翰林学士刘子仪跟他开玩笑说："状元试三场，一生吃穿不尽"。他坦然正声作答："平生之志，不在温饱"，足见其参加科举考试的目的是在有为于天下，而不在一人一家之私利。他高中状元，并没有沾沾自喜，得意忘形，而是把金榜题名看得很轻，谦逊自持。王曾中状元后，荣归故里省亲，青州知州李继昌闻讯，即命父老乡亲载歌载舞地去郊外迎接。王曾得知消息后便换了衣服，改了姓名，骑着一头小毛驴从另一个城门进了城。足见王曾为人谦逊，不爱张扬。

10世纪，中国宋代发明了胆矾溶液浸铜法生产铜，这是水法冶金术的开始。

980年，越南黎桓建前黎朝。

987～1328年，法兰克王国卡佩王朝，封建割据，农奴制形成。

980～1037年，阿拉伯医学家阿维森纳。

987年，基辅罗斯版依东正教。

宋纪

仁宗居圣朝，夷简为参谋。

文官包丞相，执法论王侯。
论：判罪

狄青为武将，攸服广源州。
攸：远　广源州：地名，在广西和越南交界一带

范仲淹奏事，降职守饶州。
饶州：地名，在江西

良臣文彦博，贤宰欧阳修。

公心同协政，奸党绝交游。
公心：把国家大事放在第一位的心

韩琦吕公著，竭力助皇猷。
猷：yóu 筹划

欧阳修（1007～1072年），字永叔，号醉翁、六一居士，吉州永丰（今江西省吉安市永丰县）人，北宋政治家、文学家，且在政治上负有盛名。

包拯入朝为官时，宋朝已行贿成风，只要入朝为官的，对皇上都要有点孝敬。仁宗问："你的家乡可有什么好吃的？有，就给朕进贡一点。"包公听了，心里一惊，便顺口奏道："陛下，臣家乡靠近巢湖，要论味美，就数箭杆黄鳝马蹄鳖了。"仁宗听了，很高兴说："那好啊，你给朕进贡吧！"

散朝后，包公回到家中，就吩咐家人包兴返乡买办。买的黄鳝，比手指还细，就像箭杆；买的鳖，只有茶杯口大，翻过来，就活像马蹄。早朝时，包公呈上箭杆黄鳝马蹄鳖，仁宗一见，很不高兴，寒着脸说："包拯，您搞的啥名堂？"包公跪下奏道："陛下，您和臣想的不是一条道，自然看不出名堂。陛下问我什么好吃时，我正想着边防吃紧，戍边的将士要的是'弓箭足，马匹多'，我一急，就说出了'箭杆黄鳝马蹄鳖'。我也知道，这些不够斤两的鳝鳖，不如大的肥美。但我想奏明圣上，边防吃紧，我们在朝的，上至君主文武百官，下至黎民百姓，不可能'紧吃'！只要圣上多想边防，多置弓箭，多买马匹，西夏和金人就不敢小视我们。只要边防安定了，国泰民安，细鳝小鳖，圣上也会吃得喷香可口。"一席话说得仁宗醒悟了。他说："包卿的用心，朕明白，治国应多想边防、百姓，不应净想着吃喝，朕赦你无罪。"

1000～1919年，马扎尔人建立匈牙利王国。

1002～1024年，亨利二世在位。

1016年，克努特大帝占英格兰，建"北海大帝国"。

10世纪，阿拉伯伊本·西拿写成《医学经典》，对以后6个世纪影响很深。

1009～1028年，越南李朝创始者李公蕴在位。

1018年开始，拜占庭统治第一保加利亚王国170年。

宋纪

英宗神宗继，听用佞臣谋。
nìng
狡猾而虚伪的大臣

荆公王介甫，变法征青苗。

唐介富弼等，谏不听而休。
去世

赵抃曾公亮，极谏以成仇。
biàn
竭尽全力

刘琦苏辙等，上疏谪南州。
zhé
奏章　　南方

生老病死苦，知者为心忧。
有学问的人

王安石（1021～1086年），字介甫，号半山，临川（今江西抚州市临川区）人，北宋著名的思想家、政治家、文学家、改革家。

苏辙（1039～1112年），字子由，一字同叔，晚号颍滨遗老，眉州眉山（今属四川）人，北宋文学家、诗人、宰相，唐宋八大家之一。

沈括（1031～1095年），字存中，号梦溪丈人，北宋政治家、科学家。《梦溪笔谈》作者。

宋仁宗做了四十年皇帝，虽然也用过像范仲淹、包拯等一些正直的大臣，但是并没有改革的决心，国家越来越衰弱下去。他没有儿子，死后由一个皇族子弟做他的继承人，这就是宋英宗。英宗即位四年，就害病死了。太子赵顼即位，这就是宋神宗。

宋神宗即位的时候才二十岁，是个比较有作为的青年。他看到国家的不景气情况，有心改革一番，可是他周围的人，都是仁宗时期的老臣，就是像富弼这样支持过新政的人，也变得暮气沉沉了。宋神宗想，要改革现状，一定得找个得力的助手。

宋神宗即位，就下了一道命令，把正在江宁做官的王安石调到京城来。王安石一到京城，宋神宗就叫他单独进宫谈话。神宗一见面就问他说："你看要治理国家，该从哪儿着手？"王安石从容不迫地回答说："先从改革旧的法度，建立新的法制开始。"

宋神宗要他回去写个详细的改革意见。王安石回家以后，当天晚上就写了一份意见书，第二天送给了神宗。宋神宗认为王安石提出的意见都合他的心意，越加信任王安石。公元1069年，宋神宗把王安石提升为副宰相。经过宋神宗批准，任用了一批年轻的官员，并且设立了一个专门制定新法的机构，把变法的权抓了来。这样一来，他就放开手脚进行改革了。

1024年，神圣罗马帝国萨利安王朝建立，封建领地制形成。

1025年，波兰王国建立。

1027年，德意志国王康拉德二世加冕为神圣罗马帝国皇帝。

1031～1060年，英格兰国王亨利一世在位。

1035～1837年，西班牙卡斯蒂利亚王国。

1037～1194年，塞尔柱王朝。塞尔柱突厥人攻陷巴格达，征服阿拉伯人。

1042～1066年，爱德华国王在位。

宋纪

哲宗立冲幼，太后掌皇猷。
年纪小　　　　　　　　yóu

司马光人相，新法悉皆休。
　　　　　　　　　　　废除

救民于水火，朝野乐无忧。

章惇继为相，思复党人仇。
dūn　　　　　　　指支持新法的人

苏轼好讥议，陟降未停留。
　　　　　　　zhì　提升

> 苏轼（1037～1101年），字子瞻，又字和仲，号东坡居士，世称苏东坡、苏仙。北宋眉州眉山（今属四川省眉山市）人，祖籍河北栾城，北宋著名文学家、书法家、画家。苏轼是宋代文学最高成就的代表，并在诗、词、散文、书、画等方面取得了很高的成就。其诗题材广阔，清新豪健，善用夸张比喻，独具风格，与黄庭坚并称"苏黄"；其词开豪放一派，与辛弃疾同是豪放派代表，并称"苏辛"；其散文著述宏富，豪放自如，与欧阳修并称"欧苏"，为"唐宋八大家"之一。

> 毕昇（约970～1051年），北宋歙州人，在宋仁宗庆历年间（1041～1048年）发明活字印刷术。

讲故事懂道理

　　苏轼被贬黄州已成定局，就要上路了。席间，王安石求苏轼帮忙办一件事，他说，由于我小时候读书得了一种眼病，需要取三峡之中峡之水——瞿塘峡的水来服药。这次你去黄州赴任，来回必得出入三峡，麻烦你返回时取一坛瞿塘峡的水给我带回来。苏轼爽快地答应了。

　　苏轼回京时，正值秋雨潇潇季节，船儿顺流而下，景象万千。面对此景，苏轼饮酒构思，不知不觉地进入了梦乡。他一觉醒来，船到下峡西陵峡了，马上想起了提水的事儿，就要返回巫峡取水，可是船工们认为这么大的水逆流而上是不可能的。船停了下来，苏轼想从这里打水行不行呢？就到岸上问老百姓，他们回答三峡的水是一样的。随后苏轼就吩咐船工打了一坛子水带回京城。

　　回到京城，苏轼先来到相府面见王安石，苏轼让人将封闭好的下峡水抬上来。王安石见有水了很是高兴，命人先烧水沏茶。许久王安石见茶色方变。就问苏轼，此水是哪儿之水？苏轼忙道说是中峡水。王安石就让他到书架上找到《水经注》这本书，并告诉他翻看某某页。苏轼依照王安石的话去查找，看到了"上峡味浓，下峡味淡，中峡味不浓不淡"之说。苏轼吓得面如土色，不得不承认是下峡水。苏轼至此对老师王安石佩服之至。

11～13世纪，法国城市公社运动。

1054年，基督教会分裂，为东部"正教"和西部"公教"。

1056～1106年，亨利四世在位，皇权与教权纷争加剧。

1042～1066年，英国国王爱德华（忏悔者）在位。

1066年，法国诺曼底公爵征服英国。

11世纪，西欧城市兴起。

宋纪

宋德**隆**盛治，名贤一时起。
<small>兴盛</small>

<small>lián</small>
濂溪周先生，河南程夫子。

<small>shào</small>
温国 邵尧天，横渠王安礼。
<small>指司马光。温国公是　　　　指张载。横渠是他居住的地
他的爵位　　　　　　　　方，他被称为横渠先生</small>

> 司马光（1019～1086年），字君实，号迁叟。北宋政治家、史学家、文学家。温国公，谥文正，为人温良谦恭、刚正不阿；做事用功刻苦、勤奋。以"日力不足，继之以夜"自诩，其人格堪称儒学教化下的典范，历来受人景仰。
>
> 司马光一生诚信，是父亲的教诲。大概在五六岁时，有一次，他要给胡桃去皮，他不会做，姐姐想帮他，也去不掉，姐姐就先行离开了，后来一位婢女用热汤替他顺利将胡核去掉了皮，等姐姐回来，便问："谁帮你做的？"他欺骗姊姊是自己做的，父亲便训斥他："小子怎敢说谎。"司马光从此不敢说谎，他一生以至诚为主，以不欺为本。

> 《资治通鉴》：
>
> 《资治通鉴》，简称"通鉴"，是北宋司马光主编的一部多卷本编年体史书，全书294卷，约300多万字，另有《考异》《目录》各三十卷。是我国编年史中包含时间最长的一部巨著，历时19年完成。主要以时间为纲、事件为目，从周威烈王二十三年写起，到五代后周世宗显德六年征淮南停笔，涵盖16朝1362年的历史。它是中国第一部编年体通史，在中国官修史书中占有极重要的地位。

周敦颐24岁的时候，被朝廷任命为洪州分宁县主簿。该县有一疑案拖了好久不能判决，周敦颐到任后，只审讯一次就立即弄清楚了。1044年，周敦颐调南安军司理参军。第二年，南安有个囚犯，根据法律不应当判处死刑，而转运使王逵却决定严加处理。王逵是个残酷凶悍的官僚，众官虽觉不当，但他们慑于王逵的权势，不敢出面争辩。这时，周敦颐站了出来，与王逵据理力争，坚持应当依律决狱。王逵不听，周敦颐愤怒地扔下手中记事的笏板，准备弃官以示抗争，说："难道可以这样做官吗？用杀不该杀的人的办法取悦上级的事情，不是我该做的。"王逵终于省悟，放弃了原来的意图，囚犯才幸免于死刑。

周敦颐调任南昌知县后，那些富豪大族、狡黠的衙门小吏和恶少都惶恐不安，不仅担忧被县令判为有罪，而且又怕以玷污清廉的政治为耻辱。他担任合州通判的时候，狱门里大大小小的事情，不经他的审定，下面的人都不敢做决定。

部使者赵抃被一些毁谤他的话所迷惑，对他的态度很严厉，周敦颐处之泰然。后来赵抃仔细观察了他的所作所为，才恍然大悟，握着他的手说："我差点失去你这样的人才，从今以后算是了解你了。"

后来，周敦颐担任郴州的知州。他以昭雪蒙冤、泽及万民为己任。

11世纪，日本小说《源氏物语》完成。

11世纪，秘鲁奇穆文化兴起，出现灌溉农业、青铜器。

1063年，威尼斯圣马可大教堂始建。

1054年，中国《宋史》记载了一次超新星爆发，这是世界上最早的有关超新星爆发的文字记载。

1058～1061年，教皇尼古拉二世在位。确立教皇选举制。

145

宋纪

六经成篇章，四书有终始。

诸子百家文，俱得标名纸。
被记录流传下来

圣贤道大行，流传千万世。
儒家思想

泰运难久留，安危常未定。
好运

huì
晦庵朱文公，作鉴修国史。
朱熹。自称晦庵先生，文公是后代对他的敬称

搜辑孔孟言，削除杨墨语。
搜集整理

> 朱熹（1130～1200年），字元晦，又字仲晦，号晦庵，晚称晦翁，谥文，世称朱文公。祖籍徽州府婺源（今江西婺源）。宋朝著名的理学家、思想家、哲学家、教育家、诗人，儒学集大成者，世称朱子。朱熹位列大成殿十二哲者，是唯一非孔子亲传弟子而享祀孔庙的人。是二程（程颢、程颐）的三传弟子李侗的学生，与二程合称"程朱学派"，对元明清三朝影响极大。是中国教育史上继孔子后的又一人。

讲故事懂道理

金峰山有座庙，叫金峰寺，寺里有一眼泉，叫金峰泉，水质淳厚甘美，朱熹经常派小书僮到金峰寺去挑水。

有一天，朱熹家里来了几个客人，想请他们饮一饮茶，就叫小书僮快去挑金峰泉的水。小书僮刚出门，就碰到几个要好的伙伴，邀他一起去捉知了。他一玩就忘了辰光，小书僮心想，这下糟了，再到金峰泉去挑水，往返十几里路，怕来不及了，怎么办呢？小伙伴们想了一想，说："办法有了！"小书僮一听有办法了，忙问："什么办法？"那个伙伴说："你何不就在附近的井里挑两桶水回去呢？反正你家先生也不知道。"小书僮想想，没有更好的主意，就这么做了。

说也奇怪，朱熹尝了这井水烹的茶，马上发觉味道不对，就把小书僮叫来，问："这是金峰泉的水吗？"小书僮知道瞒不过去了，就只好把事情的前前后后都说了。后来，有几次小书僮因为贪玩，又用其他井里的水挑来给朱熹烹茶。朱熹气坏了，想要严厉地教训教训他，转念又一想，与其使他皮肉受苦，倒不如设法使他改正这种坏习气。朱熹想出了一个办法：他事先和金峰寺老和尚商量好，备下两种不同颜色的竹制挑筹，一种交给老和尚，一种交给小书僮，并关照小书僮去金峰寺取水，必须同老和尚调换桃符。这样，小书僮就没办法再去偷懒了。

1073～1085年，教皇格里高利七世在位，推动克吕尼改革，加强教权。

11世纪，阿拉伯爱萨（西方人称为阿维森纳）写成《医典》。

1077年，德皇与教皇的卡诺莎事件。

1073～1075年，德意志萨克森起义。

1076年，突厥人攻占大马士革。

1078年，伦敦塔始建。

宋纪

徽钦之际衰，民间多怪异。

女子脸生须，男子腹诞子。
剩下

招惹金人祸，皆由蔡京起。

童贯擅专权，与京相表里。
表皮和里面。比喻
互相支持做坏事

童与金人谋，共图契丹地。
图谋

契丹既已亡，引祸害自己。
不久

> 蔡京（1047～1126年），字元长，北宋权相之一、书法家。北宋兴化军仙游县慈孝里赤岭（今福建省莆田市仙游县）人。蔡京先后四次任相，共达十七年之久，四起四落堪称古今第一人。蔡京兴花石纲之役；改盐法和茶法，铸当十大钱。北宋末，太学生陈东上书，称蔡京为"六贼之首"。宋钦宗即位后，蔡京被贬岭南，途中他虽携带大量钱财，但他的作恶多端招致老百姓的反感，在路上用钱也买不到东西，不由感慨："京失人心，何至于此。"最终，80岁的蔡京饿死于潭州（今湖南长沙）。

宋徽宗赵佶自幼养尊处优，爱好笔墨、丹青、骑马、射箭、蹴鞠，尤其在书法绘画方面，表现出非凡的天赋。宰相章惇说他"轻佻不可以君天下"，但向太后（神宗皇后）坚持立赵佶为帝。做了皇帝的书画家宋徽宗重用书法见长的奸相蔡京、宦官童贯等人，弄得天下大乱，宣和元年（1119年）和宣和二年，先后爆发了宋江、方腊领导的两次大的农民起义；同时东北地区女真族的兴起，更使北宋王朝面临覆灭。北宋政治进入最黑暗、最腐朽的时期。

公元1125年8月，金人以"张觉事变"为由攻宋，金兵所到之处，生灵涂炭。公元1125年12月，太子赵桓（钦宗）即位，1126年改年号为靖康。次年十二月一日宋钦宗正式在城外上降表，割地赔款，北宋王朝府库蓄积为之一空。靖康二年（1127年），包括宋钦宗和宋徽宗及后妃、皇子、公主等王公贵族在内的一万五千多人，作为俘虏运至大金国土。一个月内，有近1500名妇女死去。皇后也要"露上体，披羊裘"，行所谓"牵羊礼"。朱皇后不堪受辱，自尽而死。此后徽钦二宗先后死于五国城（今黑龙江依兰）。

被流放期间，宋徽宗写《在北题壁》："彻夜西风撼破扉，萧条孤馆一灯微。家山回首三千里，目断天无南雁飞"。靖康之变导致宋室南迁、北宋灭亡，如此惨烈的灾难，给宋人留下了难以治愈的伤痛。

1084年，德皇亨利四世攻陷罗马，另立教皇。

1086～1192年，日本院政时期。

1096～1291年，十字军东侵，攻陷耶路撒冷。

1089年，格鲁吉亚建国。

1084年，突厥人并吞小亚细亚，统一西亚。

1086年，英国汇编《末日审判书》。

1088年，意大利博洛尼亚大学创建，这是欧洲第一所大学。

宋纪

君臣不协心，却受金人耻。

二帝被金俘，国市如一洗。
　　　　　　　　　　像用水洗净了一样
　　　　　　　　　　杀尽抢光

皇后妃嫔嫱，侍臣并内史。
　　　　qiáng
　　宫女　　　　　　　太监

金玉玺绶图，车盖百物器。
　　xǐ shòu
　皇帝的印章　　　皇帝出行时车上用
　　　　　　　　来遮阳挡雨的蓬

尺地无所存，唯有烟尘起。

讲故事懂道理

　　宋钦宗到达金营后，受到无比的冷遇，宗望、宗翰根本不与他见面，还把他安置到军营斋宫西厢房的三间小屋内。囚禁中的宋钦宗度日如年，思归之情溢于言表。宋朝官员多次请求金人放回宋钦宗，金人却不予理睬。靖康二年二月五日，宋钦宗不得不强颜欢笑地接受金人的邀请去看球赛。球赛结束后，宋钦宗哀求金帅放自己回去，结果遭到宗翰厉声斥责，宋钦宗吓得不敢再提此事。

　　金人扣留宋钦宗后，声言金银布帛数一日不齐，便一日不放还宋钦宗。宋廷闻讯，加紧搜刮。开封府派官吏直接闯入居民家中搜括，横行无忌。百姓5家为保，互相监督，如有隐匿，即可告发。到正月下旬，开封府才搜集到金16万两、银200万两、衣缎100万匹，但距离金人索要的数目还相差甚远。宋朝官吏到金营交割金银时，金人傲慢无礼，百般羞辱。自宋钦宗赴金营后，风雪不止，汴京百姓无以为食，将城中树叶、猫犬吃尽后，就割饿殍为食，再加上疫病流行，饿死、病死者不计其数。

　　然而，金人仍不罢休，改掠他物以抵金银。凡祭天礼器、天子法驾、各种图书典籍、大成乐器以至百戏所用服装道具，均在搜求之列，弄得开封城内怨声载道，民不聊生。

1100～1135年，英格兰诺曼王朝国王亨利一世在位，推行封建农奴制。

1122年，亨利五世与教皇签订《奥尔姆斯宗教协定》，历时半个世纪的主教叙任权之争暂告一段落。

1118～1312年，圣殿骑士团。

1132年，第一座哥特式建筑圣德尼教堂在巴黎北部始建。

宋纪

驱迫于马前，**席卷**归夷狄。
<small>驱使、逼迫</small>　<small>像卷起席子一样把东西全都卷起来</small>

四海尽悲伤，百姓皆下泪。

自古为君难，为臣亦不易。

唯有不良臣，千载**秽**^{huì}青史。
<small>玷污</small>

在北题壁
宋徽宗
彻夜西风撼破扉，
萧条孤馆一灯微。
家山回首三千里，
目断天无南雁飞。

正是农历四月，北方还很寒冷，徽宗、钦宗二帝和郑氏、朱氏二皇后衣服都很单薄，晚上经常冻得睡不着觉，只得找些柴火、茅草燃烧取暖。宋钦宗的妻子朱皇后当时26岁，艳丽多姿，还经常受到金兵的调戏。

讲故事懂道理

靖康之难，宋钦宗一意屈辱退让，称臣纳贡，却挡不住金兵"杀人如刈麻，臭闻数百里"。其罪行滔天，令人发指。

《靖康稗史笺证》等很多典籍对此次国难有详细记载。《瓮中人语》《南征录汇》都记载，靖康元年有大批玉册、冠冕等宫廷仪物，及女童、教坊乐工等数百人被掠到金地，昔日宫嫔被要求换装陪酒，不从者即处死。有烈女张氏、曹氏抗二太子意，刺以铁竿，肆帐前，流血三日。《开封府状》记载：被抵押折价的各类女子统计竟有11635人。《呻吟语》载：被掠者终日以泪洗面。《青宫译语》载：完颜宗翰长子设也马看中宋徽宗已经出嫁的公主赵富金，强行嫁娶。《宋俘记》载：临行前俘房总数为14000名，第一批宗室贵戚妇女三千四百余人。一个月内，近半数妇女死去。未死者多送给留守金人，供其享乐。另有三百人留住浣衣院（就是妓院）。有的还被用来换马，或者卖到高丽、蒙古为奴。

被移送均州的二帝更加悲惨，徽宗在重病中死去，尸体被架到一个石坑上焚烧，烧到半焦烂时，用水浇灭火，将尸体扔到坑中。据说，这样做可以使坑里的水做灯油。据《大宋宣和遗事》记载，1156年6月，金主完颜亮命钦宗出赛马球，钦宗皇帝身体孱弱，患有严重的风疾，又不善马术，很快从马上摔下，被乱马铁蹄践踏死，葬处不明。

1137～1180年，法国国王路易七世在位。

1138～1193年，埃及阿尤布王朝开国君主萨拉丁。

1138～1254年，德意志霍亨施陶芬王朝。

1139～1185年，葡萄牙国王阿丰索一世在位。

南宋纪

高宗南渡河，改称中兴纪。

年号

立位在南京，安措民心志。

在河南　安抚　处置；安排

不顾父兄仇，听用奸臣计。

金贼复南侵，宋臣无主意。

奉帝建行营，出奔无远近。

逃跑

汪伯彦：

据说汪伯彦出身贫寒，但少有才名，中秀才后，在家读书备考科举时，被祁门知县王本看中，特筑"英才馆"请汪伯彦当塾师，王本把亲侄儿秦桧从南京接到祁门，师从汪伯彦。据说，秦桧在英才馆读书时，就有异人预言：祁山小邑，一书院有二宰相焉。

当初，汪伯彦已离开相州，金人抓了他的儿子军器监丞汪似，让他割地，包括相州。相州守臣赵不试坚守城池，金人就把汪似带到金国，很久他才回来。有人说汪似能回来，实际是汪伯彦派人赎回的。汪似后来改名叫汪召嗣。

金国在靖康之难中俘虏了众多的宋朝宗室，康王赵构算是其中的一位漏网之鱼。靖康二年，赵构从河北南下到陪都南京应天府（河南商丘）即位为宋高宗，改元建炎。之后，宋高宗一路从淮河、长江到杭州恢复宋朝，升杭州为临安府。绍兴元年正式定都临安，名为"行在"（陪都），实为首都。金军被岳飞打败，从此再不敢渡江。

在南宋"中兴四将"中，最著名的就是岳飞。他通过北伐夺取了金朝扶植的伪齐政权控制的土地，一直打到距开封仅四十五里的朱仙镇。北方义军也纷纷响应岳飞，以至于金人渡河北逃，但此时宋高宗连下十二道金牌催促岳飞班师，北伐之功毁于一旦，最后，岳飞以莫须有之罪名被害。绍兴十一年十一月，宋与金达成《绍兴和议》，两国以淮水－大散关为界。宋每年向金进贡银廿五万两，绢廿五万匹。后借口"莫须有"的罪名杀害了岳飞，绍兴和议后，宋高宗生父宋徽宗的灵柩和生母韦氏本人被送回南宋。

宋高宗任用秦桧为相。秦桧上台后，迫害与自己意见不同的官员，联姻外戚，结交内臣。宋高宗对于秦桧的行为也只是默许。后期由于秦桧权势太大，引来宋高宗的警觉。绍兴二十五年，秦桧病重，他又策划让其子接替相位，被宋高宗否决，不久就一命呜呼。

1138～1254年，德意志霍亨施陶芬王朝。

1147～1149年，第二次十字军东征。

1150年，柬埔寨吴哥窟建成。

1150年，巴黎大学建校。

1152～1190年，神圣罗马帝国皇帝腓特烈一世（红胡子）在位。

1154～1189年，国国王亨利二世在位。

1154～1399年，英国金雀花王朝。

南宋纪

宗泽韩世忠，尽心以死命。

秦桧多阴谋，专权主和议。

妒正害忠良，岳飞遭屈死。

群臣莫敢言，受制而已矣。

金人势力强，宋受害不已。

愿尊金为君，宋自称臣子。

quán
胡铨以 **极言**，称臣天下耻。
　　　极其愤怒的语言

三字狱：
　　奸臣秦桧担任丞相之后，全力主张与金国讲和，遭到了抗金名将岳飞的坚决反对。秦桧为了害死岳飞，收买了岳飞的部下，诬告岳飞和他的儿子岳云、大将张宪阴谋造反，将他们害死在风波亭。案件审理期间，韩世忠曾经愤怒地质问秦桧，要他拿出证据。秦桧含糊地说岳飞等人谋反的事情是"莫须有"（也许有）。韩世忠愤怒地说："'莫须有'三个字怎么让天下的人信服呢？"后来人们就把根本没有证据的冤案称作"三字狱"。

　　岳飞除了自己俭朴淡泊、刻苦励志外，对子女教育很严。要求他们每天做完功课后，必须下地劳作。除非节日，不得饮酒。虔城百姓暴乱时曾惊扰孟太后车驾，被岳飞平定后，高宗密旨屠城，岳飞冒险屡次求情，保全了一城老小。

　　"冻杀不拆屋，饿杀不打掳"，是岳家军的口号，也是真实的写照。损坏庄稼，妨碍农作，买卖不公……斩！所以岳家军所到之处，民众无不欢欣围观，"举手加额，感慕至泣"。

　　与将士同甘苦；待人以恩，常与士卒最下者同食。士卒伤病，岳飞亲自抚问；士卒家庭困难，让相关机构多赠银帛；将士牺牲，厚加抚恤。李氏亦时常慰问将士遗孀。如此赏罚分明官兵同心的军队，自然是"撼山易，撼岳家军难"。

　　岳飞还是历史上有名的孝子。岳飞把母亲姚氏接到军营中后，侍奉唯恐不周，每晚处理好军务，便到母亲处问安。当母亲生病时，岳飞亲尝汤药，跪送榻前，连走路都微声屏气而行，生恐吵扰了母亲的休息。凡遇率军出征，必先嘱咐妻子李娃好好侍奉母亲。

　　岳母于绍兴六年三月病故。岳飞与长子岳云赤足亲扶灵柩近千里，自鄂州归葬于江州庐山。岳飞认为："若内不能克事亲之道，外岂复有爱主之忠？"

1156～1804年，奥地利公国。

1163年，犹太教会堂始建于开封。

1167年，牛津大学建校。

1156年，克里姆林宫始建。

1159年，塞尔维亚建国。

1167年，伦巴德同盟建立。

南宋纪

孝宗光宗继，混沌^{dùn}终其世。

无所作为

贤才虽有之，不得行其志。

宁宗与理宗，政被奸臣削。

政权　　　削弱

^{tuō zhòu zǐ}

侂胄恣专权，宋纲从此弛。

放纵　　　秩序

金在理宗朝，国祚亦灭矣。

度宗皇帝立，天命将去矣。

韩侂胄（1152～1207年）字节夫，河南安阳人，南宋中期权臣、外戚。北宋名臣韩琦曾孙，母亲为宋高宗吴皇后妹妹。官至宰相，主张开禧北伐。任内追封岳飞为鄂王，追削秦桧官爵，后被杨皇后和史弥远设计杀害。韩侂胄禁绝朱熹理学与贬谪宗室赵汝愚，史称"庆元党禁"。

讲故事懂道理

宋高宗在当了三十六年皇帝以后，于公元1162年六月以"倦勤"、想多休养为由，传位给养子赵眘，是为宋孝宗。他自称太上皇帝。

赵构退位后，自称不再问朝政，其实也干预一些政事。有一天，他去灵隐寺冷泉亭喝茶，有个行者对他照料得很殷勤，他打量了一番行者说："我看你的样子不像个行者。"行者哭着诉说道："我本是一个郡守，因为得罪了监司，被诬陷降罪，罚为庶人。为了糊口，得来此处投亲，干此贱活。"赵构当即说："我明天替你去向皇帝说明。"回宫后果真对皇帝讲了，要复他的职。几天后他再去冷泉亭，见行者还在，他回宫后在宴饮时便怒容满面。孝宗小心翼翼地问赵构为何生气，赵构说："我老了，没人听话了，那行者的事，我几天前就同你讲了，为何不办理？"孝宗回答说："我昨日已向宰相讲起，宰相一查，说此人是贪赃枉法，免他一死已经宽大，再要复职实在不行。"赵构却不顾这些，说："那叫我今后怎么再见人，我已经答应他向你求情。"孝宗无奈，只得去对宰相说："太上皇大发脾气了，那人即使犯了谋杀罪，你也得给他复职。"宰相只得照办。

淳熙十四年十月乙亥日，赵构病死于临安行宫的德寿殿，时年八十一岁，谥号圣神武文宪孝皇帝，庙号高宗。

1174～1193年，埃及苏丹萨拉丁在位。

1183年，萨拉丁收复耶路撒冷。

1179～1223年，法国国王腓力二世在位。

1189～1192年，第三次十字军东征，次入侵意大利。

南宋纪

胡人元主兴，州郡遭割取。
指蒙古族

逞势入中原，宋兵难敌抵。

孝恭懿圣皇，被**执**[yì]归胡地。
俘虏

潭州李芾[fú]臣，力尽全家死。
今湖南长沙

李芾：
　　李芾，字叔章，他的祖上是广平人。他从小就聪敏机警。早年靠先人的业绩补缺做南安司户，后被征召做了祁阳尉，出外救济灾荒，不久就在当地有了好名声。代理祁阳县知县，该县被治理得很好，于是被征召做了湖南安抚司幕官。当时永州盗寇四起，官府招降他们，一年多都未成功。李芾跟参议邓炯领一千三百人攻破了盗寇的巢穴，活捉贼首蒋时选父子而回，他们的余党也随之平息。

　　蒙古人的直系祖先是和鲜卑、契丹人属同一语系的室韦各部落。蒙古部落的经济发展很不平衡，到12世纪时，大部分都是从事狩猎游牧，只有少数部落经营农业。不过这时，他们通过同中原的贸易获得了大量铁器，从而推动了生产的发展，阶级的分化更加明显。为了掠夺更多的财富，各个部落的奴隶主互相展开战争。

　　蒙古高原地区的众多蒙古部落原为金国的臣属。随着金朝的衰落，蒙古部落也开始壮大起来，逐渐脱离金国政权的统治。金泰和四年，蒙古诸部领袖铁木真通过战争统一了蒙古高原的各蒙古部落。金泰和六年，铁木真被各部落推举为"成吉思汗"，建立政权于漠北，蒙古国成立，国号为蒙古国。从此，蒙古草原结束了长期混战的局面。

　　蒙古汗国成立后，不断发动侵略战争扩张其疆域。1264年阿里不哥大汗战败，忽必烈夺得蒙古汗国的最高统治权。忽必烈推行的"行汉法"主张，明显违背了蒙古传统，而造成许多蒙古贵族的不满，拒绝归附忽必烈汗国，结果导致其他几个蒙古汗国纷纷敌对。这场内战让四大汗国先后脱离独立，直到元成宗时期才承认元朝为宗主国。

传奇英雄罗宾汉。

1198年，条顿骑士团成立。

1202年，意大利斐波那契发表《计算之书》把印度－阿拉伯计数法介绍到西方。

1192年，日本幕府政治建立。

1200年，欧洲人开始使用眼镜。

南宋纪

端宗与帝昺（bǐng），世乱不可立。

弃位居河舟，漂泊无定止。

执义文天祥，捐生江万里。

世杰陆秀夫，临死心如矢（shǐ）（箭）。

文天祥：
南宋丞相，抗元将领，兵败被俘后送到北京，拒绝元朝的威胁利诱，英勇牺牲。

江万里：
曾任南宋丞相，在抗元战争中牺牲。

世杰：
张世杰，南宋大将。

陆秀夫：
南宋最后一位丞相。他们一直坚持抗战，直到南宋灭亡双双殉国。

讲故事懂道理

咸淳十年七月九日，度宗去世，终年35岁。宋度宗去世后，其长子赵㬎即位，当时，南宋的统治已进入瘫痪状态。德祐元年春，蒙元攻克军事重镇安庆和池州，威逼建康，长江防线崩溃，朝野大震，各界都冀望贾似道能出征，结果宋军大败。1276年蒙元军攻占南宋行在临安，俘5岁的南宋皇帝恭宗。德祐二年二月初五，临安城里举行和平受降仪式，赵㬎正式退位。

后来，南宋残余势力陆秀夫、文天祥和张世杰等人连续拥立了两个幼小的皇帝。蒙元对小皇帝穷追不舍，不断逃亡至南方，经过粤地。赵昰在福州即位，是为端宗，改元景炎。但是，小朝廷内部斗争不断，景炎元年十一月，蒙军逼近福州，十一月十五日，朝臣陈宜中、张世杰护送赵昰和赵昺乘船南逃，从此小朝廷只能在海上行朝。

景炎三年春，小朝廷抵达雷州。四月十五日，年仅十一岁的赵昰去世。陆秀夫与众臣拥戴赵昺为帝，改元祥兴。逃至新会至南海一带。宋军无力战斗，全线溃败，史称崖门海战。走投无路的南宋终于在1279年3月19日，赵昺随陆秀夫及赵宋皇族八百余人集体跳海自尽，至此南宋彻底灭亡。四十多年与蒙古的抗衡以失败完结。

1200年，巴黎圣母院始建。修建卢浮宫，巴黎初见规模。

1204～1261年，西欧十字军建立的拉丁帝国。

廓尔王朝为花拉子模所灭。

1226年，条顿骑士团入侵普鲁士。

1202～1204年，第四次十字军东征。

1215年，英王约翰(无地王)签署《自由大宪章》。

1222年，匈牙利颁布金玺诏书。

南宋纪

文武百官僚，帝后并妃子。

兵卒十万馀，并死东海里。

俱欲争帝畿，势败不可已。
　　　　 皇帝的疆土 　　　 挽回

后觅获帝尸，腰间得绶玺。
　　　　　　　　　　　 xǐ

宋岂无忠臣，天运止乎此。

前后十八代，三百余年纪。

震天雷：
　　北宋开宝八年（975年），宋朝在攻灭南唐时使用了"火炮"。这是一种使用可燃烧弹丸的投石机。北宋政府在建康府（今江苏南京）、江陵府（今湖北江陵）等城市建立了火药制坊，制造了火药箭，火炮等以燃烧性能为主的武器，宋敏求在《东京记》载，京城开封有制造火药的工厂，叫"火药窑子作"。这时的弹丸已可爆炸，声如霹雳，故称之"霹雳炮"。靖康元年（1126年），金人围攻汴京，李纲在守城时曾用霹雳炮击退金兵，"夜发霹雳炮以击贼，军皆惊呼"。

讲故事懂道理

宋度宗去世后，其长子赵显即位，就是宋恭宗。当时，宋朝的统治已进入瘫痪状态。德祐二年二月初五，临安城里举行受降仪式，宋恭宗被俘，南宋灭亡。

接着，赵㬎之弟赵昰和赵昺被大臣保护逃出临安。赵昰在福州即位，是为宋端宗，改元景炎。但是，小朝廷内部斗争不断，景炎元年十一月，蒙军逼近福州，十一月十五日，朝臣陈宜中、张世杰护送赵昰和赵昺乘船南逃，从此小朝廷只能在海上行朝。景炎三年春，小朝廷抵达雷州。四月十五日，年仅十一岁的赵昰去世。陆秀夫与众臣拥戴赵昺为帝，改元祥兴。

在元军猛攻下，雷州失守，小朝廷迁往崖山。元军在北方汉人将领张弘范领军紧追在后，对崖山发动总攻，宋军无力战斗，全线溃败。赵昺随陆秀夫及赵宋皇族八百余人集体跳海自尽。至此宋朝皇族在中国的势力彻底消灭。张世杰率领水军余部突围而出来到海陵山脚下，听说陆秀夫背负赵昺共同殉国的噩耗。张世杰悲痛不已，堕身入海。世人不耻张弘范，特于此立碑"宋张弘范灭宋于此"嘲之，宋朝到此宣告彻底灭亡。崖山海战极为惨烈，战后，有十万人自杀殉国，海上都是尸体。文天祥亲眼目睹惨状，作诗云："羯来南海上，人死乱如麻。腥浪拍心碎，飙风吹鬓华。"

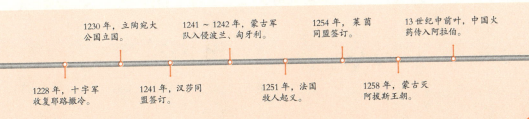

1228年，十字军收复耶路撒冷。

1230年，立陶宛大公国立国。

1241年，汉莎同盟签订。

1241～1242年，蒙古军队入侵波兰、匈牙利。

1251年，法国牧人起义。

1254年，莱茵同盟签订。

1258年，蒙古灭阿拔斯王朝。

13世纪中前叶，中国火药传入阿拉伯。

元纪

大元皇帝兴，其祖本胡人。

灭宋居中国，以德化黎民。
化 教育，教化

用夏变夷道，风俗尽还淳。
夏 华夏，这里指中原

轻徭薄税敛，节用省繁刑。
徭 yáo 劳役　　　繁刑 liǎn 重刑，酷刑

躬身于阁老，以礼下公卿。
阁老 年老而地位高的大臣　　公卿 泛指大臣

天下一区宇，四海乐升平。
一 统一　区宇 疆土，疆域　　升平 太平

讲故事懂道理

至元八年，忽必烈称帝，正式建国号大元。北方政局稳定后，忽必烈决定采用南宋降将刘整建议，先拔襄阳、浮汉水入长江，进取南宋。至元五年，命阿术、刘整督师，围困隔汉水相望的襄、樊重镇，襄樊军民拒守孤城达六年。至元十年初，元军攻下樊城，襄阳守帅吕文焕出降。

次年六月，忽必烈命伯颜督诸军，分两路大举南进。左军由合答节度，以刘整为前锋，由淮西出师。伯颜本人与阿术领右军主力，九月，自襄阳出发，沿汉水入长江；同时，命董文炳自淮西正阳南逼安庆，以为呼应。至元十三年正月，宋幼帝赵㬎上表降元。

之后，南宋大臣文天祥与张世杰、陆秀夫等在东南沿海继续顽抗，拥立益王赵昰为帝。赵昰死后，又拥立卫王赵昺，继续抗战。至元十五年，文天祥兵败被俘，被囚于大都三年之久，拒绝了元朝的招安后从容就义。至元十六年，汉人降将张弘范指挥蒙元军在崖山消灭了南宋最后的抵抗势力，陆秀夫背着8岁的幼帝赵昺投海殉国，南宋灭亡。

元朝的统一，结束了自唐末藩镇割据以来中国国内的南北对峙、五六个民族政权长期并存的分裂和战乱局面，推动了多民族统一国家的巩固和发展。

1265年，英国首次国会召开。

1282年，西西里晚祷起义。

1285～1314年，法国国王腓力四世在位。

1291年，十字军东征失败。

1265～1321年，意大利文艺复兴运动先驱但丁在著《神曲》。

1283年，莫斯科公国建立。

13世纪～15世纪，西欧建立议会制。

元纪

成宗皇帝立，朝野悉调停。
都 协调安定

武宗登帝位，下诏封孔庭。

诸贤皆受赠，圣道复高明。
指文化

仁宗英宗继，岁稔世安宁。
rěn
丰收

人民叨乐业，军旅罢徭征。
享受 劳役和征战

廷试取科第，才杰并超升。
破格提升

元至元二十二年，元朝太子真金去世。按照嫡长子继位的传统观念，元世祖忽必烈把希望寄托在真金之子特穆耳的身上。

成宗即位后，对中央人事没有做大调整，继续实行世祖末年的减免赋役、赈济灾民等宽大的政策。至元三十一年六月，成宗下诏减免所在这一年的包银、俸钞，以及内郡地税和江淮以南州县当年的一半夏税。后来又多次下诏减免赋税，其中规模较大的有元贞元年下诏停止一切非急需的工程营建，免除元贞元年五月以前积欠的钱粮。为了保障社会经济的正常发展，成宗一即位就下诏罢征安南（越南中北部古国），宽宥其抗命之罪，释放了扣押的安南使节，开始着手缓和与周边各国的关系，放弃了忽必烈动辄征战、继续扩张的政策。对待贵族官僚则采取恩威并施的方针。一方面多次赏赐诸王、公主、驸马，增加官员俸禄；一方面厉行整顿吏治，约束权贵。例如，成宗即位的第二个月便下诏各道廉访司及时追查转运司官员欺隐奸诈的案子，以防止管财政的官员贪污中饱。同年十月，要求中书省臣约束属宫官，凡对公事敷衍塞责者处以笞刑。元贞元年七月，下诏告诫全体官吏，有再犯贪赃之罪者，罪加二等，从重处理。不久，又将对贪赃罪的处理改为罪加三等。十二月，下诏禁止诸王擅自干预地方行政。

1293年，佛罗伦萨颁布《正义法规》。

1297～1328年，威廉·华莱士领导苏格兰独立战争。

1291年，瑞士永久同盟建立。

1295年，英国召开模范国会。

1299年，奥斯曼一世创建奥斯曼帝国。

元纪

晋王泰定立，可称为 治平。

安定太平

文宗继帝位，以位让于兄。

明宗虽称帝，未得登帝廷。

宁宗年七岁，即位数旬 倾。

倾覆，覆亡

从此后多事，灾生怪异兴。

元宁宗：

李儿只斤·懿璘质班，元朝第十位皇帝，元明宗次子。

天历三年二月乙巳日，被封为鄜王。至顺三年十月初四，卜答失里皇后遂奉文宗遗诏拥立年仅7岁的懿璘质班在大都大明殿登上皇位，是为元宁宗。因为皇帝年幼，卜答失里太后临朝称制，成了元王朝的实际统治者。

至顺三年十一月二十六日，元宁宗在大都病逝，年仅7岁，在位仅53天，葬于起辇谷，谥曰：冲圣嗣孝皇帝。

讲故事懂道理

元文宗李儿只斤图帖睦尔，是元朝第12位皇帝（1328～1329年在位；后复位，在位时间为1329～1332年，在位时间共计4年），他是元武宗的次子。图帖睦尔于1328年被知枢密院事燕帖木儿在大都拥立为天子，并打败天顺帝朝廷，天下安定。

但是文宗却采取燕帖木儿的建议，立文宗哥哥周王和世，是为元明宗，图帖睦尔被立为皇太子；后图帖睦尔又毒死和世，重新为帝，改元天历，史称天历之变。文宗重祚以后，修《经世大典》，建圭章阁，欲兴文治。但是文宗在位期间，丞相燕帖木儿自持有功，玩弄朝廷，元朝朝政更加腐败，国势更加衰落。文宗在位期间国内多次爆发农民起义，大动乱正在酝酿之中。英宗时，图帖睦尔曾被流放至海南琼州，泰定帝即位后召还京，晋封怀王，出居建康、江陵等地。

公元1332年八月，文宗病死，死前自悔谋害兄长之事，吐露真情，遗诏立明宗之子以自赎。死后葬起辇谷，封谥曰文宗圣明元孝皇帝。

元文宗死于1332年9月，终年29岁，谥号圣明元孝皇帝，尊号（汗号）札牙笃汗。

13世纪，埃塞俄比亚封建国家兴起。

14～16世纪，欧洲文艺复兴运动。

14世纪初～1521年，印第安人阿兹特克文明。

1313年，教皇始发赎罪券。

14世纪，马里王国全盛时期，意大利出现资本主义萌芽。

1303～1307年，意大利多尔钦诺起义。

1313～1375年，薄伽丘，著《十日谈》。

元纪

顺皇帝即位，殆政弛经纶。
　　　　　　dài
　　　　　　懈怠　荒废　筹划国家大事

地震山崩裂，日午见妖星。
　　　　倒塌　　　　出现

嗜欲耽游宴，纵侈困生灵。
shì
爱美色 沉迷　　　　奢侈

岁饥民相食，四海动戈兵。
收成

> 1331年，元《皇朝经世大典》成书，这是明修《元史》的重要依据。
>
> 1344年，黄河水暴涨，白茅堤、金堤溃堤。黄河中下游一片泽国。
>
> 金属管火炮火铳出现。指南针广泛使用，造船技术和航海技术先进。近百个国家与中国有海上贸易。

　　元惠宗，元明宗长子，在位时间为1333～1370年。

　　1330年，母亲迈来迪被杀，元惠宗被驱逐，首先被驱逐到高丽的平壤，后来到广西的桂林。1332年十一月，元宁宗逝世，太皇太后卜答失里下令立孛儿只斤·图贴睦尔为皇帝，受到左丞相燕铁木儿反对，因此一直到次年6月才继位。燕铁木儿的儿子唐其势叛乱，一直到1335年才得以平定。当时右丞相伯颜的势力很大，实际控制着朝政，甚至一度不把元惠宗放在眼里。伯颜采取排挤南人的政策，例如禁止南人参政，取消科举，而且不允许汉人学蒙古语，这些做法加深了汉蒙两族之间的不和，也使得元惠宗更加不满。

　　1350年，元朝境内发生通货膨胀，加上为了治水加重了徭役，导致了1351年的红巾军起义。虽然1362年元军获得一定胜利，但由于起义军的势力已大，朝廷内部又发生皇帝和皇太子两派之间的明争暗斗，因此元惠宗无法有效地控制政局，而在外的各行省的将领有时也各行其是，不听中央政府统一指挥。这一切给了南方农民起义壮大的机会。

　　1368年，明军进攻大都，元惠宗向北撤退，到达上都，后转至应昌。并两次组织元军反攻，未成。1370年5月23日，元惠宗病逝于应昌。

1325年，阿兹特克人建特诺奇蒂特兰城。

1328～1589年，法国瓦卢瓦王朝。

1331～1392年，日本南北朝时期。

1321年，佛罗伦萨大学建校。

1321～1414年，德里苏丹国图格鲁克王朝。

1331～1355年，塞尔维亚国王斯特凡·杜尚在位。

元纪

刘福通作乱，自号红头巾。

陈友谅称帝，水战鄱湖滨。
　　　　　　　　 pó
　　　　　　　鄱阳湖的简称

忠臣三十六，死节于波心。

立庙康山上，千载仰雄名。
　康郎山，在鄱阳湖边　　比喻永远　敬仰

红巾军：

　　红巾军，又称作红军，是元朝末年起来反抗元朝的主要起事力量，起于元顺帝统治末年政治败坏、税赋沉重，加上天灾不断，该事最初是与明教、弥勒教、白莲教等民间宗教结合所发动的，因打红旗，头扎红巾，故称作"红巾"或"红军"，又因焚香聚众，又被称作"香军"。

　　随后，南方红军将领陈友谅则于1360年杀徐寿辉自代。此后各群雄互相争战，已渐失去原本红巾军的性质。

讲故事懂道理

　　当时，长江以南只有陈友谅部最强。朱元璋攻取太平后，与他为邻。1359年，陈友谅以会师为名，从江州突然来到安庆，赵普胜在雁汊以烧羊迎接，当他刚一登船，陈友谅便马上杀了他，吞并其军。然后以轻兵袭击池州，被徐达等击败，参战军队全军覆没。

　　当初陈友谅攻占龙江时，徐寿辉想迁都龙兴，陈友谅不同意。

　　1360年，徐寿辉仓促从汉阳出发，临时驻扎江州。江州是陈友谅管辖之地，他命士兵埋伏在城外，然后将徐寿辉迎入城中，马上紧闭城门，将徐寿辉所有部全部消灭。随即以江州为都，挟奉徐寿辉居于此地，而陈友谅则自称汉王，设置王府官属。然后挟持徐寿辉东下，进攻太平。但太平城坚不可拔，于是陈友谅军便利用大型船只靠近西南城墙，士兵们顺着船尾爬过矮墙进入城内，攻克太平城。此后，陈友谅便愈加骄狂。陈友谅部进驻采石矶后，他派遣部将假装到徐寿辉面前陈述事情，趁机安排壮士用铁器击碎徐寿辉的脑袋。徐寿辉一死，陈友谅便以采石五通庙为行殿，即皇帝位，国号汉，改元大义，太师邹普胜以下都是以前的旧官。

1333～1369年，欧洲黑死病蔓延。

1334年，加查·玛达任麻喏巴歇首相。

1336～1562年，日本室町幕府。

1333～1336年，年日本建武中兴。

1336～1405年，帖木儿在世。

元纪

诸凶皆僭号，百姓如扬尘。

顺帝知势败，弃位归边廷。

传位**凡**十帝，功业一朝**倾**。
　　总共　　　　　　覆灭

光阴能**几许**，八十九年零。
　　　多少

元朝皇帝世系表：
　　元世祖（忽必烈）、元成宗（铁穆耳）、元武宗、元仁宗、元英宗、元文宗、元明宗、元宁宗、元惠宗、元昭宗。

元朝等级制度：
　　在封建制度里，贵族处于最高统治地位，当蒙古人侵占其他国家建立政权后，为维护蒙古贵族的专制统治权，采用"民分四等"的政策，把中国人分为四等：一等蒙古人，二等色目人，三等汉人，四等南人。采用这一政策维护蒙古贵族的特权。

讲故事懂道理

元朝虽然在空间地域上超过了汉唐盛世，但在存在时间上却无法与汉唐相比从1260年44岁的忽必烈于当年3月践祚开平、5月改元"中统"、正式创建元朝起，到至正二十八年元惠宗北遁亡国为止，共存在了108年。

在这108年的统治中，前15年是忽必烈在世、国家处于上升的鼎盛时期。忽必烈死后，由他的孙子铁穆耳继位，度过了一个政局相对平稳的阶段。但从那时起，内部矛盾渐露，腐败开始滋生。

蒙古大汗可以随时把汉人视如生命的农田连同农田上的汉人，像奴隶一样赏赐给皇亲国戚，汉人没有地方可以申诉。蒙古人，还可以随意侵占农田，他们经常突然间把汉人从肥沃的农田上逐走，任凭农田荒芜，生出野草，以便牧畜。

元末，由于皇帝昏聩无能，政权往往被少数大臣控制，如文宗时的燕帖木儿、元顺帝时的佰颜之流，他们穷奢极欲，肆意无忌，霸占田产，祸害百姓。他们怕人民造反，没收铁器，十家人共用一把菜刀。传说谁家娶媳妇，元朝小官吏还可以占睡新娘子洞房花烛的第一夜等等。

在这种情势下，老百姓被逼迫得走投无路，于是他们只得起来造反。元末农民大起义席卷全国，敲响了消灭元王朝的丧钟。

1337年，英法百年战争开始。

1342～1382年，匈牙利国王路易一世在位。

1337～1453年，英法百年战争。

1342～1349年，拜占庭吉洛特起义。

1343年，英国议会成为两院制。

明纪

太祖明皇帝，生时火烛邻。

照亮

红罗浮江至，母拾洗儿辰。

绸子

世居在淮右，状貌异常人。

淮河北岸。古代江河北

岸称右，南岸称左

qiǎng bǎo
襁褓中多疾，父欲度为僧。

剃头，当和尚

朱元璋出生之谜：

朱元璋诞生时，本来位于路西的二郎神庙竟然搬了家，搬到路东数十步之外靠近河边的地方。于是，他母亲就抱着新生儿到河中洗澡。这时，水中忽然漂来了一方红罗，他母亲就拿这方红罗做了婴儿的襁褓。后来，那漂来红罗的地方就被叫"红罗障"。这本书上还附会说：朱元璋诞生时，屋上红光烛天，於皇寺（后改称皇觉寺）僧人远远地望见了，都惊疑是发生了火灾。第二天早晨一打听，才知道是有一个孩子出生了。

相传，朱元璋少时家贫，从没吃饱过肚子。有一次，他一连三日没讨到东西，又饿又晕，在街上昏倒了，后为一位路过的老婆婆救起带回家，将家里仅有的一块豆腐块和一小撮菠菜，红根绿叶放在一起，浇上一碗剩米饭一煮，给朱元璋吃了。朱元璋食后，精神大振，问老婆婆刚才吃的是什么，那老婆婆苦中求乐，开玩笑说那叫"珍珠翡翠白玉汤"。

后来，朱元璋投奔了红巾军，当上了皇帝，尝尽了天下美味珍馐。突然有一天他生了病，什么也吃不下，于是便想起了当年在家乡乞讨时吃的"珍珠翡翠白玉汤"，当即下令御厨做给他吃。那厨师无奈，只得用珍珠、翡翠和白玉入在一起，熬成汤献上，朱元璋尝后，觉得根本不对味，一气之下便把御厨杀了，又让人找来一位他家乡的厨师去做。这位厨师很聪明，他暗想：皇上既然对真的"珍珠翡翠白玉汤"不感兴趣，我不妨来个仿制品碰碰运气。因此，他便以鱼龙代珍珠，以红柿子椒切条代翡（翡为红玉），以菠菜代翠（翠为绿玉），以豆腐加馅代白玉，并浇以鱼骨汤。将此菜献上之后，朱元璋一吃感觉味道好极了，与当年老婆婆给他吃的一样，于是下令重赏了那位厨师。那厨师得赏钱后，便告病回了，并且把这道朱皇帝喜欢的菜传给了凤阳父老。

1343～1400年，诗人乔吉。

1346～1378年，德意志、捷克国王查理四世在位。

明纪

及后双亲殁，皇觉寺托身。
mò
死

紫衣同寝室，微时有异征。
还没有显贵的时候

身虽为僧侣，有志安生民。

讲故事懂道理

1343 年，朱元璋家也染上瘟疫，不到半个月，他的父亲、大哥以及母亲陈氏先后去世。只剩下朱元璋和二哥，家里又没钱买棺材，甚至连块埋葬亲人的土地也没有，邻居刘继祖给了他们一块坟地。他们兄弟二人找了几件破衣服包裹好尸体，将父母安葬在刘家的土地上。为了活命，朱元璋与他的二哥、大嫂和侄儿被迫分开，各自逃生。

朱元璋边走边乞讨，他从濠州向南到了合肥，然后折向西进入河南，到了固始、信阳，又往北走到汝州、陈州等地，东经鹿邑、亳州，于 1348 年又回到了皇觉寺。在这流浪的三年中，他走遍了淮西的名都大邑，接触了各地的风土人情，见了世面，开阔了眼界，积累了社会生活经验。艰苦的流浪生活铸就了朱元璋坚毅、果敢的性格，但也使他变得残忍、猜忌。这段生活对朱元璋的一生都产生了深远的影响。而在外云游的三年，也正是元末农民起义风起云涌的时期。社会上广泛流传着"明王出世，普度众生"的说法，北方的白莲教也在进行同样的宣传。朱元璋在流浪中，也接触到了这样的宣传。

随后，朱元璋收到儿时伙伴汤和的信，邀请他参加郭子兴的义军。恰在此时，他的师兄偷偷告诉他，说有人知道此信内容，要去告密。于是，朱元璋便去投奔了郭子兴的红巾军。这一年，朱元璋 25 岁。

1347 ~ 1353 年，黑死病（鼠疫）在欧洲流行，死亡约 2400 万人。

1347 年，黎恩济建罗马共和国。

明纪

稽首伽蓝座，以玟卜前程。
<small>jī</small>
<small>跪拜礼　菩萨　　　古代一种占卜用具</small>

伽神示吉兆，决意去从军。
<small>奋发的样子</small>

奋然入濠郡，被执见子兴。
<small>háo</small>
<small>招做女婿</small>

子兴奇帝貌，大悦馆为甥。

有如鱼得水，大权付掌兵。

高皇后马氏：

　　明太祖孝慈高皇后马氏，明太祖朱元璋的原配妻子。在朱元璋平定天下、创建帝业的岁月里，马氏和他患难与共。

　　1368年（洪武元年）正月，朱元璋登基于应天府，国号大明，建元洪武，册封马氏为皇后。朱元璋对马皇后一直非常尊重和感激，对她的建议也往往能认真听取和采纳。马氏保持节俭朴实的生活作风，以身作则。

　　1382年（洪武十五年）农历八月，马皇后病逝，年51岁。同年农历九月葬于孝陵，谥号孝慈皇后。

讲故事懂道理

　　朱元璋入伍后，因为他作战勇敢，而且机智灵活、粗通文墨，很快得到了郭子兴的赏识，于是把朱元璋调到帅府当差，任命为亲兵九夫长。朱元璋精明能干，处事得当，不久，朱元璋在部队中的好名声便传播开来。郭子兴也把他视作心腹知己，有重要事情总是和朱元璋商量。当时郭子兴有一养女，是其至交马公的女儿。马公死后，他最小的女儿便由郭子兴收养。此时，郭子兴见朱元璋是个人才，于是便把养女马氏嫁给了朱元璋，从此军中改称他为朱公子，朱元璋另起了正式名字为元璋，字国瑞。

　　当时，在濠州城中，红巾军有五个元帅。郭子兴一派，孙德崖与其他三个元帅一派，两派之间矛盾重重。这年九月，徐州红巾军主将芝麻李被元军杀害，其部将彭大和赵均用率兵到了濠州，彭大与郭子兴交好，而孙德崖等人则拉拢赵均用。在孙德崖的鼓动挑拨下，赵均用绑架了郭子兴，并将郭子兴弄到孙家毒打一顿，准备杀掉他。朱元璋闻讯后，在彭大的支持下，率兵救回了郭子兴。从此，两派结怨更深了。

　　朱元璋见濠州城诸将争权夺利、矛盾重重，决心依靠自己的力量，开创新局面。至正十三年六月中旬，朱元璋回乡募兵，很快就募兵七百多人，回到濠州后，郭子兴十分高兴，就提升朱元璋做了镇抚。

1348年，意大利黑死病肆虐。

1349年，泰国罗斛国灭素可泰王朝。

1356年，金玺诏书、七选帝候。

1349年，《斯特凡·杜尚法典》制订。

14世纪中叶，佛罗伦萨大教堂建筑群始建。

明纪

一时豪杰附，首推常遇春。

继而徐达辈，先后尽归心。
　　　　　　　　听从，服从

一举西汉灭，再战东吴平。

三驾元都克，数年帝业成。
驾车征伐，派大军出征

天授非人力，定鼎在金陵。
　　　　　建立王朝　现在的南京

> 常遇春：
> 　　常遇春出身于贫苦农民之家。青少年时期，不甘心于老死田间，因而随人习练武术。家贫，无力支付学费，就以多出力干些勤杂工换取学习机会。到长大成人之后，常遇春体貌奇伟，身高臂长，力大过人，学武有成，精于骑射，各种兵器都能使用。
> 　　常遇春对朱元璋一直忠心耿耿，敢于直言，效命疆场，尽瘁而终。朱元璋对常遇春很爱重，认为常遇春的功勋"虽古名将，未有过之"。

讲故事 懂道理

　　徐达出生于一个世代种田的农民家庭，小时曾和朱元璋一起放过牛。元朝末年，他目睹政治黑暗，民不聊生，慨然有"济世之志"。元末农民战争爆发后，在郭子兴起义军中当小军官的朱元璋回乡招兵，他"仗剑往从"，从此开始了戎马倥偬的军事生涯。

　　不久，郭子兴与另一首领孙德崖发生冲突，拘捕了孙德崖，而孙之部众则扣留了朱元璋。徐达挺身而出，到孙德崖军中去做人质，换回朱元璋。直到郭子兴释放孙德崖后，他才被放出来。朱元璋因此对他非常感激，也更加信任。

　　郭子兴病逝后，朱元璋执掌全军大权，挥师南渡长江，攻占采石、太平，谋攻集庆，徐达"与常遇春皆冠军，而达独参与进止"，成为朱元璋最倚重的一员战将。

　　洪武十八年二月，徐达病逝，享年54岁。朱元璋追封他为中山王，赐谥"武宁"，赐葬于南京钟山之阴，并亲为之撰写神道碑，赞扬他"忠志无疵，昭明乎日月"。后复命"配享太庙，塑像祭于功臣庙，位皆第一"。

1358年，法国扎克雷起义。

1367年，汉萨同盟形成。

1356年，查理四世颁布金玺诏书。

1365年，维也纳大学建校。

1369～1415年，捷克宗教改革家胡斯。

明纪

帝方**御极**始，首重在儒臣。
　　　登上皇位

廷师访治道，劝**课籍田**耕。
聘请　　　　　　督促　古代帝王亲自耕
　　　　　　　　　　作的小块农田

毁床**却**竹簟，俭德实堪**钦**。
　　　diàn　　　　　　　qīn
　　　退回　　　　　　　尊敬

临朝戒母后，预政防外亲。

官不立丞相，政事归六卿。

内侍禁识字，**中官**不**典兵**。
宦官　　　　　宦官　带兵

皇图古未有，千秋颂圣明。
国家的版图

六卿：
　　吏部、礼部、工部、刑部、兵
部、户部六个部的部长，称作尚书。

　　元朝末期，官员贪污，蒙古贵族糜烂，朝政腐败。1356年朱元璋率兵占领集庆，改名为应天府，并攻下周围一些军事要地，获得一块立足的基地。朱元璋采纳谋士朱升"高筑墙，广积粮，缓称王"的建议，经过几年努力，其军事和经济实力迅速壮大。1360年，陈朱双方在集庆西北的龙湾展开恶战，陈友谅势力遭到巨大打击，逃至江州。1363年，通过鄱阳湖水战，陈友谅势力基本被消灭。1367年朱元璋自称吴王，率军攻下平江，灭张士诚，同年又消灭割据浙江沿海的方国珍。

　　1368年正月，朱元璋于金陵应天府即皇帝位，开启三百年的明朝。之后趁元朝内讧之际乘机北伐和西征，同年攻占元大都，元朝撤出中原。之后于1371年消灭位于四川的明玉珍势力，于1381年消灭据守云南的元朝梁王。最后，于1388年深入漠北进攻北元，天下至此初定。

　　由于幼年对于元末吏治的痛苦记忆，明太祖即位后一方面减轻农民负担，恢复社会的经济生产，改革元朝留下的糟糕吏治，惩治贪污的官吏，使社会经济得到恢复和发展，史称洪武之治。

大津巴布韦遗址，发现城堡、庙宇、梯田、水渠、采矿场、铁制品。

1378年，佛罗伦萨梳毛工人起义。

1375～1524年，阿兹特克帝国，莫西卡人统治。

1370年，丹麦与汉萨同盟签订《斯特拉尔松和约》。

1378～1417年，天主教会大分裂。

明纪

建文本慈仁，如何位不保。

论者咎(归罪)削藩，燕谋究(终究)蓄早。

登陛(宫殿的台阶)不拜时，卓敬机先晓。

若听徙(迁移)封言，靖难(消除灾难)兵不扰。

在廷岂无人，齐黄殊(特别)计左(不协调)。

披缁(和尚的衣服)削发逃，误主祸不小。

话说朱元璋去世之前，太子朱标早已仙逝，由太孙朱允文继皇位，即明惠帝。当时，诸王拥兵自重，多有不法，朱允文为巩固政权，决定削藩。朱棣是朱元璋的第四个儿子，公元 1399 年 6 月，朱棣在僧人道衍的策划下，以祖训朝无正臣、必清臣侧之恶为名，举兵征讨，直犯京师，自号靖难。

建文四年，即公元 1402 年，燕王朱棣渡江京师，谷穗和李景隆开了金川门，迎入燕王。举朝上下，惊慌失措，惠帝朱允文一看大势已去，心想自杀算了，刚要拔剑自尽，太监王越伏奏："陛下不可轻生。记得从前高皇帝升遐时，曾交付掌宫术监一个箧子，并嘱附子孙若有大难，可开箧一视，自有妙法。"

不一会儿，四个太监抬着一个红箧进入殿来。谁知打开一看，里面只有三张度牒，一张上写着应文，一张上写着应能，一张上写着应贤。箧里还有一些袈裟、僧帽、僧鞋等和尚所用衣物，样样俱全，并有剃刀一把、白银十绽，还有一张写着字的红纸："应文从鬼门出，余人从水关御沟出行，辰时可汇集神乐马观房。"众人皆惊。

于是，三人脱下官袍，披上袈裟，藏好度牒。一切准备就绪，惠帝朱允文披着袈裟，前后只带九人由鬼门出逃，同时命王越纵火焚烧宫殿。从此，惠帝朱允文便开始了他当和尚的生活。

1380 年，罗斯各公国与蒙古军进行库利科夫战役。

英国颁布航海条例。

1391 年，高丽颁布《科田法》。

1386 ～ 1813 年，米兰大教堂修建。

1381 年，英国瓦特·泰勒起义。

1385 年，波兰与立陶宛大公国克列沃联合。

167

明纪

成祖皇帝立，<u>发迹</u>在燕京。
<u>因为立功或其他原</u>
<u>因突然兴起</u>

<u>途歌</u>果有验，燕飞入帝城。
<u>民间歌谣</u>

究难逃一字，刘璟语堪惊。
jǐng

旧君程济出，新主景隆迎。

朱氏山河旧，朝廷政事新。

靖难之役：
　　明太祖把儿孙分封到各地做藩王，
藩王势力日益膨胀。他死后，建文帝
即位。建文帝采取一系列削藩措施，
威胁藩王利益，坐镇北平的明太祖四
子燕王朱棣起兵反抗，随后挥师南下，
史称"靖难之役"。1402年，朱棣攻
破明朝京城南京，战乱中建文帝下落
不明。同年，朱棣即位，就是明成祖。
第二年，改元永乐，改北平为北京。
1421年，迁都北京，称北京为京师，
南京为留都。靖难之役，是明朝开国
后不久爆发的一场统治阶级内部争夺
皇位的战争。

　　瓜蔓抄是朱棣夺位后诛戮建文诸臣之手
段。因残酷诛戮，妄引株连，如瓜蔓之伸延，
故名。初因建文四年，朱棣攻占南京后，左
金都御史景清行刺未遂，朱棣下令夷其九族，
尽掘其先人冢墓。又籍其乡，转相攀染，致
使村里为墟。后遂泛指朱棣穷治忠于建文诸
臣之举。朱棣在位期间进一步强化了君主专
制。永乐初，曾先后复周、齐、代、岷诸王
旧封，但当其皇位较巩固时，又继续实行削
藩。建文帝的三个弟弟吴王朱允熥、衡王朱
允熞、徐王朱允尚未就藩，朱棣将他们降为
郡王并让朱允熥、朱允熞就藩，但当年就将
二人召到燕京，废为庶人，禁锢于凤阳，只
留朱允给朱标奉祀。削齐王护卫及官属，不
久废为庶人；迁宁王于南昌；徙谷王于长沙，
旋废为庶人；削周、岷、代、辽诸王护卫。
他还继续实行朱元璋的徙富民政策，以加强
对豪强地主的控制。朱棣重视监察机构的作
用，设立分遣御史巡行天下的制度，鼓励官
吏互相告讦。他利用宦官出使、专征、监军、
分镇、刺臣民隐事，设置镇守内臣和东厂衙
门，恢复洪武时废罢的锦衣卫，厂卫合势，
发展和强化了专制统治。

1396年，奥斯曼帝国军队
与十字军在尼科堡会战。

1392～1910年，中国大明皇帝册封
高丽李成桂为朝鲜李朝国王。

1401年，西班牙塞尔
维亚大教堂始建。

1397年，帖木儿出征印度。

1398年，北欧成立
卡马尔联盟。

168

明纪

首复诸王爵，灭亲不失亲。

励精以图治，所用皆贤臣。

新进奋顾问，老臣寄腹心。
新提升　尽力　　　　　　　托付
的人

特命胡广辈，表章唯六经。
　　　　　　　弘扬

又命姚广孝，纂集文献成。
　　　　　zuǎn

定谒先师礼，皮弁四拜行。
　　yè　　　　　biàn
　拜见　　　皮帽。指用白鹿
　　　　　　皮做成的帽子

朱棣即位后，重建奉天殿，刻玉玺，封王妃徐氏为皇后，对靖难功臣进行了封赏。明成祖继续实行朱元璋的徙富民政策，以加强对豪强地主的控制。明成祖时期，完善了文官制度，在朝廷中逐渐形成了后来内阁制度的雏形。永乐初开始设置内阁，选资历较浅的官僚入阁参与机务，解决了废罢中书省后行政机构的空缺。朱棣重视监察机构的作用，设立分遣御史巡按天下的制度，鼓励官吏互相评告。他善利用宦官出使、专征、监军、分镇、刺臣民隐事。同时，提出"为治之道在宽猛适中"的原则。他利用科举制及编修书籍等笼络地主、士人，宣扬儒家思想以改变明初过事佛、道教之风，选择官吏力求因材而用，为当时政治、经济、军事、文化等方面的发展奠定了思想和组织基础。

在全国局势稳定之后，朱棣为了加强对大臣的监控，恢复洪武时废罢的锦衣卫。1420年，明成祖设立东缉事厂，简称东厂，宦官任提督。宦官政治自此开始。

朱棣十分重视经营北方，加之自己兴起于北平地区，永乐七年，明成祖开始了营建北京天寿山长陵，以示立足北方的决心。永乐十四年开工修建北京宫殿也就是紫禁城。永乐十九年（1421年）正式迁都北京。

1402～1424年，以程朱理学为标准编订《五经四书大全》和《性理大全》，颁布天下并令学校、科举参考。

1402年，帖木儿击败土耳其。

1398年，北欧卡尔马联盟建立。

1407年，解缙主持编修《永乐大典》成书。

明纪

juǎn
蠲租与**赈**贷，万姓沐皇仁。
减免　　救济

huàn zhuó
玉碗却贡献，**浣濯**以**章**身。
　　　　洗涤　　指穿在身上

玉帛万方主，俭德由常情。
古代诸侯会盟执玉
帛，表示友好

逆取而顺守，君哉近世英。

郑和下西洋时间表：
第一次：
1405年6月（永乐三年）
第二次：
1407年10月13日（永乐五年）
第三次：
1409年10月（永乐七年）
第四次：
1412年12月18日（永乐十年）
第五次：
1416年12月28日（永乐十四年）
第六次：
1421年3月3日（永乐十九年）
第七次：
1430年6月29日（宣德五年）

讲故事懂道理

郑和下西洋是指明成祖命郑和从江苏苏州的太仓刘家港起锚，率领200多艘海船、2.7万多人远航西太平洋和印度洋拜访了30多个包括印度洋的国家和地区的事，曾到达过爪哇、苏门答腊、苏禄、彭亨、真腊、古里、暹罗、榜葛剌、阿丹、天方、左法尔、忽鲁谟斯、木骨都束等三十多个国家，最远曾达非洲东部，红海、麦加，并有可能到过美洲、大洋洲以及南极洲。加深了明朝和南洋诸国、东非的联系。

郑和下西洋是中国古代规模最大、船只最多、海员最多、时间最久的海上航行，比欧洲多个国家航海时间早几十年，是明朝强盛的直接体现。郑和的航行之举远远超过将近一个世纪的葡萄牙、西班牙等国的航海家，如麦哲伦、哥伦布、达·伽马等人，堪称是"大航海时代"的先驱，也是唯一的东方人，他更早于迪亚士57年远赴非洲。

郑和下西洋的目的众说纷纭，一说宣扬大明威德，《明史·郑和传》中记载："且欲耀兵异域，示中国富强"这是可信性较高的观点。一说寻找建文帝朱允炆，《明史·郑和传》中记载："成祖疑惠帝亡海外，欲觅踪迹。"一说发展贸易，正史称郑和下西洋使"国用羡俗"、"宝物填溢"。另有包抄帖木儿帝国、扫荡张士诚旧部、解决军事复员问题等说法。

1405～1447年，帖木儿王朝君主沙哈鲁在位。

1410年，波兰、立陶宛与条顿骑士团进行格伦瓦尔德战役。

1405～1468年，阿尔巴尼亚斯坎德培在世。

明纪

洪熙真令主，惜不享其年。
　　英明的君主

监国二十载，即位政从宽。
掌管朝政

赋枣八十万，穷民何以堪。
税　　　　　　　　　　承受

即命减去半，闾阎生喜欢。
　　　　　lǘ yán
　　　　　指民间

　　洪熙元年（1425年）五月二十九日，朱高炽猝死于宫内钦安殿（此钦安殿非御花园中钦安殿），终年47岁。死后被谥为孝昭皇帝。

　　对朱高炽突然死亡的原因有种种猜测：雷击、中毒，甚至过度纵欲。后一种猜测的根据可能是，在他死前几天，严惩翰林李时勉，因为他上奏提出批评，其中一条是他在服朱棣之丧时与其妃子发生了关系。但是一名大太监报告说他死于心脏病发作。考虑到皇帝的肥胖和足疾，这种说法更为可信。

　　朱高炽的葬礼极为简略，但是也有七个妃嫔为他殉葬。明宣宗朱瞻基有十个妃嫔殉葬。有个叫郭爱的嫔女，入宫还不到一个月，可能连朱瞻基的面都没见过，也被列入殉葬名单，死前，她含泪写下了一首绝命诗："修短有数兮，不足较也。生而如梦兮，死则觉也。先吾亲而归兮，惭予之失孝也。心凄凄而不能已兮，是则可悼也。"凄婉哀怨，令人不忍卒读。直到明英宗朱祁镇临死时，才口占遗命，取消了这种惨绝人寰的嫔妃殉葬制度。

　　朱高炽在位不到一年，有人对他的贡献提出了质疑，但是朱棣在位期间有大部分时间都在北征，朝中的政务一直是交给朱高炽来掌管，因此他有充分的时间来推行自己的政策，为自己即位打下了良好的基础，如果加上这段时间，朱高炽对明朝做出的贡献就毋庸置疑了。

1413年，巴黎人民反封建的西蒙·卡博什起义。

1415年，英国军队占巴黎。

1412～1431年，圣女贞德。

1414年，陈诚出使中亚，著《使西域记》。

明纪

坐朝风凛冽，因思边将寒。
（lǐn liè）

大赦建文党，更复原吉官。

取士收南北，诽谤无罪愆。
（qiān）
罪

善政难枚举，史册著班班。
明白

取士收南北：

　　南北榜案、南北卷、定额取士是明代科举中三件极具代表性的大事。通过南北分卷和定额取士，进士做到了公平录取，取士实现了精细化，公平合理地解决了长期以来科举考试中客观存在的南北区域之争，在科举史上极具创新性。

　　洪武十五年，朱元璋不仅再次恢复了科考制度，而且制定了新的《科举成式》，为大明王朝的"南北取士"提供了经验。之后的明仁宗、明宣宗采用分省取士，分配名额，力求做到"一碗水端平"。"南北取士"是大明王朝的发明创造，也是基于当时南北方文化差距较大而采取的一项应急措施。

讲故事懂道理

　　明仁宗朱高炽和明宣宗朱瞻基采取的宽松治国和息兵养民等一系列政策，使得国家出现盛世的局面，为明初三大盛世之一，后人将永乐盛世和宣德时的太平合称为"永宣盛世"。

　　明仁宗即位，他效法文景之治的做法，开始了他一系列的改革：他下令息兵养民，并停止宝船下西洋，停止皇家采办珠宝等行为。这些做法，使社会矛盾缓和，百姓得以休养生息。政治上，他赦免了建文帝的旧臣和成祖时遭连坐流放边境的官员家属，生产力得到了空前的发展，明朝进入了稳定强盛的时期，也是史称"仁宣之治"的开端。

　　明宣宗即位后御驾亲征，迅速平定了汉王朱高煦的叛乱，稳定了国内形势，并延续明仁宗的治国理念，实行重农政策，赈荒惩贪；继续轻刑措，而且注意教化；实行安民、爱民的仁政；继续重用"三杨"，完善、确立了内阁制度和巡抚制度，改善加强了明代的监察和司法制度，息兵养民，赈荒惩贪，使明朝天下安定，社会经济迅速发展。

　　明宣宗时期大力发展明代的宫廷文化，经济也稳步发展，政治较为清明，出现了著名的"仁宣之治"的盛世局面。他被史学家称之为太平天子、守成之君，让明王朝的"仁宣盛世"达到了顶峰。

1418～1427年，越南蓝山起义。

1420年，英法签订《特鲁瓦条约》。

1419～1434年，捷克胡斯战争。

明纪

赵王为宗室，保全宜不轻。

当然

识本陈山黜，并及罢张瑛。

降职　一起　撤职　（yīng）

士奇识政体，勤访即敷陈。

具体说（fū）

幸宅曾伏谏，以后不微行。

皇帝到某处去叫作幸　跪在地上，磕头劝说

猗兰招隐作，幽风书殿廷。

诗的题目　诗的题目（yī）

时下宽恤诏，民间不滥征。

经常

明宣宗朱瞻基，汉族，明朝第五位皇帝。明仁宗朱高炽长子，幼年就非常受祖父朱棣与父亲的喜爱与赏识。永乐九年被祖父立为皇太孙，数度随朱棣征讨蒙古。

朱瞻基出生的那天晚上，他的皇祖父当时还是燕王的朱棣曾经作了一个梦，梦见自己的父亲太祖皇帝朱元璋将一个大圭赐给了他，在古代，大圭象征着权力，朱元璋将大圭赐给他，正说明要将江山交给他。朱棣醒来以后正在回忆梦中的情景，忽然有人报告说孙子朱瞻基降生了。朱棣马上意识到难道梦中的情景正映证在孙子的身上？他马上跑去看孙子，只见小瞻基长得非常像自己，而且脸上一团英气，朱棣看后非常高兴，这件事对朱棣下决心发动靖难之役也有很大的作用。

朱瞻基是文人和艺术的庇护人，他的统治主要体现其政治和文化方面的成就。朱瞻基在位期间文有"三杨"（杨士奇、杨荣、杨溥）、蹇义、夏原吉；武有英国公张辅，地方上又有像于谦、周忱这样的巡抚，一时人才济济，这使得当时政治清明，百姓安居乐业，经济得到空前的发展，朱瞻基与其父亲的统治加在一起虽短短十一年，但却被史学家们称之为"功绩堪比文景"，史称"仁宣之治"。

宣德十年（1435年）驾崩，终年38岁，葬景陵，庙号宣宗朱瞻基。

1431年，法国女英雄贞德就义。

1428～1485年，日本德政暴动。

1434年，意大利美第奇家族建僭主政治。

明纪

正统少登极，初政犹可观。

贤后内赞理，三杨外辅贤。
赞 协助

便殿宣懿旨，欲诛王振奸。
懿 yì
懿旨 皇太后或皇后的命令

帝跪为之解，太后亦回颜。
解 求情
回颜 脸色变好

所言多微中，渐见信任坚。
微中 精妙地击中
见 被

宣德十年春正月，明宣宗驾崩，皇太子朱祁镇即位，次年改年号为正统。

在朱祁镇即位之前，宣宗驾崩之后，宫中传言，说要立襄王为帝。当时的张太后召集群臣，指着皇太子朱祁镇说，这就是新君，于是朱祁镇顺利登基。新君年仅九岁，主少国疑，众臣请张太后垂帘听政，张太后不允。即便如此，国事仍旧掌握在已经贵为太皇太后的张氏手中。

张氏地位尊崇，却不重用自家人，甚至不允许外戚干预国事。还三天两头把王振叫去骂一顿，有效地打击了王振，使得王振在她掌权的时候不敢干坏事。而当时王振并不嚣张过分，也可见张氏的眼光很远。她重用仁宣以来的旧臣，其中杨士奇、杨荣、杨溥三位颇为著名，史称"三杨"。

随着三杨去世，太后驾崩，一直以来被皇帝朱祁镇宠信的宦官王振开始崭露头角，兴风作浪。正统十四年，土木堡之变后被瓦剌俘虏，其弟郕王朱祁钰登基称帝，遥尊英宗为太上皇，改元景泰。瓦剌无奈之下，释放英宗。随即，景泰帝将他软禁于南宫，一锁就是七年。景泰八年（1457年），石亨等人发动夺门之变，英宗复位称帝，改元天顺。

天顺八年，朱祁镇病逝。朱祁镇前后在位二十二年，政治上英宗虽然有不足之处，但晚年任用李贤，听信纳谏，仁俭爱民，美善很多。

1434～1444年，波兰国王瓦迪斯瓦夫三世在位。

1438～1552年，喀山汗国。

1444年，朝鲜创制训民正音。

约1434年，葡萄牙亲王亨利（航海家）远征非洲。

1443～1783年，克里木汗国。

波兰等国与土耳其在瓦尔纳会战。

明纪

边疆不克守，也先入寇关。
　　　　能够　　　　　　　入侵

亲征振挟帝，蒙尘土木间。
　　　　xié
　　　　挟持　　　　特指皇　土木堡，地
　　　　　　　　　　帝被俘　名，在河北

中华幸有主，帝尚得生还。

景泰虽代位，疾草复乘权。
　　　　　　　　　　　　利用权势

还我土地谣，是非出偶然。

　　皇帝朱祁镇时年二十来岁，王振鼓动皇帝，建议他御驾亲征。朝中大臣劝阻，皇帝不听。当时，朝廷的军队主力都在外地，仓促之间难以集结。于是皇帝从京师附近临时拼凑二十万人，号称五十万大军，御驾亲征。为了说服自己的母亲孙太后，他把年仅两岁的皇子朱见深立为皇太子，并让异母弟郕王朱祁钰监国。

　　大军出征，谁知天公不作美，大雨连绵。大军到了大同附近，发现尸横遍野，加之后方粮草供应不及，军心动摇。于是，皇帝有心撤军。王振为了顾及皇帝脸面，这个没有出征多久就悻悻然回师，太丢脸，他便建议绕道蔚州。同时，王振老家就在蔚州，要是皇帝跟自己回乡，岂不是比衣锦还乡还来得及吐气扬眉？

　　不料王振心血来潮，担心大军过处，踩踏庄稼，让自己背上骂名，反而建议按照原路撤军。等到大军行至怀来附近，辎重反而没有赶上，于是，王振下令原地驻扎等候。

　　就在怀来城外的土木堡，瓦剌大军追上明军，将皇帝等人困在土木堡，水源被掐断，陷于死地，军心动荡。于是，当也先假意议和的时候，明军上当，也先趁明军不备，发动总攻，一举歼灭敌人。皇帝朱祁镇被俘，王振被樊忠杀死，英国公张辅、兵部尚书邝埜等大臣战死。

明纪

景泰初监国，人情尚动摇。

一自升黼座，守固国本牢。
　　　fǔ
　皇帝宝座　　　　　　基础

也先犯帝阙，太监喜宁招。
　　　　　首都　　　　　招惹，招致

南迁计最下，备御策为高。

上皇传使命，密把喜宁枭。
　　　　　　　　　　　xiāo
　　　　　　　　　砍掉脑袋

强虏失向导，上皇得返朝。
指瓦剌部

宣德八年，明宣宗病重，明宣宗驾崩之后，皇长子朱祁镇继位，是为明英宗，封朱祁钰为郕王。

正统十四年，对朱祁钰来说是一个极为重要的年份。这一年，他的皇帝哥哥明英宗御驾亲征，留郕王朱祁钰代为监国。结果发生土木堡之变，皇帝被俘，瓦剌咄咄逼人。一时之间，朝野震惊，甚至有人建议迁都南京，以避刀兵。正统年间，明英宗崇信宦官王振，搞的整个朝廷乌烟瘴气，大臣凡是有不利于王振者，非死即贬。如今皇帝被俘，王振被杀，众大臣纷纷吐气扬眉，甚至跪在午门外，要求监国郕王惩处王振余党。这时王振的死党锦衣卫指挥马顺出来阻挡，当即被愤怒的群臣打死，并将王振同党、王振外甥王山也当庭打死。午门血案，吓得朱祁钰准备逃走。于谦拉住他，说大臣们只是为了惩治王振党羽，倒不是冲着您来的。朱祁钰半信半疑，下令将宫内王振的两个死党交给大臣们。群臣当场打死二人。当时的皇太子年仅两岁，为免主少国疑，于谦等大臣禀明孙太后，最终拥立郕王朱祁钰为帝，改年号为景泰。遥尊明英宗为太上皇。登基之后，下诏边关守将不得听信瓦剌的借口，使得瓦剌意图用明英宗的名义骗取财物、骗开关门失败。瓦剌气急败坏，发兵攻打北京。景泰帝任用于谦等人，组织北京保卫战，最终击退了瓦剌。

1450年，英国农民反封建统治的凯德起义。

1451～1510年，中亚乌兹别克国家昔班尼汗在世。

1450年，英国农民反封建统治的凯德起义。

1451～1481年，奥斯曼苏丹穆罕默德二世在位。

明纪

人心未**厌**德，喜掌旧山河。
　　满足

奈何南宫**锢**，不闻**逊国**逃。
没办法　　软禁　　　　把皇位让　离开，这
　　　　　　　　　　　给别人　　里指去世

易储已**忍矢**，伐树薄如何。
改立太子　违背诺言

嗣**殇**身复**殒**，天命自**昭昭**。
未成年就死去　去世　　　　　清楚，明白

石亨张軏谋，迎复亦**何劳**。
　　　　　　　　　　　何必费心、劳累

伐树薄如何：
　　景泰帝为防备英宗复辟，对他严加看管，于是命人砍光英宗住所周围的树，杜绝有人越过高墙与他联系，非常薄情。

景泰八年正月十七，朱祁镇复位，正月二十一日改元天顺。

复位当日，他传旨逮捕兵部尚书于谦、吏部尚书王文。都御史萧惟祯建议以谋逆罪处死二人。皇帝犹豫，说当年抵御瓦剌，于谦是有功劳的。徐有贞说，不杀了于谦，您复位无名。皇帝最终同意，二十二日以谋逆罪处死于谦、王文，籍没其家。随之，于谦所推荐的文武官员都被波及。

仓促之间，皇帝来不及罢黜景泰帝，直到二月初一乙未日，才想起将景泰帝废为郕王。短短几日之内，一个朝廷，竟然存在两位合法的皇帝，不能不说是奇事一桩。

二月乙未，皇帝废朱祁钰为郕王，软禁在西苑。癸丑，郕王去世，享年三十。皇帝似乎还不解气，给了他一个恶谥，叫作戾，以亲王之礼，葬于西山。

天顺八年正月十六，皇帝驾崩，享年三十七，葬于裕陵，庙号英宗，谥曰法天立道仁明诚敬昭文宪武至德广孝睿皇帝。

明英宗朱祁镇，前后两次在位，共计二十二年。三十七年的人生，七年太子，十四年皇帝，八年幽禁，最后八年又当皇帝。少年不识愁滋味，肆意北征的热血，加上从皇位坠落的彷徨与毫无自由的恐慌，最终失而复得，勤政处事。

1453 年，拜占庭灭亡，东罗马帝国灭亡。英法百年战争结束。

1454～1512 年，意大利航海家 A. 韦斯普奇在世。

1448～1488 年，泰国国王戴莱洛迦纳在位。

15 世纪，桑海兴起。

1455～1485 年，英国"玫瑰战争"。

明纪

宪宗皇帝立，孝养两宫崇。

忘<u>嫌</u>还景号，复<u>秩</u>识于忠。
　怨恨　　　　官吏的俸禄

彭<u>殂</u>与商<u>去</u>，<u>宵小</u>大廷容。
cú
　去世　离开，这里　小人
　　　指退休

刘万居<u>宰位</u>，汪直据<u>要冲</u>。
　　　内阁大学士　　　关键的地方

妖人李孜省，<u>夤缘</u>入禁中。
yín
　　　通过走关系而获得提升

更兼僧继晓，<u>以</u>秘术<u>潜通</u>。
　　　凭借　偷偷地　显达；
　　　　　　　　　亨通

从此<u>言路</u>塞，正人皆远踪。
　　大臣提意见的渠道

怀恩虽抗直，可惜不能容。

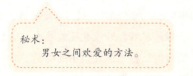
秘术：
男女之间欢爱的方法。

讲故事懂道理

　　于谦死后，由石亨的党羽陈汝言任兵部尚书。不到一年，所干的坏事败露，贪赃累计巨万。明英宗召大臣进去看，铁青着脸说："于谦在景泰朝受重用，死时没有多余的钱财，陈汝言为什么会有这样多？"石亨低着头不能回答。不久边境有警，明英宗满面愁容。恭顺侯吴瑾在旁边侍候，进谏说："如果于谦在，一定不会让敌人这样。"明英宗无言以对。这一年，徐有贞被石亨中伤，充军到金齿口。又过了几年，石亨亦被捕入狱，死于狱中；曹吉祥谋反，被灭族，于谦事情得以真相大白。

　　成化初年，将于冕赦免回来，他上疏申诉冤枉，得以恢复于谦的官职，赐祭，诰文里说："当国家多难的时候，保卫社稷使其没有危险，独自坚持公道，被权臣奸臣共同嫉妒。先帝在时已经知道他的冤，而朕实在怜惜他的忠诚。"这诰文在全国各地传颂。弘治二年，采纳了给事中孙需的意见，赠给于谦特进光禄大夫、柱国、太傅，谥号肃愍，赐在墓建祠堂，题为"旌功"，由地方有关部门年节拜祭，万历中，改谥为忠肃。杭州、河南、山西都是历代奉拜祭祀之地。于谦与岳飞、张煌言并称"西湖三杰"。

1461～1483年，法国国王路易十一在位。

1462～1472年，西班牙加泰罗尼亚农民起义。

1464年，法国"公益同盟"成立。

1461～1485年，英国约克王朝。

1462～1505年，莫斯科大公伊凡三世在位。

1467～1573年，日本战国时期。

明纪

弘治称贤主，仁孝复俭恭。

从容频顾问，四相一心同。
<small>耐心的样子　　询问</small>

万尹俱罢斥，孜省诛不容。

台阁皆时杰，将佐备边戎。
<small>御史台和内　当时的杰　　　守卫　边防
阁，掌管国家　出人才
大事的部门</small>

可惜邹智贬，诗句写孤忠。
<small>不被人理解的忠诚</small>

崇佛信斋醮，寺观侈修葺。
<small>jiào　　　　　　　qì</small>
<small>僧人或道士们设坛向
神佛祈祷的活动</small>

虽为盛德累，千古仰皇风。
<small>美好的品德　负担，指缺点</small>

讲故事懂道理

在漫长的中国封建社会里，男人三妻四妾是常事，也是旧伦理道德体制的允许，并受国家法律保护。朱佑樘是中国历史上唯一一个用实际行动实践男女平等的皇帝。他一生只娶了一个张皇后，从不纳宫女，也不封贵妃、美人，每天只与皇后同起同居，过着平常百姓一样的夫妻生活，实在不易。

孝宗和张皇后是患难之交，一对恩爱夫妻。从接受的教育看，他也很早就懂得若想当个好皇帝，就不能爱美人废江山的道理。两人每天必定是同起同卧，读诗作画，听琴观舞，谈古论今，朝夕与共。这不经意间的举动，创造了古往今来的一个特殊的纪录，也算是朱佑樘作为一代明君的佐证之一。

与此同时，孝宗在生活上也能注意节俭，宪宗生前爱穿用松江府所造大红细布裁制的衣服，每年要向那里加派上千匹。而这种织品，用工浩繁，名虽为布，实际却用细绒织成。孝宗当时还是太子，内侍给他送来新裁制的衣服，他说："用这种布缝制的衣服，抵得上几件锦缎衣服。穿它，太浪费了。"遂谢而不用。他当了皇帝后，下令停止为皇宫织造此布。

明纪

正德好游宴，神器不关怀。
　　　　　　　国家　　放在心上

八党时并起，刘瑾罪之魁。
　　　　　　　　　　　　第一

巧伪以惑主，韩文极力排。

yān
阉势虽难胜，较胜伴食才。
太监

八虎：

　　八虎指明武宗时刘瑾、马永成等八位宦官（刘瑾、马永成、高凤、罗祥、魏彬、丘聚、谷大用、张永）。明正德年间，东宫的随侍太监中，有八个太监号称八虎，他们以刘瑾为首，为了巴结日后的新皇帝，每天都进一些奇特的玩具，还经常组织各式各样的演出，各种体育活动，当时的东宫被人们戏称为百戏场，试想年幼的武宗如何能抵御这些东西的诱惑，于是就沉溺于其中，而且终其一生没有自拔，学业和政事当然也就荒废了。

讲故事懂道理

　　武宗不顾朝臣的极力反对而沉湎于玩乐，主要是因为受到了"八虎"的蛊惑。"八虎"是指八个太监，其中以刘瑾为首。刘瑾为人阴险狡猾，想方设法鼓动武宗玩乐，每天进奉鹰犬狐兔，还偷偷带武宗出去逛，哄着武宗高兴，因此很受武宗的宠信，并逐渐掌握了大权，总以各种名义逼迫别人向他进贡，没有钱财礼品的，就会立刻被他逼死，朝廷中无人不恨、无人不怕，却又只好顺从，人称"立地皇帝"。

　　正德三年，武宗离开了禁城，住进了皇城西北的豹房新宅。豹房并非是武宗的创建，是贵族豢养虎豹等猛兽以供玩乐的地方，朱厚熜的豹房新宅始修于正德二年，至正德七年共添造房屋 200 余间，耗银 24 万余两。其实豹房新宅并非养豹之所，又非一般意义上单纯游幸的离宫，实为武宗居住和处理朝政之地，有人就认为是当时的政治中心和军事总部。豹房新宅多构密室，有如迷宫，又建有妓院、校场、佛寺，甚至养了许多动物，武宗曾买来大量猛兽试验，发现豹子最为凶猛，因此养了许多豹子。正德九年正月十六日，宫中元宵节放烟花，不慎失火，殃及宫中重地乾清宫。乾清宫是内廷三殿之首，象征着皇帝的权力和尊贵的地位。武宗见火起，下令扑救，跑到了豹房回头对左右说："好一棚大烟火啊。"

1483～1530 年，莫卧儿王朝创建者巴布尔在世。

1487 年，葡萄牙人迪亚士到达好望角。

1492～1502 年，意大利人哥伦布发现美洲。

1483～1546 年，欧洲宗教改革发起者 M. 路德在世。

1490～1525 年，德意志宗教改革家 T. 闵采尔在世。

明纪

盗贼时蜂起，四海受其灾。

帝犹不知悔，纵乐竭民财。

且厌居大内，欲遍天之涯。
　　　　皇宫　　　　　尽头

自称为朱寿，谏臣不保骸。
　　　　　　　　　　　hái
　　　　　　　　　　　性命

正德陵寝：
　　康陵建于正德十六年四月。陵寝建筑由神道、陵宫及陵宫外附属建筑三部分组成。神道上建五空桥、三空桥各一座，近陵处建神功圣德碑亭一座，亭内竖碑，无字。陵宫建筑总体布局呈前方后圆形状，占地2.7万平方米。前面有两进院落，方院之后为圆形宝城，在宝城入口处建有方形城台，城台之上建重檐歇山式明楼。楼内竖圣号碑，上刻"大明"、"武宗毅皇帝之陵"。明楼后宝城内从排水沟里侧开始向中心部位起冢，冢形呈自然隆起状。

正德登基做了皇帝，年仅十五虚岁；嘉靖登基做皇帝，恰恰也是十五虚岁。一个做了十五年，一个做了四十五年；一共加起来，正好是一甲子。大明朝在这轮甲子中逐渐走向衰弱，正德的荒唐犹如一个无知顽童的戏谑，而嘉靖的荒唐却是一位阴险智叟的毒刻！

正德长于妇人之手，住在深宫锁院；从小养尊处优，任性固执——这本是大户人家少爷们的通病，只是在皇家更为放大而已。也许是当皇帝当腻了，正德突然声明不再使用皇帝玉玺，也不再称呼皇帝名号。他自封"总督军务威武大将军总兵官"，并启用将军印信，把国家重器视同儿戏。正德十三年，又别出心裁地给自己取了一个假名，叫朱寿，并自封镇国公。朝廷整个行政与公文体系被他弄得颠三倒四，乱七八糟。

正德在江南一待就是八个月，迟迟不肯回京。江南秀丽的女子与清幽的山水迷倒了他，使他陶醉。说公平点，我们这位皇帝还是有点艺术细胞与儿女情长的。在山西时，他曾与晋王府的一个乐工的女儿打得火热，如胶似漆。其爱情的通达，往往叫人叹为观止。最后，在回京的路上，他又匪夷所思地跳入清江浦捕鱼，差点溺水而亡，受了惊吓，驾崩了。

1494～1498年，佛罗伦萨G.萨伏那洛拉起义。

1497～1498年，达加马开辟西欧到印度的新航路。

1494年，西班牙和葡萄牙签订《托德西利亚斯条约》。

1494～1559年，意大利战争。

15世纪末～19世纪上半叶，西欧新兴资产阶级和新贵族用暴力褫夺农民土地的圈地运动。

181

明纪

嘉靖继大统，生时有异征。

河清既表瑞，庆云象复呈。
　　　　　吉祥　　五色彩云

嗣位为人后，议礼举朝纷。
sì
继承　　　　　　　　　争论

王杨争益力，伏哭奉天门。
　　　　更

迎合加清秩，异议为编氓。
zhǐ
　　　很高的俸禄　　　　百姓

大礼既已定，符瑞又复兴。

李时珍（1518～1593年）所著《本草纲目》是药学巨著，对后世影响很大，并被译成多种文字。

明世宗朱厚熜（1507～1567年），为明朝第十一位皇帝。

明世宗是一个颇具争议的皇帝，有人说他英明神武堪比太祖朱元璋，也有人说他昏庸无能，痴迷于炼丹。但是，不能否认，明世宗在他最初登基的几年确实是有所作为的，即便是后期常年痴于修道，曾28年未上朝，但他也并没有完全不理会朝政。世宗打击旧朝臣和皇族、勋戚势力，总揽内外大政，皇权高度集中。他还重视内阁作用，注意裁抑宦官权力。但与此同时，他日渐腐朽，不仅滥用民力大事营建，而且迷信方士，尊尚道教，厌恶佛教。二十一年更移居西苑（今北京北海、中南海），一心修玄，日求长生，不问朝政，首辅严嵩专国20年，吞没军饷，吏治败坏，边事废弛，倭寇频繁侵扰东南沿海地区，造成了极大破坏。在长城以北，蒙古鞑靼部首领俺答汗不断寇边，二十九年甚至兵临北京城下，大肆掠夺。

明世宗是个极其聪明并且自信的皇帝，而且有些自大狂妄，但却十分小气，又喜欢乱花钱，也很要面子。能与之打交道的，也只有徐阶、严嵩这类的官场老手。总而言之，明世宗不是一个像商纣一样的昏君。

1500年，达·芬奇设计了风力计、温度计、降落伞、纺纱机、踏动车床等草图。

1509～1564年，宗教改革家J.加尔文在世。

1512～1515年，印第安人反西班牙殖民侵略的先驱阿图依被害。

1502～1736年，伊朗萨非王朝。

1509～1547年，英国国王亨利八世在位。

182

明纪

静 摄 求仙寿，谨 事 陶典真。
　　保养　　　　　　侍奉

海瑞疏奏上，知悔尚留情。

（sōng）　　　　　　　（chēn）
严嵩父与子，一任 肆 贪 嗔。
　　　　　　　　　放肆　发怒

（xiǎn）
曾铣受其 毒，继盛祸相 仍。
　　　　陷害　　　　　　继续

赖有邹应龙，弹劾正典刑。

海瑞（1514～1587年），字汝贤，号刚峰，广东琼山（今属海南）人，明朝著名清官。他疏浚河道，修筑水利工程，力主严惩贪官污吏，禁止徇私受贿，并推行一条鞭法，有"海青天"之誉。

严嵩（1480～1567年）字惟中，号勉庵、介溪、分宜等，江西新余市人，明朝著名的权臣，擅专国政达20年之久，63岁拜相入阁。严嵩书法造诣深，擅长写青词（实为他人代笔）。后明世宗下诏将严嵩罢职，被削籍为民，家产被抄，奸党与家人一一治罪。隆庆一年（1567年），87岁的严嵩贫病交加中死去。

讲故事懂道理

明世宗朱厚熜晚年不去朝堂处理政务，深居在西苑，专心致志地设坛求福。1566年农历二月，海瑞在棺材铺里买好了棺材，并且将自己的家人托付给了一个朋友。然后向明世宗呈上《治安疏》，批评世宗迷信巫术、生活奢华、不理朝政等弊端。

明世宗读了海瑞的《治安疏》，十分愤怒，把《治安疏》扔在地上，对左右侍从说："快把他逮起来，不要让他跑掉。"宦官黄锦在旁边说："这个人向来有傻名。听说他上疏之前，自己知道冒犯该死，买了一个棺材，和妻子诀别，奴仆们也四处奔散没有留下来的，他自己是不会逃跑的。"明世宗听了默默无言。过了一会又读海瑞的上疏，一天里反复读了多次，感到叹息，只得把《治安疏》留在宫中数月。有阁臣主张对海瑞处以绞刑，被徐阶和刑部尚书黄光升压了下来。

1566年农历十二月十四，明世宗驾崩，外面一般都不知道。提牢主事听说了这个情况，认为海瑞不仅会释放而且会被任用，就办了酒菜来款待海瑞。海瑞自己怀疑应当是被押赴西市斩首，恣情吃喝，不管别的。主事因此附在他耳边悄悄说："皇帝已经死了，先生现在即将出狱受重用了。"海瑞说："确实吗？"随即悲痛大哭，把刚才吃的东西全部吐了出来，晕倒在地，一夜哭声不断。

1517年，德国的马丁·路德发动宗教改革。

1514年，匈牙利多热起义。

1513年，西班牙探险者V.N.de巴尔沃亚穿越巴拿马地峡。

匈牙利颁布三一法典。

1519～1522年，麦哲伦船队环航地球，证实地球是球形。

明纪

至若师孔圣，易主祀长馨。
至于　　　　　　　　　　香气传到很远
（sì）（xīn）

大内毁金像，给商而括金。
　　　　　　　　　　包括在……之内

既作无逸殿，复颁敬一箴。
　建造　　　　　　　　　（zhēn）

数事亦足法，不可谓无称。
　　　　效法　　　　值得赞扬的地方

敬一箴：

"敬一箴"是明代嘉靖五年至六年明世宗朱厚熜为教化天下，宣扬儒学而作，并颁行各地，立石孔庙（又称学宫），而高要学宫则是当时的府学宫之一，顺理成章成为"敬一箴"取得的单位。

"敬一箴"碑，高197厘米，宽116厘米，厚14厘米，底部有标，为圆顶竖立型。整个碑四周为14条群龙戏珠云纹图案，碑上端额篆"御制"二字，伴以二大龙戏珠，下端为四龙戏珠，左右各刻四龙翔云直上，龙腾云涌，极为生动，且雕刻精致，纹饰瑰丽庄严。

讲故事懂道理

嘉靖帝尊道教、敬鬼神，一生乐此不疲，这与他从小生长的环境关系密切。荆楚之地本就是道教的源头，嘉靖帝的父母也尊信道教，耳濡目染对嘉靖帝的影响不言而喻。嘉靖帝个性很强，认定的事大多难以改易，他不仅本人信道，当上皇帝以后，还要全体臣僚都要尊道，尊道者升官发财，敢于进言劝谏者轻则削职为民，枷禁狱中，重则当场杖死。嘉靖帝时道士邵元节、陶仲文等官至礼部尚书，陶仲文还一身人兼少师、少傅、少保数职，这在明朝历史上是空前绝后的。

嘉靖帝迷信丹药方术，他派人到处采集灵芝，并经常吞服道士们炼制的丹药。为满足自己修道和淫乐，嘉靖帝数次遴选民女入宫，每次数百名。嘉靖帝二十一年，嘉靖帝命宫女们清晨采集甘露兑服参汁以期延年，致使上百名宫女病倒。宫女们忍无可忍，以杨金英为首的宫女差点将嘉靖帝勒死，这就是历史上罕见的宫女弑君的"壬寅宫变"，宫变后，嘉靖认为大难不死是神灵庇佑，故比以前更痴迷于丹药方术。

16世纪，葡萄牙和西班牙殖民者在亚、美强占殖民地。

1520～1522年，西班牙城市公社起义。

1524～1525年，德意志农民起义。

1520年，斯德哥尔摩血案。

1522～1523年，德意志骑士暴动。

1526年，匈牙利莫哈奇之战。

明纪

隆庆<ruby>甫<rt>才</rt></ruby>即位，<ruby>美政<rt>英明的命令</rt></ruby>犹可称。

<ruby>旌<rt>表彰</rt></ruby>忠<ruby>谥<rt>追谥</rt></ruby>继剩，报功<ruby>赠<rt>追封</rt></ruby>守仁。

举直释海瑞，错枉<ruby>戮<rt>lù</rt></ruby>王金。

生录死者恤，赏罚至公行。

裁革内局匠，<ruby>却去<rt>指禁止</rt></ruby>进鲜<ruby>舲<rt>líng 有窗户的船</rt></ruby>。

李贽（1527~1602年），汉族，福建泉州人。明代官员、思想家、文学家，中古自由学派鼻祖，泰州学派的一代宗师。初姓林，名载贽，字宏甫，号卓吾，别号温陵居士、百泉居士等。他在社会价值导向方面，批判重农抑商，扬商贾功绩，倡导功利价值，符合明中后期资本主义萌芽的发展要求。著有《焚书》《续焚书》《藏书》《续藏书》等。

讲故事懂道理

嘉靖十三年八月，皇长子朱载基刚刚出生两个月就病死了。当嘉靖还沉浸在巨大的悲痛中时，陶仲文告诉他"二龙不相见"。当两年之后，他再次有了朱载壑、朱载垕、朱载圳时，欣喜之余，他再次想起了"二龙不相见"。长子夭折不过才三年，记忆犹新的他决定少见这几个孩子，而且也不封太子。

嘉靖的母亲出面，苦口婆心找儿子长谈，时间久了，嘉靖只得允许儿子出阁讲学。这一年，朱载壑已经14岁。太子出阁不同于凡人进学堂，有一套十分讲究且程序繁杂的礼节仪式，而且作为父亲的嘉靖必须出场。

就在仪式刚刚结束后，朱载壑即病倒，没多久就死了。嘉靖痛定思痛，从此严格遵守"二龙不相见"，对剩下的两个儿子裕王朱载垕和景王朱载圳长期漠不关心。

两个儿子想见他这个爹一面比见神仙还难，即便是见了面，他也少有言语。就这样，作为皇储的朱载垕尴尬无奈地生活在那条咒语的阴影下，直到1566年嘉靖皇帝驾崩，他还是个亲王。1566年十二月二十六日，裕王朱载垕登基称帝，彻底为"二龙不相见"的这条魔咒画上了句号。

朱载垕在位6年，病崩，终年36岁。庙号穆宗，后传于位朱翊钧。明穆宗宽仁大度，勤俭爱民，留心边陲之事，处理都恰到好处，可以称之为明主。

1534年，英国国会通过至尊法案。

加尔文宗教改革。

1539年，波兰的哥白尼提出了以太阳为中心的宇宙理论。

1536年，西班牙入侵智利。

1538年，西班牙占哥伦比亚。

1543年，哥白尼的《天体运行论》出版，从此自然科学便开始从神学中解放出来。

明纪

主德似难议，**究**之德未纯。
检查

苑设秋千架，费侈**鳌**山灯。
áo
为架设庆祝元宵节的
彩灯而搭建的假山

李芳遭**锢**禁，仰庇**杖**编氓。
gù
囚禁　　　杖刑

灾异**宜叠见**，男化妇人身。
当然　接连出现

庚戌之变：

庚戌之变是蒙古的又一次较大规模的入侵。蒙古骑兵从山西方向，土蛮部队从卢龙、滦河方向进逼北京，隆庆皇帝急调边兵放弃防地，入卫京师。

不过蒙古人并没有进攻北京，只是大肆掳掠了一番而归，不过此次事件也着实吓了隆庆皇帝一跳，从此他更加关心北部边防，又调戚继光、王崇古、谭纶加强长城沿线防御，同时开展互市贸易，使北方汉、蒙人民有了安定的生活环境。北部边境出现了历史上少有的和平安宁景象，自此以后再也没有爆发蒙古大规模入侵的事件。

讲故事懂道理

革弊施新

隆庆帝即位后倚靠高拱、陈以勤、张居正等大臣，一改朱厚熜时期的做法，实行革弊施新的政策，使朝政为之一振。革弊，即平反冤狱，宣布"自正德十六年以后，至嘉靖四十五年十二月以前，谏言得罪诸臣"，"存者召用，没者恤录"。罢除一切斋醮，撤西苑内大高玄殿、国明等阁、玉熙等宫及诸亭台斋醮所立匾额，停止因斋醮而开征的加派及部分织造、采买。加强对官吏的考察，即使一般不予考察的王府官员也在考察之列。廉政官员给予奖赏和提拔，贪官给予罢免官职，"赃多迹著者部院列其罪状，奏闻处治"。

党争开始

大明朝的党争，尤其是内阁的争斗就是开始于穆宗一朝。穆宗即位之初，大学士徐阶掌管内阁，但徐阶不具备一个高级领导应具备的某种能力，不能压制住其他内阁成员，所以致使内阁中有一些人对他不满，以郭朴、高拱为代表，靠徐阁老提携的高拱，最后挤走了徐阶。这时，内阁中来了一个在明朝历史中很有名的人——张居正。高拱是个恃才傲物的人，与张居正不对盘，内阁开始不和谐，党争正式开始。

1547～1616年，西班牙文学家塞万提斯在世。

1549年，俄国沙皇伊凡四世召开缙绅会议。

英国农民反圈地运动的R. 凯特起义。

1548～1759年，泰缅战争。

西班牙占阿根廷。

明纪

神宗初**践祚**，其间**甫**十龄。
继承皇位　　　　　才

便知**隆**师傅，政柄付**江陵**。
即，就　尊崇，尊重　　　　指张居正

天下为己任，相业**炳**明廷。
　　　　　　　　bǐng
　　　　　　　　照耀

只因揽权盛，抄没祸其身。

讲故事懂道理

隆庆六年，宫中传出穆宗病危的消息。六月初十，皇太子朱翊钧正式即位，次年改元万历。

明神宗在位初之十年尚处年幼，由母亲李太后代为听政。太后将一切军政大事交由张居正主持裁决，实行了一条鞭法等一系列改革措施，使社会经济有很大的发展，人民生活也有所提高，是为"万历中兴"。

按照穆宗的布置，高拱是外廷的顾命大臣中排名最前的；在宫中，小皇帝自然还得依靠冯保，但是，冯保与高拱的关系非常恶劣。冯保此人知书达礼，又喜爱琴棋书画，很有涵养，所以很受穆宗的喜爱。冯保利用皇权更迭之间的权力真空，轻松地通过一道遗诏，就驱走了孟冲，自己做了掌印太监。但是，就高拱来说，对冯保自然是必欲除之而后快。在高拱的授意下，工科都给事中程文、吏科都给事中雒遵、礼科都给事中陆树德都开始弹劾冯保。斗争中，冲突双方是冯保和高拱，而张居正表面上是帮助高拱的。但是，实际上，张居正与冯保关系非常密切，早就预谋赶走高拱。

隆庆六年六月十六日，冯保就利用高拱曾经说过的"十岁太子，如何治天下"一语把自视甚高、性格粗直的高拱赶离京城。高拱一走，高仪也惊得呕血三日而亡，三位内阁顾命大臣中只剩下张居正一人，担当辅弼小皇帝的重任。

明纪

帝享国祚久，法祖实录呈。
<small>效法</small>

加奖崇正学，增祀理学臣。
<small>理学</small>　<small>sì</small>

不为糜滥费，不膳难得珍。
<small>mí</small> <small>过分</small>　<small>shàn</small> <small>吃</small>

及后矿使出，滋蔓民不宁。
<small>滋生蔓延</small>

好胜与好货，张疏中病根。
<small>钱财</small>　<small>奏章</small>

无怪氛祲告，牛羊人面形。
<small>jìn</small> <small>不祥的预兆</small>

讲故事懂道理

酒色的过度，使神宗的身体极为虚弱。因此，神宗亲政期间，几乎很少上朝。他处理政事的主要方法是通过谕旨的形式向下面传递。万历三大征中边疆大事的处理，都是通过谕旨的形式，而不是大臣们所希望的"召对"形式。在三大征结束之后，神宗对于大臣们的奏章的批复，似乎更不感兴趣了。

但是，按照明朝的制度，皇帝是政府的唯一决策者。一旦皇帝不愿处置但又不轻易授权于太监或大臣，整个文官政府的运转就可能陷于停顿。到十七世纪初期，由于神宗不理朝政，官员空缺的现象非常严重。由这样的情形，可以想见万历后期政府运作的效率。御史袁可立趁雷震景德门之际上了一道奏疏，直接指责神宗："若郊视不亲，朝讲久废，章奏之批答不时，宫府之赏罚互异，叙迁有转石之艰，征敛有竭泽之怨。是非倒置，贤奸混淆。使忠者含冤，直者抱愤，岂应天之实乎？"随后被震怒的神宗罢官为民。时神宗委顿于上，百官党争于下，这就是万历朝后期的官场大势。官僚队伍中党派林立，门户之争日盛一日，互相倾轧。东林党、宣党、昆党、齐党、浙党，名目众多。正如梁启超说，明末的党争，就好像两群冬烘先生打架，打到明朝亡了，便一起拉倒。这样的恶果，未尝不是由神宗的荒怠造成的。

1563～1570年，丹麦与瑞典之间的北方七年战争。

1565年，西班牙入侵菲律宾。

1566～1609年，尼德兰资产阶级革命。

1564年，缅甸白古农民起义。

1565～1572年，俄国推行特辖制。

明纪

泰昌国祚促，在位一月殂。
　　zuò 皇位　　　　　cú 去世

所恤唯民命，矿税停斯须。
　　爱护　人民的生活

发帑犒边卒，起废振皇图。
　　tǎng 国库的钱财

若得享年永，善政不胜书。
　　　　长寿　　　　　　写

红丸案：
　　泰昌皇帝即位，一派欣欣向荣，可是没想到泰昌帝突然就病倒了。也许是觉得自己病太重了，皇帝召英国公张惟贤、内阁首辅方从哲等十三人进宫，让皇长子出来见他们，颇有托孤的意思。当天，鸿胪寺官李可灼进献红丸，皇帝服用之后，九月初一驾崩。在位仅一个月，享年三十九。
　　明熹宗即位后，把万历四十八年八月之后的几个月改年号为泰昌元年，以纪念短命的父皇。

　　泰昌帝即位后，其子朱由校与李选侍一起迁住乾清宫。一月后，泰昌帝驾崩，李选侍控制乾清宫，与太监李进忠挟持朱由校，欲争当皇太后以把持朝政，朝臣反对。

　　泰昌帝驾崩当日，在大臣们的力争下，李选侍方准朱由校与大臣们见面。杨涟、刘一燝等见到朱由校即叩首山呼万岁，并保护朱由校离开乾清宫，到文华殿接受群臣的礼拜，决定在九月初六举行登基大典。为了朱由校的安全，诸大臣暂将他安排在太子宫居住，由太监王安负责保护。李选侍挟持朱由校的目的落空，又提出凡大臣章奏，先交由她过目，然后再交朱由校，朝臣们强烈反对。九月六日，朱由校御奉天门，即皇帝位，改次年为天启元年。至此，李选侍争当皇太后、把持朝政的企图终成画饼。

　　李选侍虽已"移宫"，但斗争并未结束。"移宫"数日，哕鸾宫失火，经奋力抢救，才将李选侍母女救出。反对移宫的官员散发谣言：选侍投缳，其女投井，并说"皇八妹入井谁怜，未亡人雉经莫诉"，指责朱由校违背孝悌之道。朱由校在杨涟等人的支持下批驳了这些谣传，指出"朕令停选侍封号，以慰圣母在天之灵。厚养选侍及皇八妹，以遵皇考之意。尔诸臣可以仰体朕心矣。"至此，"移宫案"风波才算暂告结束。

1569年，波兰、立陶宛卢布林合并。

1571年，菲律宾吕宋国为西班牙所灭。

1573年，克罗地亚农民起义。

1580年，西班牙攻陷里斯本。

1582～1598年，日本封建领主丰臣秀吉当政。

1583年，意大利的伽利略发现摆的等时性原理。

189

明纪

天启昏庸极，任用魏忠贤。

小忠迎上意，大恶弄机权。

客氏相依附，表里共为奸。
指宫里和朝廷

大小臣遭辱，不知几百千。

交章劾阉恶，首发是杨涟。
连续 揭发 宦官的代称

帝昏犹不悟，忠谏反招愆。
昏庸，糊涂   罪过

崇祯皇帝：
　　朱由检，明朝第十六位皇帝。明光宗第五子，明熹宗异母弟，母为淑女刘氏，于1622年年被册封为信王。1627～1644年在位，年号崇祯。
　　朱由检继位后大力铲除阉党，勤于政事，生活节俭，曾六下罪己诏，是位年轻有为的皇帝。在位期间爆发农民起义，关外后金政权虎视眈眈，已处于内忧外患的境地。1644年，李自成军攻破北京时，于煤山自缢身亡，终年34岁，在位17年。
　　朱由检死后庙号怀宗，后改毅宗、思宗。清朝上谥号守道敬俭宽文襄武体仁致孝庄烈愍皇帝，葬于十三陵思陵。

　　魏忠贤，原名李进忠，家中贫穷，却喜欢赌博，赌运不佳，常常受到凌辱。从他的家境和经历来看，活脱是一个市井无赖。

　　后来在没有其他出路的情况下，魏忠贤愤而净身，入宫当了宦官，这是在万历年间。他先在司礼太监孙暹名下，后在甲子库办事，有些油水，因而逐渐富裕了起来。

　　魏忠贤通过太监魏朝介绍投入王安门下，颇得信用。对他来说，这是一个重要的转机。光宗朱常洛只当了一个月皇帝就病死了。他生前宠爱选侍李氏，要她照料皇长子朱由校。李选侍恃宠骄妒，不许朱由校与他人交谈，逐渐控制了他。朱由校即位时只有十六岁，李选侍欲继续控制朱由校，让他留居乾清宫。御史左光斗、给事中杨涟及阁臣刘一燝等倡言移宫，几经争执，李氏被迫移居仁寿殿。这一事件称"移宫案"，与万历时的梃击案、泰昌时的红丸案合称"三案"。"三案"本身对魏忠贤的命运不会发生多少影响，但一些阁部大臣对"三案"态度暧昧，引起言官们的猛烈抨击，门户之见，朋党之争愈演愈烈，给魏忠贤造成一个十分有利的客观环境。

　　与客氏交结，是魏忠贤的一大机遇。天启初年，有道人宿朝天宫，日歌市中，曰："委鬼当朝立，茄花满地红。"这被看作魏、客当道的谶语。

1590年，丰臣秀吉统一日本。

荷兰的詹森发明复式显微镜。

1598～1616年，日本江户幕府创建者德川家康当政。

1602年，荷兰东印度公司发行世界上第一只股票。

意大利的伽利略作自由落体等一系列科学实验。

1593年，意大利的伽利略发明空气温度计。

1600年，烟草传入中国。东印度公司建立。

明纪

怀宗甲申变，此时祸已延。
朱由检，即崇祯皇
帝的谥号

且虚怀纳谏，宵衣旰食勤。
  心   清晨 天黑

只因温阁老，毫无匡救勋。
明朝对大学士官职   纠正，挽救
的称呼之一

饥民乱四起，童谣道得真。
  指农民起义   真切

中原无净土，到处血流腥。

满族入华夏，国号称大清。

> 顾炎武（1613～1682年），著名思想家、
> 史学家、语言学家，与黄宗羲、王夫之并称
> 为明末清初三大儒。

> 《天工开物》：
> 初刊于1637年（明崇祯十年）。作者
> 是明朝科学家宋应星。被称为"中国17世
> 纪的工艺百科全书"。作者在书中强调人类
> 要和自然相协调、人力要与自然力相配合。

讲故事懂道理

崇祯十七年三月一日，大同失陷，北京危急，三月十七日，农民起义军围攻京城。十八日晚，朱由检与贴身太监王承恩登上煤山，远望着城外和彰义门一带的连天烽火，只是哀声长叹，徘徊无语。朱由检招来15岁的长平公主，流着泪说："你为什么要降生到帝王家来啊！"说完左袖遮脸，右手拔出刀来砍中了她的左臂，接着又砍伤她的右肩，她昏死了过去。同时也挥剑刺死了自己年仅六岁的幺女——昭仁公主。

朱由检又砍死了妃嫔数人，并命令左右去催懿安张皇后自尽。懿安张皇后隔帘对朱由检拜了几拜，自缢身亡。十九日凌晨，李自成起义军从彰义门杀入北京城。然后朱由检手执三眼枪与数十名太监骑马出东华门，被乱箭所阻。三月十九日拂晓，大火四起，重返皇宫，城外已经是火光映天。此时天色将明，朱由检在前殿鸣钟召集百官，却无一人前来，最后在景山歪脖树上自缢身亡，死时光着左脚，右脚穿着一只红鞋，时年33岁。身边仅有提督太监王承恩陪同。上吊死前于蓝色袍服上大书：

"朕自登基十七年，虽朕薄德匪躬，上干天怒，致逆贼直逼京师，然皆诸臣误朕也。朕死，无面目见祖宗于地下，自去冠冕，以发覆面。任贼分裂朕尸，勿伤百姓一人。"

三月二十一日大顺军将朱由检与周皇后的尸棺移出宫禁。

1606年，荷兰探险家首次发现澳洲大陆。

1609年，天主教同盟成立。

布鲁诺因拥护哥白尼地动说，在罗马被教会烧死。

1620年，英国五月花号到达北美，签订《五月花号公约》。

1603～1867年，日本江户时代。

1608年，新教同盟成立。

1618～1648年，欧洲30年战争。

公元17世纪初，法国殖民者开始在北美拓殖。

1624年，荷兰侵占中国台湾。

清纪

世祖时年幼，定鼎于燕京。

辅政功震主，福临亲政忙。

独断掌乾纲_{qián}，清吏重汉官。
朝纲；君权

力图兴国祚，抚俘励垦荒。
国运

瘁疸_{cuì dān}心向佛，践阼_{zuò}十又八。
疲劳痛苦　　　　　走上阼阶主位，即登基

孝庄皇太后：
　　中国历史上有名的贤后，是清初杰出的女政治家。清朝入关时，顺治年幼，整个国家情势危急，孝庄太后凭借她的聪明智慧，维持了皇室的和平团结，使其在位期间一统中原。顺治死后，孝庄皇太后辅佐幼孙康熙继承大业，使清王朝从动乱走向稳定，经济从萧条走向繁荣，并在康熙时期形成第一个黄金时代。

讲故事懂道理

　　清世祖爱新觉罗·福临，人称顺治帝，是大清入关后的第一位皇帝。他统一中原、兴利除弊、和善蒙古、整顿吏治、亲善汉人等举措，为刚入关的大清带来了稳定。

　　顺治十六年（1659年），作为反清复明最具实力的力量，郑成功将目光锁定在南京城。他率领十几万的水陆大军大举进攻，兵临南京城。一旦南京失守，整个东南也许就会陷入大面积反清局面之中。顺治乱了手脚，甚至打算弃北京回东北，孝庄太后勃然大怒，厉声训斥了顺治，责骂他将祖先的功业拱手放弃。顺治十六年，顺治命达素统兵增援江南。在南京城里，清兵将领一方面贴出安民告示，稳定人心，另一方面抓紧时间贮备粮食和武器，为后面即将到来的反攻做最后的准备。此时的郑成功却被胜利冲昏了头脑，没能够乘胜追击，反而受清军的迷惑，把战事往后拖延了长达一个月之久，给清军充分的准备时间，同时也使自己的队伍处于一种松懈状态。困在南京城里的清军士兵正是抓住了这个有利时机，从水路两方面开展进攻，与郑成功进行了最后的决战。因为准备充分，士气旺盛，不到半天时间，郑成功的多处营地便被清军攻破，剩余兵力纷纷后退，最后郑成功退回到厦门，在随后的顺治十八年收复台湾，将其作为抗清基地。

　　就这样，顺治统治下的清王朝基本上统一了中国。

1632年，意大利的伽利略提出相对性原理，次年被罗马教皇审判。

1640年，英国资产阶级革命爆发。

1642～1646年，英国第一次内战。

1632年，沙俄在西伯利亚修建侵略扩张的基地——雅库次克。

1642年，清教徒革命。荷兰探险家首次发现新西兰岛。

1643～1715年，法国国王路易十四在位。

清纪

童龀膺景命，康熙嗣丕基。
chèn yīng
幼小；童年　接受　指授予帝王之位的天命　　巨大的基业

智勇禽鳌拜，英断平三藩。
áo

施琅澎湖战，灭郑统台湾。
láng　　　　　　明郑王朝

遣将驱沙俄，缔结尼布楚。

平定三藩：

　　清朝初年，清政府利用明朝降将平定及镇守南方一些省份。后来，镇守云南的吴三桂、镇守广东的尚可喜、镇守福建的耿精忠等藩王已经形成很大的势力，合称三藩，不仅在经济上是中央政府沉重的负担，而且威胁到清政权。

　　康熙十二年，康熙皇帝做出撤藩的决定。吴三桂首先将矛头指向朝廷，并得到了南方多省的迅速响应，几乎占据湖南全省。康熙帝则调整战略、安排兵力，通过分化力量孤立吴三桂。康熙十五年，耿精忠、尚之信相继归顺清廷，康熙十七年吴三桂称帝，但未能改变叛军的困境。同年，吴三桂病死，形势陡变。清军趁机发动进攻，从此叛军一蹶不振，1681年，清军进入云贵省城，历时8年的三藩之乱被平定。对于清廷来说，是确立稳定的皇朝统治的标志。

讲故事懂道理

　　清圣祖爱新觉罗·玄烨，后世称为康熙帝，8岁登基，在位61年，在位期间平三藩、收台湾、抗沙俄、重农业、兴水利、编典籍，开创出康乾盛世的局面，被后世学者尊为"千古一帝"。

　　康熙皇帝年幼即位，顺治帝临终前指定了四位顾命大臣辅政。其中鳌拜最为专权。随着年龄的增长，少年皇帝也不再甘心充当傀儡。但是鳌拜功夫高深，在军中很有威信，而且耳目众多，少年康熙演绎出了一场智擒鳌拜的好戏。

　　为了让鳌拜放松了对康熙的戒心，康熙帝让自己的贴身护卫索额图从八旗子弟中精选了一些少年作为近身侍卫。白天就让他们在宫中练习布库戏（满语，即摔跤），还故意让鳌拜看见。一向警惕性很高的鳌拜这次却大意了，他以为不过是少年的好玩而已，内心对康熙帝的戒备也更低了。到了晚上，索额图就在武英殿里训练这些年轻侍卫。为了能够一举擒获鳌拜，康熙帝与孝庄皇太后、索额图制订了周密的六连环计，安排了制服鳌拜的地点——武英殿（便于侍卫们的躲藏与伸展拳脚），让索额图想方设法地把鳌拜随身携带的武器放在武英殿外，又将鳌拜其中的一个椅子腿锯折又粘好；侍卫中功夫最好的一名安排在座椅后待命，鳌拜落座后，由另一名侍卫装扮成的太监上茶，递给鳌拜一个十分烫手的茶杯，当鳌拜喝茶被烫摔掉茶杯时，埋伏在武英殿外的其余侍卫一拥而上擒住鳌拜。康熙在旁历数了鳌拜三十大罪状，将其投入监狱，终身监禁。

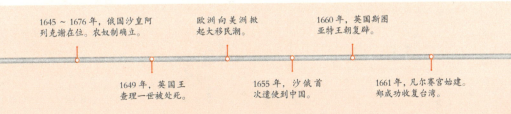

1645～1676年，俄国沙皇阿列克谢在位。农奴制确立。

欧洲向美洲掀起大移民潮。

1660年，英国斯图亚特王朝复辟。

1649年，英国王查理一世被处死。

1655年，沙俄首次遣使到中国。

1661年，凡尔赛宫始建。郑成功收复台湾。

清纪

挞伐破准部，邦畿通南北。
　tà　　　　jī
　征讨　　　疆域

威服四海内，登民于衽席。
　　　　　　　　　rèn
　　　　　　比喻让百姓居有其所，生活平安

尊儒除异见，屡兴文字狱。

削爵废东宫，九子始夺嫡。
　　　　　　　　　　dí

> 文字狱：
> 　　封建统治者迫害知识分子的一种冤狱，以清代最为残酷暴虐。其目的在于压制汉族人的民族独立反抗意识，树立清朝统治的权威。这种文化专制政策，造成社会恐怖，文化凋敝，从而禁锢了思想，堵塞了言路，摧残了人才，严重阻碍了中国社会的发展和进步。

讲故事懂道理

九子夺嫡，是指清朝康熙皇帝的儿子们争夺皇位的历史事件。当时康熙皇帝的儿子有24个，其中有9个参与了皇位的争夺。九个儿子分别是：大阿哥胤禔、二阿哥胤礽、三阿哥胤祉、四阿哥胤禛、八阿哥胤禩、九阿哥胤禟、十阿哥胤䄉、十三阿哥胤祥、十四阿哥胤禵。最后四阿哥胤禛胜出，在康熙帝去世后继承皇位，成为雍正帝。

康熙十五年，康熙立二阿哥胤礽为皇太子，在此后的日子里皇太子变得骄纵蛮横并结党营私。康熙四十七年，康熙帝宣布废除太子，之后，众多阿哥开始了对于皇位的觊觎，并形成了大爷党、三爷党、四爷党、八爷党等不同派别。

直至康熙五十一年太子二次被废，夺嫡派系最终形成了以胤禛为首的四爷党和以胤禩为首的八爷党两大势力。

康熙六十一年，康熙帝病故，当时八爷党支持的十四阿哥胤禵远在西北，四阿哥胤禛留京。康熙近臣步军统领隆科多宣布康熙遗嘱由胤禛继承皇位，就是雍正皇帝。雍正登基后八爷党人惨遭迫害，九子夺嫡以雍正取胜告终。

雍正为防止再出现兄弟间争夺皇位的惨剧，从此实行秘密建储制度，不再公开设立太子，由皇帝写诏书并放置于乾清宫正大光明匾额后，直到皇帝驾崩后人们才能打开并宣布继承人。

1675年，伦敦圣保罗大教堂始建。英国人到中国厦门通商。

1676～1681年，第一次俄土战争。

1687年，牛顿发现万有引力。

1689年，中俄签定"尼布楚条约"。

1676年，格林威治天文台建成。

1682～1725年，俄国彼得大帝开始西化改革。

1688年，英国政变，资产阶级和新贵族的统治确立。

清纪

世宗初即位，弑亲固大统。

思往之屠戮，定密建皇储。

整饬(chì)吏治严，利民生为念。

反因循朋党，扫颟顸(mān hān)无为。
沿袭按老办法做事　糊涂不明事理，而又自以为是

推摊丁入亩，行耗羡归公。

好名而图治，宵旰(gàn huáng)却不遑。
比喻勤于政事　没有时间；来不及

求治严且切，遂致暴崩殂(cú)。

耗羡归公：
　　又称火耗归公。火耗是地方官征收钱税时，会以耗损为由，多征钱银。
　　雍正二年，将明朝以来的"耗羡"附加税改为法定正税，并制度养廉银，用意在打击地方官吏的任意摊派行为。此举集中了征税权利，减轻了人民的额外负担，对整顿吏治、减少贪污有积极作用，但未能从根本上改善吏治。

讲故事懂道理

清世宗爱新觉罗·胤禛，历史上称为雍正帝。清朝最鼎盛的时期是"康乾盛世"，夹在其中的雍正时代则是这个盛世的关键时期，所以"康乾盛世"又称"康雍乾盛世"。雍正即位之后，实行一系列"摊丁入亩"、火耗归公和反腐败的措施，肃清贪官，改善吏治，增加国库收入，给社会奠定了雄厚的政治和经济基础，为康雍乾盛世的延续立下了汗马功劳。

雍正帝在位期间，勤于政事，自诩"以勤先天下"。在故宫养心殿的西暖阁，悬挂着一个写着"为君难"的匾额和一副对联，上面写着"惟以一人治天下，岂为天下奉一人"。在雍正执政期间，他镌刻了各种"为君难"的印玺，时刻提醒自己做皇帝难。"为君难"一语出自《论语》："为君难，为臣不易。如知为君之难也，不几乎一言而兴邦乎？"意思是："做国君难，做大臣也不容易。如果知道做国君难而尽力做好，不就相当于一言可以兴邦吗？"通过这个"为君难"和对联，就可以看出，雍正就是用这个来提醒自己身为皇帝责任重大，同时也激励大臣们知难而进，君臣同心同德，共同治理好国家。他每天埋头于公务奏折之中，白天召见大臣，处理政务，晚上批复奏折，他在位十三年批复的奏折达四万多件，平均每天十件。而且几乎每本奏折都有朱批，短则几字，长则上千字，十三年写了共约五千万字的朱批，真可谓最勤政的皇帝。

1689 年，中俄签定"尼布楚条约"。

英国在北美东海岸建立最初 13 州。加拿大沦为英法殖民地。

1688 年，英国政变，资产阶级和新贵族的统治确立。

1689～1755 年，思想家孟德斯鸠。

1694～1778 年，文学家伏尔泰。

清纪

高宗运 **郅** ^zhì **隆**，宽严并为政。
<small>最为隆盛</small>

驭 ^yù 才善制衡，勤政以安民。

四征于 **不庭**，赫赫功 **十全**。
<small>指背叛的诸侯不来朝贡</small> <small>弘历曾自我总结一生有"十全武功"，自诩为"十全老人"</small>

揆 ^kuí 文造文祸，倦勤蔽 **权幸**。
<small>管理，掌管</small> <small>有权势且得君宠的人</small>

挥 **霍** ^huò 下江南，固步以自封。

享祚六十载，康乾盛世终。

> 纪晓岚（1724～1805年）：纪昀，字晓岚，清代政治家、文学家，他与和珅是乾隆最仰仗的两个大臣，一生中领导和参与多部重要典籍编修，是中国文化史上有重大贡献的学者。曾任《四库全书》总纂修官。他博览群书，才华横溢，尤其擅长考证训诂。有《阅微草堂笔记》传世。

清高宗爱新觉罗·弘历，年号"乾隆"，是中国历史上在位时间最长的皇帝，也是中国历史上最长寿的皇帝。乾隆年间清朝达到了最高峰，政治安定，经济繁荣，对文化事业十分重视，亲自倡导并编成了《四库全书》。他最大的功绩是对边疆的经营。清朝的疆域历经康熙、雍正、乾隆的努力，最后形成：东北到外兴安岭、库页岛、鄂霍次克海，西北到巴尔喀什湖、葱岭，北到恰克图（贝加尔湖以南，色楞格河以北），南到南沙群岛。

八十二岁的乾隆皇帝曾亲写《十全记》，记述自己一生的"十全武功"，并自称"十全老人"，还创设了"十全县"。"十全武功"具体指的就是两次大小金川之战、两次平定准噶尔之战、平定南疆大小和卓叛乱、清缅战争、平定台湾林爽文叛乱、安南之役及两次征战廓尔喀。

这十场战争里有反抗外敌入侵的正义之战，也有平息叛乱的自卫之战，还有一些纯属耀武扬威的战斗。从时间看，这些战争少则一年，多则三四年。几乎每场都打得艰苦卓绝，也耗费了大量的人力经费。十全事件长达四十五年，将近半个世纪的连续战争，保障了中国领土的完整和国家的统一，确实是乾隆不可磨灭的历史功绩。

1701年，腓特烈三世加冕成为普鲁士国王腓特烈一世。

1689～1702年，威廉三世在位。

1706～1790年，科学家富兰克林。

1707年，英格兰、苏格兰合并，形成"大不列颠王国"。

1702年，西班牙王位继承战争爆发。

18世纪，法国思想启蒙运动。

1707年，英格兰与苏格兰统一。

18世纪，罪恶的奴隶贸易达到最猖獗的地步。

清纪

致斋测上意，位列紫光阁。
和珅

奸险古来稀，荣宠冠群臣。

仁宗及天命，迨躬莅万几。
等到　指国家元首所治理的政务繁多

锄奸以登善，迁腐未遽睹。
立刻阻止

虽崇俭勤事，实积重难返。

嘉庆帝登基之后，首先整顿吏治，"广开言路"，接着除掉和珅，打击贪官，并学习先帝，勤于政事。

嘉庆十年耗费上亿军费，镇压了历时九年多的白莲教起义，也使清王朝元气大伤，嘉庆十八年，北方爆发天理教起义，也被陆续镇压。

嘉庆在位时期结束了文字狱，提倡封建礼教，加强孔子儒家思想在中国的统治地位。

嘉庆帝在内乱频仍、外患渐逼中，倾力企图维护清王朝的稳定巩固，然而不可逆转的历史发展趋势，使清王朝的败落于嘉庆末年已完全表面化，并从此日渐走向衰亡。

讲故事懂道理

清仁宗爱新觉罗·颙琰，历史上称为嘉庆帝。他是一名守成皇帝，"谨勤守成竭尽心力，狂澜既倒无可奈何"就是对他一生的总结概括。他对贪污深恶痛绝，因此登基伊始就开始肃清吏治，首先惩治了贪官和珅。

乾隆晚年，和珅地位日盛，堪称"二人（乾隆和嘉庆）之下万人之上"，他不仅位高权重而且贪婪成性，这两点恰恰是帝王最为忌惮的，和珅成为嘉庆清洗的首要对象也就不足为奇了。乾隆驾崩之时，嘉庆首先下令让和珅守灵，实际上是把和珅软禁在乾隆的灵堂上。这样就切断了和珅同外面的所有联系，令他无计可施。接着，嘉庆颁布上谕，将南方白莲教战事责任归咎于领班军机大臣和珅，接着借御使之口列举和珅的种种罪状，得到舆论的支持并借机免去了和珅各种职务。此后，嘉庆又命人查抄了和府，数额巨大到相当于乾隆年间两年半的税收，其中不乏各地进贡给皇上却被和珅私自窃取的贡品。嘉庆随后宣布了和珅二十大罪状，谴责和珅辜负了先皇信任，愧对先皇的恩宠，并于三天后下达赐死的诏书。

和珅被诛后，嘉庆没有穷追其余党，也没有株连九族，这种做法使得人心安宁，政局稳定。

嘉庆对和珅的处理既是嘉庆皇帝一生处理重大政治事件中最精彩的一次，也是他作为政治家的唯一杰作。

18世纪中期，英国打败法国，成为最强大的殖民国家。

1714年，英国汉诺威王朝。乔治一世在位，君主立宪制形成。

1765年，英国通过《权力与不平等宣言》。

18世纪60年代，英国工业革命开始。

1750～1832年，歌德，著《浮士德》。

1765～1790年，神圣罗马帝国废除农奴制。

清纪

旻宁德恭俭，复又量宽仁。
<small>mín</small>

平定戎狄患，硝烟虎门滩。
<small>róng</small>

有君而无臣，九卿均缄默。
<small>jiān</small>

以畏葸为慎，以柔靡为恭。
<small>xǐ</small> <small>mí</small>
懦怯　　　　柔弱委靡

庸暗信巧佞，割地又赔款。
<small>nìng</small>
庸下愚昧　巧言奸佞

悲国步之濒，肇端于宣宗。
<small>zhào</small>
国运　　　开端；起始

> 虎门销烟：指中国清朝政府委任钦差大臣林则徐在广东虎门集中销毁鸦片的历史事件。此事后来成为第一次鸦片战争的导火线，《南京条约》也是那次战争时清政府签订的。
> 1839 年 6 月 3 日，林则徐下令在虎门海滩当众销毁鸦片，至 6 月 25 日结束，共历时 23 天，销毁鸦片总重量 2376254 斤。

讲故事懂道理

清宣宗爱新觉罗·旻宁，年号道光。此时的大清王朝已经由盛转衰，国内民不聊生，外国列强乘虚而入，以鸦片为先导，对中国进行侵略。

鸦片作为药材进入中国已很长时间了，但鸦片吸食成为一个严重的社会问题则发生在一种吸食新法传入之后，这种吸食新法诱惑力极强，容易使人上瘾，而且难于戒绝。自 17 世纪末传入中国后，鸦片所引发的社会问题便引起了清朝当局的注意。

从雍正开始，清政府的禁烟谕令可以说是从未间断过，据统计，自乾隆四十五年至道光十九年（1780～1839 年）的 60 年间，清政府先后发过四五十道严禁贩运、吸食鸦片的谕旨、文告，其中道光朝最多。

道光十九年，林则徐奉旨来到广州，开始采用前所未有的严酷手段清除烟祸。林则徐通过禁烟、缴烟、销烟，共销毁 2376254 斤鸦片，虎门销烟从一定程度上遏制了鸦片在中国的泛滥，在民间产生了积极的影响，大大抑制了英国在中国的鸦片交易，展现了中国人民禁烟的坚定决心。

但是，因为禁烟运动直接损害了英国资产阶级的利益，加速了英国对中国的侵略，"虎门销烟"也成了外国列强发动鸦片战争的导火索，最后中国战败，被迫签订丧权辱国的《南京条约》。

1772 年、1793 年、1795 年，三次瓜分波兰。

1775～1783 年，北美独立战争。

1783 年，签订《巴黎和约》。

1789 年 7 月 14 日，巴黎人民攻占巴士底狱，法国资产阶级革命开始。

1773 年，波士顿倾茶事件。

1776 年 7 月 4 日，北美大陆会议发表"独立宣言"，美国成立。

1789 年，法国大革命，发表《人权宣言》。

1789 年，华盛顿就任第一届美国总统。

清纪

道光四嫡子，奕詝（zhǔ）登帝位。

得旨光明后，立储秘制亡。

匹夫倡革命，天王改天京。

假"天父"之号，应"红羊"之谶（chèn）。
<small>代的谶纬之说，代指国难</small>

竭天下之力，始克平之乱。

虽能任贤材，亦善观肆应（sì）。
<small>各方响应</small>

兵败如山倒，仓皇走承德。

> **太平天国运动：**
> 随着国内阶级矛盾的激化，广大农民饥寒交迫纷纷揭竿而起，1851年，洪秀全等人在广西金田村正式宣布起义，建号太平天国，反对清朝封建统治和外国资本主义侵略，1864年，运动失败，是19世纪中叶中国最大的一场大规模反清运动和农民革命，是中国近代史上旧民主主义革命的序幕，是从1851年起共坚持了14年，势力扩展到17省，有力地打击了清王朝的封建统治和外国的侵略。

清文宗爱新觉罗·奕詝，即咸丰帝，是清朝和中国历史上最后一位手中握有实际统治权的皇帝。但此时的大清王朝内忧外困，先后爆发太平天国运动、第二次鸦片战争，清政府再次签订了一系列不平等条约，使中国进一步陷入了半殖民地半封建社会的深渊。

咸丰八年（1858），英法联军侵占天津，迫使清廷签订了《天津条约》。但他们不满足从《天津条约》中获取的种种特权，利用换约之机再次挑起战争。1859年，清政府以大沽设防，命直隶总督恒福照会英、法公使，指定他们由北塘登陆，经天津去北京换约，英、法公使断然拒绝清政府的安排，坚持以舰队经大沽口溯白河进京，企图以武力威慑清政府交换《天津条约》批准书。

英海军司令贺布亲率军舰停在大沽口，命令用火轮拖拽拦江铁戗进行挑衅，连续拖倒10余架后，又用轮船直撞守护炮台的铁链，随即向炮台发起轰击。守卫炮台的爱国官兵已经忍耐很长久，他们在僧格林沁的指挥下，英勇抵抗，各营炮位环轰叠击，直隶提督、大沽协副将身先士卒，先后阵亡。由于清军火力充分，战术得当，击沉击伤敌舰10艘，毙伤敌军近500人，贺布也受了重伤，联军失败。

大沽口保卫战是鸦片战争后清军在抗击外来侵略中取得的第一次大胜仗，也是第二次鸦片战争中唯一的一次胜仗。

1792～1804年，法兰西第一共和国。	1814年，英国斯蒂芬森发明火车。	1836～1848年，英国宪章运动。	1847～1852年，共产主义者同盟。	1858年，"中俄爱晖条约"签订。
1799年，雾月政变，拿破仑执政。	1831～1834年，法国里昂工人起义。	1844年，美国人莫尔斯发明电报。	1848年2月，法国二次革命。	

清纪

外强竟要盟，火烧圆明园。
强迫签定盟约

内孽起纷争，慈禧欲篡政。

遭阳九之运，躬明夷之会。
指灾荒年景和厄运　　是《周易》六十四卦中第
　　　　　　　　　　三十六卦。蒙大难

yǎn
奄忽三十载，竟无一日安。
疾速，倏忽

此后纵有皇，帘后方为王。

文宗之独子，载淳正冲龄。
幼年。指帝王幼年即位

孺童即主位，其母垂帘听。

第二次鸦片战争是英、法在俄、美支持下联合发动的侵略战争，是英国与法国趁中国太平天国运动之际，以亚罗号事件及马神甫事件为借口，联手进攻清朝政府的战争。可以看作是第一次鸦片战争的延续。战争中沙俄出兵后以"调停有功"自居，并胁迫清政府割让150多万平方公里的领土至今，从而成为最大的赢家。这场战争迫使清政府先后签订《天津条约》和《北京条约》中俄《瑷珲条约》等和约。中国因此丧失了东北及西北共150多万平方公里的领土，战争结束后清政府得以集中力量镇压了太平天国，维持统治。

讲故事懂道理

圆明园始建于康熙46年，由圆明园、长春园、绮春园三园组成。经雍正、乾隆、嘉庆、道光、咸丰五位皇帝150多年的经营，集中了大批物力和无数能工巧匠，倾注了千百万劳动人民的血汗，把它精心营造成一座规模宏伟、景色秀丽的离宫。

圆明园还是一座当时世界上最大的皇家博物馆、艺术馆，收藏着许多珍宝、图书和艺术杰作，集中了古代文化的精华。圆明园也是一座异木奇花之园，名贵花木多达数百万株，被称为"万园之园"。

1860年，英法两国再次组成侵华联军，大举入侵。他们在北塘登陆，进而攻占大沽口，随即攻占天津，并向北京进犯。咸丰帝自圆明园仓皇逃亡热河，命恭亲王奕䜣留京议和。英法联军攻占北京后，于10月6日占据圆明园。中国守军寡不敌众，英、法军队侵占了圆明园。入园后侵略军军官和士兵们成群结伙地抢劫园中的金银财宝和文化艺术珍品，将不能带走的东西全部捣碎，10月9日，法军暂时撤离圆明园时，这处秀丽园林，已被毁得满目狼疮，英国侵华头目额尔金、格兰特，为了给其侵华行为留下"赫然严厉"的印象，并给清王朝带来沉重的打击，下令火烧圆明园。10月18日、19日，三四千名英军在园内到处纵火，大火三昼夜不熄。这座举世无双的园林杰作、中外罕见的艺术宝藏，被付之一炬。

1857～1859年，印度民族起义。

1861年，俄国农奴制改革。

1863年，林肯签署《解放奴隶宣言》。

1866年，第一国际日内瓦大会，反对蒲鲁东主义的斗争。

1860年，"中俄北京条约"签定，沙俄又强占我40多万平方公里领土。

1861～1865年，美国内战。

1865年，林肯被刺身亡。

1868年，日本明治维新开始。

清纪

同治十有三，国运复中兴。
<small>通常指国家由衰退而复兴</small>

慈禧欲权极，八人辛酉擒。
<small>yǒu</small>

奕䜣兴洋务，求富与自强。
<small>xīn</small>

师夷以制夷，中体而西用。

初为固帝制，善能擢贤能。
<small>zhuó</small>
<small>选拔</small>

穆宗虽有心，遇变亦修省。
<small>修身反省</small>

殂落仅十九，庸讵当大局？
<small>死亡</small>　　<small>jù</small>
<small>岂；何以；怎么</small>

李鸿章（1823～1901年），晚清名臣。与曾国藩、张之洞、左宗棠并称为"中兴四大名臣"。他曾组建淮军，镇压太平天国，平定捻军，是北洋水师的统帅，也是洋务运动的灵魂人物。他主办的洋务中有五百个中国第一，二百个亚洲第一，是中国近代电力、邮政、金融等多项事业的鼻祖。曾经代表清政府签订了《越南条约》《马关条约》《中法简明条约》等。李鸿章视《马关条约》为终生耻辱，发誓从此不再踏入日本半步。

清穆宗爱新觉罗·载淳，年号"同治"。他一直受制于慈禧太后，没有什么大的作为。他依赖重臣镇压了太平天国运动，还兴办洋务，使当时的政治局面出现了一个短暂的和谐时期，历史上称为"同治中兴"。

"同治中兴"就是在国内调整政治秩序，发展经济，安抚人民的反抗情绪，并大兴科举以笼络人才、维护清廷统治；同时兴办洋务，和国外强国合作。尽管洋务运动，最终没能重新扭转清政府内交外困的局面，但它引进了西方先进的科学技术，客观上对中国民族资本主义的产生和发展起到了促进作用。

洋务运动前期，以"自强"为目标，创办了一批近代军事工业，如江南机器制造总局、福州船政局、天津机器局等，还开办了天津北洋水师学堂等一批军事学校，为清政府的国防事业做出了重要的贡献。

北洋水师的建立，是洋务运动前期在军事方面的最高成果之一，曾经是中国可以威慑海洋的先进军事力量。洋务运动后期，又提出"求富"的口号，发展民族经济，兴办了一批民用工业，建立了轮船招商局，打破了外国航运公司的垄断局面，使得中国的民用工业得到了迅速发展，也奠定了中国近代化工业的基础。

1894年的甲午中日战争，北洋海军全军覆没，标志着35年的洋务运动宣告破产。

1870～1871年，普法战争。

1882年，德、奥、意三国同盟形成。

1871年3月18日～5月28日，巴黎公社。

19世纪名家辈出：屠格涅夫、勃朗特姐妹、舒曼、陀思妥耶夫斯基、福楼拜、小仲马、约翰施特劳斯、列夫托尔斯泰、诺贝尔、马克吐温、尼采……

清纪

同治无所出，载湉(tián)继大统。

抱有为之志，欲以前国耻。

然甲午惨败，迫割地赔款。

锐意乃更张，求变以图强。

颁定国是诏，始百日维新。

撼动朽木本，戊戌(wù xū)政变生。

洎(jì)（到）垂帘再出，徒韬晦(tāo huì yíng)瀛台。

戊戌变法：
又称百日维新，是指1898年6月11日至9月21日以康有为、梁启超为主的维新派人士通过光绪帝进行倡导学习西方，提倡科学文化，改革政治、教育制度，发展农、工、商业等的政治改良运动。但戊戌变法因损害到以慈禧太后为首的守旧派（顽固派）的利益所以遭到强烈抵制与反对，1898年9月21日慈禧太后等发动戊戌政变，光绪帝被囚至中南海瀛台，维新派的康有为、梁启超分别逃亡，戊戌六君子被杀，历时103天的变法失败。

讲故事懂道理

清德宗爱新觉罗·载湉，历史上称为光绪帝，在位34年间，经历了三个阶段：读书阶段、亲政支持维新变革阶段和被囚禁阶段，晚清时期，大清王朝已陷入穷途末路，光绪帝空有一腔爱国热情，但最终无力回天。

在读书阶段，光绪帝师从状元出身、兼具真才实学与爱国情怀的翁同龢等人，培养了一种勤政爱民意识。

1894年爆发的中日甲午战争中，光绪帝极力主战，反对妥协，痛斥议和派，但终因朝廷腐败，战争以失败告终，丧权辱国的《马关条约》的签订，极大地刺激了他的神经。痛定思痛，光绪大力支持维新派变法以图强，他多次在言语中透露希望中国能够效法日本明治维新，通过改革从此走向富强。光绪二十四年（1898年），光绪帝支持康有为等人实行"戊戌变法"，却受到以慈禧太后为首的保守派的反对。光绪帝打算依靠袁世凯牵制住慈禧太后的保守势力，反被袁世凯出卖，历时103天的维新变法宣告失败，光绪帝本人被慈禧太后幽禁在中南海瀛台，成了囚徒皇帝。变法的失败，使清王朝改变旧章的一线生机被扼杀。

随后八国联军占领北京，义和团运动让各地反清武装起义此起彼伏，民主革命思潮在全国广泛传播，清王朝濒于覆灭的边缘。

1889年，第二国际建立。

1892年，俄法签订军事协定。

1894年，朝鲜甲午农民战争。

1895～1896年，埃塞俄比亚抗意卫国战争。

清纪

有功名之士，险躁难自矜。

八国连兵起，国运从此倾。

德宗孝钦崩，溥仪为新帝。

登基仅三载，未掌一日权。

时辛亥既起，遂遽谢帝位。

清朝自此亡，帝制不复存。

曾国藩（1811～1872年），汉族，初名子城，字伯涵，号涤生，中国近代政治家、战略家、理学家、文学家，湘军的创立者和统帅。

张之洞（1837～1909年），字孝达，贵州兴义府人。官至体仁阁大学士。早年是清流首领，后成为洋务派的主要代表人物。

清废帝爱新觉罗·溥仪，清朝及中国历史上的最后一个皇帝，也是见证历史变迁的末代君王，也称宣统帝。因辛亥革命爆发，于1912年2月12日被迫退位，在位三年，是12帝中帝祚最短的。自清世祖入关算起的268年清朝统治，至此也成为历史，但宣统帝仍保留皇帝的名义继续住在紫禁城内。1924年11月5日，冯玉祥的军队包围紫禁城，废除帝号，驱逐溥仪出宫，历史上称为北京政变。日本占领中国东北之后，建立傀儡国家满洲国，任命溥仪为满洲皇帝。二战结束后，溥仪被定性为战犯，在苏联度过五年的囚禁生活后被引渡回国，在哈尔滨战犯管理所里，经过了一个从疑惧到认罪到接受改造的过程，1959年，溥仪被特赦释放。溥仪在经历了幼年登基、亡国退位、被逐出宫、投敌叛国、充当傀儡、垮台被俘、异域囚禁、引渡回国、被赦出狱等一系列惊心动魄的大事件，终于由一个清朝末代皇帝，被改造成为一个中华人民共和国的公民。

1905～1908年，印度民主解放运动高涨。

1910～1917年，墨西哥资产阶级革命。

1905年，俄国爆发资产阶级民主革命。

1907年，英法俄协约最后形成。

图书在版编目（CIP）数据

五字鉴 / 牛亚君等主编. -- 桂林 ： 漓江出版社，2016.10
（以史为鉴）
ISBN 978-7-5407-7945-0

Ⅰ. ①五… Ⅱ. ①牛… Ⅲ. ①古汉语–启蒙读物Ⅳ. ①H194.1
中国版本图书馆CIP数据核字（2016）第250637号

五字鉴

主　　　编：牛亚军　张安琪　郑海香　张海彤	
策划统筹：符红霞	责任编辑：谷　磊　王成成
内文设计：黄　菲	责任监印：周　萍

出 版 人：刘迪才
出版发行：漓江出版社
社　　　址：广西桂林市南环路22号
邮　　　编：541002
发行电话：0773-2583322　　010-85891026
传　　　真：0773-2582200　　010-85892186
邮购热线：0773-2583322
电子信箱：ljcbs@163.com　　http://www.Lijiangtimes.com.cn
印　　　制：大运河印刷有限责任公司
开　　　本：710×960　1/32　　印　　张：12.75　　字　　数：120千字
版　　　次：2016年11月第1版　　印　　次：2016年11月第1次印刷
书　　　号：ISBN 978-7-5407-7945-0
定　　　价：35.00元